Lawrence d'Arabie

La quête du désert

Olivier & Patrick
POIVRE D'ARVOR

Lawrence d'Arabie

La quête du désert

BIOGRAPHIE

éditions J'ai lu

Toutes les citations de T.E. Lawrence dans cet ouvrage sont extraites – sauf indications contraires – soit des *Sept Piliers de la sagesse* (plusieurs traductions ont été utilisées), soit de *La Matrice*, soit de sa correspondance.

© Place des Victoires, 2006
© Éditions J'ai lu 2009, pour la présente édition

Sommaire

Les mystères de Lawrence : *Incognito, ergo sum...*   9

I • Vivre vite, mourir lentement / 13 mai 1935 ...   21
II • Mangeur de lotus! L'enfant nomade
    est un rêveur éveillé / 1888-1895   35
III • Naissance d'un archéologue : À la recherche
    des noms et des origines / 1896-1908   53
IV • La découverte de l'Orient
    et de l'autre soi-même / 1909-1911   77
V • Dahoum l'indispensable / 1912-1914   101
VI • Au service de la couronne :
    Lawrence en Arabie / 1914-1916   133
VII • Le major Lawrence, chef de guerre
    pour la Révolte arabe / 1917   155
VIII • El Aurens, le libérateur / 1918   205
IX • Le renoncement ou la paix : Trahison
    ou désenchantement / 1918-1922   231
X • Le roi sans couronne ou la fabrication
    d'un héros / 1919-1920   253
XI • John Hume Ross en route vers
    l'effacement de soi / 1922-1926   267
XII • T.E. Lawrence : Un écrivain est né,
    malgré lui / 1919-1930   287
XIII • T.E Shaw ou la nostalgie
    du monde / 1927-1935   305

XIV • *I don't care*, Clouds Hill,
    Dorset / 12 mai 1935 321
XV • Les derniers jours de T.E. Shaw ou
    la disparition désirée / 13-21 mai 1935 333

Des oscars d'Hollywood au pilonnage
de Bagdad, la légende et la gloire 339

Les mystères de Lawrence :

Incognito, ergo sum

Que Lawrence d'Arabie, alias Ned, ou Thomas Edward Chapman, ou T.E. Lawrence, ou sous-lieutenant puis colonel Lawrence, John Hume Ross, matricule 352087, ou T.E. Shaw, matricule 7875698, T.E. Smith, T.E., TEL, TES, dit le roi sans couronne, le prince de La Mecque, l'Émir Dynamite, que ce héros des alias veuille bien nous pardonner. Au moment d'écrire sur lui ces quelques pages, il nous est apparu plus simple de l'appeler principalement *Lawrence*. Une sorte de nom/prénom qui dit bien, en français, l'ambiguïté d'état civil, de sexe, le dépouillement jusqu'à l'extrême du personnage ainsi que la familiarité un peu singulière dans laquelle le biographe se trouve nécessairement projeté avec lui.

Malgré l'avertissement sérieux d'E. M. Forster, qui dit de Lawrence qu'il «jetait une quantité de poudre verbale qui ahurissait un enquêteur sérieux», nous avons eu en effet le désir puis le besoin de nous rapprocher de *ce héros de notre temps*. Autant séduits par sa recherche archaïque de l'absolu que par la stupéfiante actualité de son aventure politique, littéraire et humaine.

La vie de Lawrence est un labyrinthe : la question principale de cette douloureuse existence étant de savoir

Lawrence photographié par Harry Chase pendant la Révolte arabe.

comment on en sort... Un labyrinthe d'une sidérante et exaspérante complexité pour qui le fréquente de près, puisque Lawrence, au fur et à mesure qu'il avance dans le temps, sécrète, telle une araignée, ses solutions, ses routes, ses propres fils dans lesquels il finit, fasciné par l'énigme qu'il construit ainsi, par totalement s'emmêler. Plus on le lit, plus on se documente, plus on s'en rapproche, plus il déconcerte.

Une vie de douleur et de solitude sans compromis, une vie tragique, semée de contradictions, de volte-face, d'épreuves historiques comme personnelles. Où les ambitions sont à la hauteur – en creux – des dépressions. Lawrence semble n'avoir eu aucun autre choix dans sa vie que de changer. De domicile, tant de fois dès la naissance, de nom, deux fois auprès de l'état civil, de langues, l'arabe, l'anglais et le français, de costumes souvent, en s'habillant comme un Bédouin, un Syrien, une Circassienne. En tout, il aime se travestir, mettre son biographe sur un mauvais chemin, faire fausse route lui-même, brouiller les pistes, balader ses personnages, jouer l'ambigu, le mystérieux. Se dérober au corps de l'autre, fût-il celui des hommes. Se faire chaste pour s'effacer. Il faut donc savoir démêler le vrai du faux, certes, tout en sachant que pour une large part, Lawrence est d'abord la première victime des exagérations et des affabulations. Si ce tourmenté fondamental est attiré par un certain vernis tout en refusant son statut glorieux, si son masochisme et son goût de l'anonymat sont à mettre en parallèle avec sa vanité et son exhibitionnisme, sa lutte éperdue pour l'incognito a quelque chose de pathétique et d'attirant.

George Bernard Shaw, en lui donnant un nouveau nom, fournit une explication recevable : « Luruns était, de naissance, un littéraire, c'est-à-dire un menteur. Luruns était un homme qui avait beaucoup de pseudonymes. À savoir le soldat Shaw, le colonel Lawrence, le Prince de Damas [...]. » Ces alias d'identité sont autant d'aléas au bonheur. S'il se ment à lui-même, Lawrence finit par ne plus savoir ce qui, en lui, est faux ou vrai. « Et je repris mon manteau de fraude », dit-il en s'éloignant.

Nous avons commencé il y a deux ans à écrire un texte, court, deux cents feuillets tout de même, autour des « sept vies de Lawrence d'Arabie ». Nous avions beaucoup lu avant, voyagé un peu, cerné le personnage, ses diaboliques complexités. Nous voulions ce texte biographique, il est très vite devenu personnel. Nous disions *je,* ce petit mot abominable et génial qu'évitait absolument T.E. Lawrence. Ce *je*-là nous avait d'autant plus échappé qu'il n'est pas évident pour deux auteurs, même frères, même liés, de dire ensemble *je*, d'autant plus en parlant d'un autre, d'un troisième. Nous avons laissé ce texte dans un tiroir où il se trouve encore.

Peut-être avions-nous, chacun de notre côté, de bonnes raisons de fréquenter avec un peu d'excès Thomas Edward Lawrence. Ce *je* était certainement un *nous*. L'aîné, journaliste, l'avait des années durant retrouvé dans l'actualité moyen-orientale : la naissance de la nation arabe, le développement du sionisme, le découpage de la carte par les puissances occidentales auquel Lawrence participa très largement pendant la Révolte arabe et après la

Première Guerre mondiale sont à l'origine de l'essentiel des tensions, des conflits, des guerres et des désordres que nous connaissons aujourd'hui au Moyen-Orient. Guerre du Golfe, Irak, Liban, Israël... Pour avoir vécu de nombreuses années en Égypte, puis au Royaume-Uni, le cadet a connu de près les itinéraires lawrenciens, éprouvé le personnage et sa géographie sentimentale, fréquenté les bibliothèques britanniques, dépouillé les archives d'Oxford. Et ensemble, nous avons été fascinés par la sidérante construction, faite par la presse de l'époque, appliquée à un homme totalement seul, de la légende de Lawrence d'Arabie.

Puis, un jour, à l'automne 2005, Lawrence est devenu indispensable. Nous est apparu comme le compagnon idéal de nos solitudes respectives, de nos vies. Onze ans d'écart avec son frère Arnold, comme ce qui nous sépare l'un de l'autre. Une fascination partagée pour la disparition, pour le besoin de disparaître, l'acte de disparition. Nous nous sommes mis à le fréquenter abusivement. À bientôt ne plus parler, ensemble, que de lui. Pour nous sauver de nous-mêmes, nous avons écrit un roman, inspiré très librement de la vie du héros de la Révolte arabe. Un texte certainement hérétique pour les spécialistes, un roman, voilà tout.

Restait une énorme masse de relations, de savoirs, de recherches dont le roman n'a que faire, bien sûr. Pendant un an, en effet, nous sommes allés, comme si c'était notre devoir, sur ses traces. Chaque fin de semaine, un itinéraire. Oxford, ses collèges, ses chapelles, ses réfectoires, à

La maison de Tremadoc où naquit T. E. Lawrence.

la recherche de portraits ou d'objets lui ayant appartenu : la Bodleian Library, Saint John's College, Jesus College, All Souls College, Magdalen College, Oxford City High School, le Museum of the History of Science, l'Ashmolean Museum où se trouvent également ses collections archéologiques. Sa maison, bien entendu, au 2 Polstead Road. Le Dorset, une autre fois, avec évidemment la maison de Clouds Hill, bouleversante d'humilité et d'enfermement, et nos amis du National Trust, la tombe au cimetière de Moreton. Avec une épitaphe, choisie par sa mère et son frère aîné, qui n'aurait pas convenu à ce moine laïc de Lawrence : «*Dominus illuminatio mea*» («Le Seigneur est ma lumière»), le site de l'accident avec un arbre planté pour marquer sa mémoire, l'effigie de Lawrence en gisant sculptée par son ami Eric Kennington dans la petite église saxonne de Saint Martin's, à Wareham, et le camp de Bovington, plus largement, les baraques, les pistes d'entraînement des chars qui se frayent un chemin dans le sable du Dorset entre de vieux chênes et des rhododendrons sauvages. Londres et le reste du pays, l'Imperial War Museum et ses magnifiques collections, sa très belle et récente exposition consacrée à Lawrence, le buste en bronze par Kennington dans la crypte de la cathédrale Saint-Paul, la plaque bleue dans le quartier de Westminster, au 14 Barton Street, le mémorial de la RAF (Royal Air Force) à Bridlington, la maison de Tremadoc au pays de Galles. La France, bien sûr, d'Aigues-Mortes à Château-Gaillard en passant par le Mont-Saint-Michel, la maison des Chaignon à Dinard et les itinéraires de Lawrence à bicyclette à la recherche des châteaux et des abbayes. Nous sommes allés plus loin, au Liban, comme en Syrie, comme en Turquie, en Israël comme dans les Territoires palestiniens, comme en Égypte, comme en Arabie saoudite, comme en Jordanie, en Irak : Beyrouth, Alep, Damas, Deraa, le Krak des Chevaliers, Jérusalem, Le Caire, Aqaba, Djedda, les bords de l'Euphrate et le site de Karkemish, d'autres villes du Hedjaz, des déserts à n'en plus finir, Pétra, Wadi Rum, Amman… À vivre ainsi dans son intimité, dans son trouble, dans sa trace, nous avons eu besoin de lire, d'avoir accès à sa correspondance, à des textes disponibles depuis l'ouverture des archives en 2000, avec des papiers personnels de Lawrence donnés par ses exécuteurs testamentaires, les Lawrence Papers, les archives d'État, celles de la Bodleian, le *Bulletin arabe*, les bouleversantes lettres à Charlotte Shaw.

Lawrence fait partie du très petit nombre des êtres humains à être devenus un mythe de leur vivant. Plus rapidement encore. Né en 1888, Lawrence est déjà, trente ans plus tard, le Britannique le plus célèbre du XXe siècle, avec Churchill. Un peu de Bonaparte et de Leclerc en lui en font un héros européen et mondial. Trois décennies à peine pour créer une ou des légendes.

Sa vie est pourtant simple, marquée d'un certain nombre de repères. Une naissance douteuse quant à l'état civil, la bâtardise, qui l'amène donc à développer, en même temps que la honte, une passion pour l'histoire, une histoire rêvée, idéale, celle de la chevalerie. Une mère épuisante. Le goût du fouet. Une vie transformée par sa rencontre avec l'Orient dès 1909 et par le hasard provoqué qui le met sur la route de Faysal et de la Révolte arabe. Sa lutte contre l'Empire ottoman et pour les tribus nomades l'occupe entièrement jusqu'au sortir de la guerre. Avec Lawrence, la page européenne de l'Orient est tournée. Il veut incarner la fin de l'orientalisme et faire entendre la parole authentique du monde arabe. Ce qui est certain, c'est qu'il libère en quinze mois le Hedjaz et la moitié de la future Palestine, la Syrie et la Jordanie de l'empire des Turcs. Quand il achève sa vie politique, son existence militaire, en 1922, il a trente-quatre ans. Il en aura quarante, en 1928, quand son œuvre d'écrivain est terminée : deux livres principalement, *Les Sept Piliers de la sagesse*, le grand récit épique et autobiographique sur les années arabes, et *La Matrice*, un récit plus personnel sur sa vie comme simple soldat dans la Royal Air Force.

La seconde partie de sa vie restera l'énigme qui fait du héros un mythe. Lawrence, terriblement mal à l'aise face à ce récit en images de son chemin de croix, procède dès 1922, jusqu'à sa mort en 1935, à «l'effacement de soi-même», se réfugie sous pseudonymes et patronymes divers, se dégrade, lui le colonel, à n'être plus jamais qu'un soldat de seconde classe.

La presse la plus sérieuse, mais aussi celle de propagande ou à scandale, s'empare de lui, construit le mythe, lui donne une particule et l'Arabie comme royaume. Lowell Thomas, journaliste publicitaire américain, d'abord, dans les années vingt, et David Lean, ensuite, en 1962, avec son film, ont largement participé à ce crime de transformation, malgré lui, d'un personnage en héros planétaire. Ils «inventent», empaillent vivant un homme qui avait dit : «L'idée d'être encelluloïdé de force me fait horreur», évoquant un projet de film d'Alexander Korda dont il décourage le montage. Désir et haine de célébrité en même temps : nés le jour où Lawrence découvre qu'il est illégitime, que les mensonges sont entrecroisés, que rien n'est vrai, ni faux. Que tout est complexe.

Le héros ne manquera jamais d'être traîné dans la boue, conspué par une part de l'opinion publique française, honni par la classe politique en général, méprisé par sa hiérarchie militaire comme par le Foreign Office ou l'India Office. Et de faire les choux gras de la presse, de la littérature sensationnalistes qui voient en lui tantôt un charlatan, tantôt un espion, tantôt un traître, toujours un bon sujet pour vendre du papier. Poursuivi par les chroniqueurs et harcelé par les paparazzi de l'époque, traqué dans sa vie privée, ses domiciles et dans le plus intime de sa chair, Lawrence lutte. Il se déplace dans le monde entier, prend son vélo pour traverser l'Angleterre, sa moto pour rejoindre son refuge de Londres ou de Clouds Hill. Jamais en repos, sa passion de la vitesse, du voyage, de la moto, de l'avion, des moteurs de bateaux rapides mais aussi du désert qui le révèle, des courses folles de chamelles témoigne bien de cette recherche éperdue d'identité, de cette fuite permanente menée jusqu'à la négation de soi.

Pour lord Thompson, il est «un baladin assoiffé de publicité personnelle», Richard Aldington – qui lui consacre un livre terrible – le prend pour «un Tartuffe, un mythomane, un imposteur», ce que Robert Graves contredira avec ironie et amitié en le présentant comme «une vraie menace pour la civilisation»; ou encore, pour reprendre la charge d'un député aux Communes, «un super-espion auquel il serait temps d'arracher le masque», plus affectueusement avec Robert Storrs : «mon petit compagnon hyper-cérébral», amoureux de la part de Vittoria Ocampo : «un saint sans Dieu». Massignon, Malraux ont écrit sur lui. Gilles Deleuze le regarde comme un des plus grands paysagistes de la littérature. «Les plus beaux écrivains ont des conditions de perception singulières qui leur permettent de puiser ou de tailler des percepts esthétiques comme de véritables visions, quitte à en revenir les yeux rouges», écrit-il. Paysagiste et portraitiste, voudrait-on ajouter... En citant un extrait des *Sept Piliers de la sagesse* : « Ses paupières s'affaissaient sur ses cils rudes en plis fatigués à travers lesquels, venue du soleil au-dessus, une lumière rouge scintillait dans les orbites, les faisant ressembler à des fosses ardentes où l'homme brûlait lentement.» Si, comme l'écrit Proust, «les beaux livres sont écrits dans une sorte de langue étrangère», alors Lawrence est un immense écrivain. Churchill mérite le dernier mot : «Outre ses capacités multiples, Lawrence possédait la marque du génie, que tout le monde s'accorde à lui reconnaître mais que nul ne peut définir [...]. Se mouvant en marge des courants habituels de l'activité humaine, aussi prompt à la violence qu'au plus haut sacrifice, il était un être solitaire, austère, l'habitant des cimes, là où l'air est froid, vif et raréfié, et d'où l'on domine, les jours clairs, tous les royaumes du monde et leur gloire [...]. Émergeant des plis de son voile, ses traits nobles, ses lèvres parfaitement ciselées et ses yeux étincelants ressortaient avec un éclat incomparable. Il paraissait vraiment ce qu'il était : un des plus grands princes de la nature [...]. Je n'ai jamais rencontré son pareil.»

Lawrence ne peut se résumer au viol qui le détruit une nuit à Deraa, au sadomasochisme qui le hante, ni à l'amour pour Dahoum, ni même à cette vision d'un Christ détournant son chemin de croix pour celui de Damas, à partir duquel il compte bien aider à la création d'une nation arabe. L'homme est torturé et, alors même qu'il est adulé, ne s'aimera jamais. Ce sont ses fulgurances de beauté qui le rendent unique. À son amie Charlotte Shaw, il résumera ainsi de manière bouleversante le drame de sa vie : « Savez-vous ce que c'est que découvrir tout à coup que l'on a complètement raté sa vie ? Toutes ces entraves, c'est moi-même qui les ai nouées, délibérément, dans le désir de me ficeler au point de perdre tout espoir et tout pouvoir d'agir. Et ce choix délibéré, cette intention demeurent. Ils sont plus forts que n'importe quoi en moi, que toutes choses mises bout à bout. Tant qu'il me restera un souffle de vie, ma force s'emploiera à maintenir mon âme en prison, puisqu'elle ne peut se sentir en sécurité nulle part ailleurs. Au fond des nombreux renoncements que j'ai vécus ces dernières années, il y a la terreur d'être emporté dans la course au pouvoir libérateur. J'ai peur de moi-même. Est-ce de la folie ? »

Vivre vite, mourir lentement

I • 13 mai 1935

> *Dans la vitesse, nous nous ruons*
> *Au-delà de notre corps.*
> *Nos corps ne peuvent escalader les cieux*
> *Que dans les vapeurs d'essence.*
> *Os, sang, chair, tout en nous est broyé.*

« Je ne suis pas un marchand de vitesse », a-t-il coutume de dire. Mais il aime avaler les kilomètres : une bonne moyenne de cinq cents à la journée, parfois trois cents de plus, en comptant les nuits d'été. Et vite ! Avec sa Brough Superior, le plus bel engin sur deux roues qui puisse exister, il est évidemment le motocycliste le plus heureux du monde. Et ce matin du 13 mai 1935 ne fait pas exception.

Tout a vraiment commencé en 1922 avec le premier modèle, surnommé *George I,* en souvenir de la rencontre avec son fabricant, le génial George Brough, à qui Lawrence confessera en 1929 que ses machines « sont aussi rapides et fiables que des trains express » et que « les conduire est la chose la plus amusante du

Lawrence en uniforme de la RAF, en 1927.

monde». Il a tellement confiance qu'il s'accorde le droit de conduire à tombeau ouvert : «C'est un de mes jeux préférés sur une route criblée de nids-de-poule que de me mettre à faire du cent trente kilomètres à l'heure environ, et de sentir la machine galoper.»

Il est fou de vitesse.

Il a la tête d'un boxeur poids léger.

Il grimace souvent, ricane, ricane encore.

Quand il sourit, c'est d'or! Le prince sans couronne a la bouche aurifiée... Dents gâtées.

Il est petit, un mètre soixante-six, étrangement bien proportionné malgré des jambes courtes, des épaules et un cou massifs, il a le corps musclé d'un athlète, l'œil triste, très mobile, de ces yeux cristallins qui se posent sur vous et qui vous transforment rapidement en esclave, une voix basse et charmante. Une bouche large. Malgré l'âge, il a une peau de bébé, des mèches blondes, une sorte de masse de cheveux ébouriffés.

Ce matin, il est habillé comme il aime tant. Vestiges de la RAF. Bandes molletières, haut col ouvert : tenue bleue de l'aviation.

Seule la taille lui pose problème. Un mètre soixante-six. C'est peu, très peu quand on prétend devenir général, pair du royaume ou chef d'un mouvement d'insurrection nationale. Mais sur la moto, personne ne voit qu'il est si petit.

Il trouve qu'il a vieilli depuis quelques mois. Prétend qu'il a engraissé, qu'il est «grisonnant, édenté, à moitié aveugle et les jambes flageolantes».

Il y a quelques jours encore, un journaliste qui veut faire un livre sur lui est venu l'interroger. Une litanie de questions sur sa vie auxquelles il n'arrive pas à répondre précisément... Quelle famille ? Les Bédouins des bords de l'Euphrate ou du Hedjaz, les officiers britanniques pendant la guerre, les soldats du rang des casernes de la RAF ou des blindés, les amis rassemblés à Clouds Hill ? Et les morts ! Faysal est mort, Dahoum est mort, Hardy et Hogarth sont morts, son père et ses deux frères sont morts ! Oui, il s'est toujours refusé à fonder une famille et à aimer la sienne. Le journaliste insiste : son père aurait eu neuf enfants, de deux lits. Un seul s'est marié. Aucun d'entre eux n'a fait d'enfants... Lignée stérile ? Certainement. Il est un accident fondamental, originel, génétique, académique, archéologique, patriotique, érotique, psychotique. Accident d'identité : bâtardise aiguë ! Ses parents ? Des usurpateurs de noms, des enfanteurs de contrebande. Et les femmes ? Les femmes sont totalement absentes de sa vie, sauf si elles font partie du groupe des confidentes, des femmes mûres, bien plus âgées, Farida el-Akle, son professeur d'arabe au Liban, Gertrude Bell l'archéologue, la vicomtesse Astor, riche Américaine, première femme à siéger aux Communes, députée de Plymouth, châtelaine de Cliveden, masculine, aimant la moto – Dieu qu'il aime lady Astor et qu'il aime la balader sur sa Brough Superior ! – et des femmes souvent mariées, Charlotte Shaw, la plus proche, plus proche encore de lui qu'elle ne l'est de son mari, l'écrivain George Bernard, Clare Sydney-Smith, l'épouse de son ami colonel, Winifried Fontana, l'épouse du consul d'Angleterre à Alep, Florence Hardy, mariée au grand Thomas... Et si l'on devait le résumer par un métier ? Traducteur, écrivain, mécanicien de l'air, de la mer, des chars, révolutionnaire, soldat de rang, deuxième classe, colonel, prince, archéologue, universitaire, cartographe, espion, artificier, photographe, conseiller spécial... Le journaliste est parti, il a pris Lawrence pour un fou, il a eu raison, Lawrence est fou.

Fou de vitesse.
Ses motos sont un luxe qu'il s'accorde malgré le dénuement dans lequel il vit depuis tant d'années. Chères motos pour lesquelles il sacrifie ses droits d'auteur, ses biens, pour lesquelles ses amis se cotisent, même s'il veut toujours les rembourser, avec lesquelles il passe, depuis près de quinze ans, ses jours et ses nuits. Chères à l'achat, même si c'est au prix d'exposition. Carénage d'enfer, entretien limité au minimum, mais dépenses non négligeables d'huile et d'essence. Il roule facilement chaque semaine entre deux et trois mille kilomètres. Certains hommes se ruinent bien avec des avions, des voitures, des chevaux de course.

Il a goûté pour la première fois à la moto en Palestine, à Aqaba, sur les belles plages de sable de la mer Rouge, puis sur les chemins non carrossables du Dorset. Elles ont des surnoms, les machines. *Boa*! Et depuis que George Brough lui construit ses bolides, c'est *George I, George II, George III...* Il en est aujourd'hui à *George VII*.

Lawrence et George Brough.

George VII passe devant Bovington Camp. Lawrence a servi, souffert plutôt, deux années pénibles dans le Royal Tank Corps. Horreur des blindés! Ses seuls bons souvenirs, à part la maison de Clouds Hill, ce sont les balades, avec ses camarades de chambrée, à moto. Le jour où il achète un side-car, toutes les recrues ont droit à un tour gratuit. À plus de cent kilomètres à l'heure, promis, juré. On finit par l'appeler Broughie. Parfois, il promène un copain, visite Corfe Castle, Southampton et ses murailles. Il soigne sa neurasthénie comme il peut.

Avec ses motos, il calme ses nerfs surmenés sur des routes défoncées. Ce matin, encore. Il adore mettre les gaz à fond, dépasse souvent les cent vingt kilomètres à l'heure dans la plaine de Salisbury. Il adore sentir «la terre qui se moule sous moi. C'est bien moi qui entame cette colline, creuse cette vallée, m'étends sur ce plateau. On dirait que la terre est vivante, qu'elle tangue comme la mer». La vitesse lui est récompense, il prétend pouvoir écrire des pages sur la sensualité de la vitesse.

Au compteur, ce matin, il voit cent vingt. Il ne pourra guère faire plus. Le trajet est limité. Deux fois quinze minutes! Une fois, il a dépassé les cent soixante kilomètres à l'heure avec un engin de 52 chevaux. Il est prêt à sacrifier bientôt deux cents livres pour acheter le dernier modèle, *George VIII,* qui peut rouler à plus de cent quatre-vingts… Mais prudence, aujourd'hui. Il se sent épuisé.

Il n'a pas bien dormi la nuit dernière. L'oiseau qui tape à la vitre. Toujours le même. Lawrence est sorti dans le jardin. Une phrase de son livre lui est revenue : «[…] Et la nuit, nous étions souillés par la rosée, rendus à la honte de notre petitesse par le silence innombrable des étoiles.» Et il s'est dit que c'était fini, qu'il ne serait plus jamais capable d'écrire de pareilles choses. À lady Astor, il a d'ailleurs avoué, il y a quatre jours : «Des juments sauvages me m'ar-

La route de Bovington, photographiée le lendemain de l'accident de Lawrence.

racheraient pas maintenant de Clouds Hill [...]. Comme je vous l'ai déjà dit, il y a quelque chose de cassé dans ma mécanique : je crois bien que c'est ma volonté.»

La mécanique de la Brough n'est pas cassée, elle au moins. Cent, cent dix. On redescend. Il remet les gaz.

Il aime crier à moto. Sûr que sa voix s'enroulera dans les airs. Tous les motards aiment pousser des cris, à un moment donné. Hurler pour hurler. Fierté, joie, liberté, insolence, désobéissance active, affirmée, criée. Voix de gorge, de poitrine, voix forte. Faire taire ce Français de Massignon qui l'avait résumé, une fois, à «des timidités de jeune fille, puis des intonations dures, à voix basse de détenu». Massignon, tout de même! Cet autre Sforza de l'Orient! Qui aimait les Arabes plus que lui encore, mais qui lui ressemblait tellement que toute tentative de vie commune, à travers l'amitié, lui avait semblé impossible!

Il dit souvent que l'armée lui a enseigné que l'espèce humaine développe la suprématie du corps et que tous les «critères de la caserne» étant sexuels, il s'est souvent senti exclu de tout cela, vivant à part. Mais quand il repasse devant Bovington Camp, une certaine émotion le parcourt encore. Il a passé là quelques années qui l'ont marqué.

Ces dernières semaines ont tout de même été maussades. Perplexité devant ce qui lui est arrivé, lui arrive, lui arrivera. Prendre sa retraite! À quarante-sept ans! «Ce sentiment étrange d'être mis au rancart avant d'être hors d'usage [...].» Il s'inquiète tout de même, malgré le charme de son petit cottage, et en espérant que son état ne durera pas : «J'imagine que les feuilles doivent ressentir de même, après leur chute de l'arbre, avant de mourir.» Déjà, il pense à l'été qui vient, à la manière dont il pourrait s'occuper dorénavant. Son premier été d'homme libre! S'il avait plus d'argent, il ferait bien un tour d'Angleterre à moto... Il devra probablement se contenter du vélo.

Quand il ne glousse pas – sa timidité est légendaire –, il ricane volontiers : un ricanement fou qui trahit une grande nervosité intérieure, un rire flûté. Un peu de folie, comme de l'épuisement physique. Il a démissionné de tout, a largué toutes les amarres. Et ne se sent plus guère responsable, aujourd'hui, que de la bonne conduite de sa Brough Superior.

En attendant, il va à la poste de Bovington Camp. Il a reçu ce samedi une lettre de Henry Williamson qui lui fait part de sa visite, dans trois jours. Lawrence veut lui envoyer un télégramme pour l'inviter à déjeuner et lui donner quelques indications pour arriver jusqu'à Clouds Hill. Lawrence voit peu de gens, mais s'en contente. Un ami, de temps à autre, qui passe. Peu d'amour, jamais d'amant ou de maîtresse. «J'ai beau m'efforcer de ne jamais insister sur ce qui m'intéresse vraiment, il arrive que mes désirs, trop forts, m'échappent et me fassent peur [...]. Je meurs d'envie de plaire. Mais cette envie est si vive et si nerveuse que je suis incapable de m'ouvrir à un ami.» Aller plus loin? «La terreur de l'échec, dans un domaine aussi important, me raidit avant l'heure. Et puis, il me semble honteux d'être intime avec quelqu'un qui ne me répondrait pas parfaitement, dans la même langue, d'après la même logique et pour les mêmes raisons [...].»

Il aime principalement la mécanique. Tellement qu'il a rédigé un manuel sur la construction de vedettes rapides pour le sauvetage en mer. Tellement qu'il a écrit à son vieux copain Graves, quelques semaines après être entré dans la RAF, non pas pour commander, mais pour devenir mécano et simple rouage de la machine : «C'est elle, la machine, qui est le mot clé. Je suis resté mécanicien, un bon mécanicien [...]. Un des avantages de faire partie d'une machine, c'est qu'on apprend qu'on n'a aucune importance.» La machine, ce matin, est merveilleuse.

Il a lourdement chuté de temps à autre. Six fois, sérieusement, dont un jour à plus de cent sur le verglas : un bout de lui-même qui se casse, l'engin qui accuse le coup. Mais comment se plaindre après pareilles émotions? Quant à déclarer un sinistre à son assurance, l'expression à elle seule découragerait les moins imprudents!

Walter et Harry Pitman, les deux jumeaux qui tiennent la pompe à essence, n'oublieront jamais cet homme pressé qui leur a demandé ce matin du 13 mai 1935 de faire le plein du réservoir de sa moto. Il revient de la poste. Il roule toujours sans casque. Ils l'ont reconnu, lui l'homme célèbre qui se cache : on dit de lui qu'il est un peu cabot, qu'il a cherché éperdument la gloire pour mieux s'en plaindre et qu'il s'est caché des années durant dans un corps de troupe. Sous terre. Walter Pitman a lu, dans un journal, un extrait d'un de ses livres, et comment il a fait une fois, à moto, la course avec un avion : « Le mauvais passage était fini et sur la route neuve nous volâmes comme des oiseaux. Le vent m'avait comme éteint la tête, si bien que mes oreilles ne fonctionnaient plus, et qu'on eût dit que nous filions comme l'éclair, mais en silence, entre les champs d'éteules dorées par le soleil. Au sommet d'une côte, j'osai ralentir imperceptiblement, et lancer de côté un coup d'œil vers le ciel. Il était là, le Bif, deux cents mètres et plus en arrière. Jouer avec lui? Pourquoi pas? Je ralentis à cent quarante-cinq, de la main lui fis signe de me rattraper. Ralentis de quinze encore; me redressai sur ma selle. C'était lui, au-dessus de moi, dans un fracas. Son passager, rire casqué et yeux saillants, se pencha hors du poste de pilotage pour me donner le "ça bande", ce vif salut de la RAF. »

Fouette, cocher! Fonce, motard! Après la station essence, il lui reste quelques kilomètres pour rentrer chez lui. Il s'est un peu endormi avec *George VII*. Il a la tête pleine. Ne se concentre pas complètement sur la route, qu'il connaît, au demeurant, par cœur. Il pense. Sa solitude est impressionnante de sincérité. Refus du compromis. Inlassablement. Héros de la maturité. Retour anachronique au Moyen Âge ou à son mythe. Sentiment maladif d'inachèvement et d'insatisfaction. Honte d'être bâtard, du fouet de Sarah, du viol par le bey, et à nouveau du fouet, de Jock, cette fois. Honte de trahir et les Anglais et les Arabes dans le même mouvement. Besoin de douleur. La honte et la gloire. L'obscurité et les contradictions. La révolte, une illumination ultime. Tout, brusquement, revient. Des images, des fragments de mémoire.

Il est, plus que jamais, en panne de sentiments, ne cesse de souhaiter que tombe son propre rideau. La RAF lui manque. Il est un moine laïc pour qui la chair n'existe pas. Il se sent très seul, a vraiment souffert plus qu'il ne pensait devoir souffrir en naissant. Besoin de lumière, celle du désert, dans lequel il n'y a rien que l'air transparent, le lieu où tout apparaît et disparaît. L'intimité comme désert. Le désert ou la boue. Il est un homme du désert. Comme les Bédouins, il prêche le renoncement et la pauvreté. Comme eux, il n'est pas morbide. Mais à leur différence, le don de la vie pour lui n'a jamais été un axiome, il pose des questions. Il n'y a là rien «d'inévitable, d'imposé à l'homme, un usufruit qui échappe à notre contrôle». Ce n'est pas pour rien que le suicide n'existe pas dans le désert, ou presque jamais, et que la mort ne porte jamais le désespoir avec elle. Lawrence vient de se faire une réflexion qui l'amuse, en montant les gaz de la Brough : s'il mourait là, sur cette route, au guidon de sa *George VII* préférée, il serait probablement l'un des premiers morts au monde par excès de vitesse. Une première, encore! Ça le fait ricaner.

Il ne sera décidément jamais une grande personne.

En haut de la route, un petit plateau. Là, devant lui, un peu trop près, deux silhouettes de cyclistes. Deux jeunes, au beau milieu de la route. Ils ne l'ont pas vu. *George VII* se raidit. Ralentit. Cent dix, cent, quatre-vingt-dix… Pour les éviter, pour éviter le choc de plein fouet. Lawrence colle à sa moto, une dernière fois, et freine. *George VII* dérape un instant puis monte au ciel.

*La moto de Lawrence,
une Brough Superior GW 2275.*

Ned photographié en 1899, à onze ans.

Mangeur de lotus !

L'enfant nomade est un rêveur éveillé

II • 1888-1895

C'est un 16 août au matin. Au pied des collines de Snowdon. Les toutes premières heures ombilicales d'un petit jour frais d'été de l'Empire britannique. Sous le signe du Lion. Tout paraît si simple dans le principe de la naissance – une mère, un enfant –, mais cette fois, avec elle, avec lui, les complications commencent avant même que le cordon ne soit tranché. La mère lionne et son petit lion ont des comptes à régler avec le monde des vivants, des soucis à se faire et des griffes à acérer. Entre eux. Cette mère et son fils ne seront jamais faits l'un pour l'autre. Seule la distance les grandit, faute d'arriver à les éloigner complètement. Au plus intime de son ventre, il lui pèse. La puissante morale victorienne condamne l'embryon qui lui-même rappelle à la mère la faute originelle. C'est la deuxième fois dans sa vie que cette mère a le sentiment de pécher à découvert. Mais cette fois, c'est certain, ce sera de sa faute à lui, l'enfant. Tout dans cette genèse n'est que culpabilité. À chaque nouvelle naissance, la mère et le père doivent fuir. Apparemment sans raison. Déménager. Ovules criminels! Baladeurs! Filer. Comme des voleurs. Récidivistes. Comble de l'infortune, dès le premier instant de vie, leur deuxième enfant paraît différent du reste de l'élevage humain. Étrangement paisible. Moqueur? Ne cessant jamais de regarder. Saurait-il? Face à lui, la mère se sent jugée, dévoilée. Une fois expulsé sur la planète monde, elle lui tiendra toujours rigueur d'exister. Sa grossesse l'a obligée à rester dans cette sinistre maison, froide

L'une des premières photographies de Lawrence, à l'âge de trois ans.

de ses pierres grises, dans cette région à laquelle ni elle ni son mari ne sont attachés. Elle n'aime donc pas cet enfant, n'en a jamais aimé l'idée quand il a été conçu et, c'est ainsi fait, décidé et définitif, ne l'aimera jamais comme il faut.

Le fils n'est pas mieux disposé. Croit prendre sa mère en flagrant délit de négligence, d'indifférence, de paresse ou, pis encore, de dédain dès avant l'accouchement : car si Sarah n'avait pas traîné, n'avait pas retenu ses contractions, Ned serait né le même jour que Napoléon. Un 15 août. Besoin de héros ! Besoin de rattachement après pareil et immédiat sevrage. Être quelqu'un ! Être comme Napoléon, fêter son anniversaire avec ce sacré monstre, ce Corse tant respecté de ses meilleurs ennemis, les Anglais, c'est tout de même mieux qu'être seulement le fils de gens honnêtes qui ne sont personne. Chez qui même le nom de famille sonne faux ! Qui jurerait qu'on s'appelle bien Lawrence de toute éternité ? Ned saura corriger l'histoire, plus tard, en trichant dans l'état civil – une de ses spécialités – et en gagnant une journée sur la vérité biologique. Tout est excusable, la mythomanie au premier chef, quand on naît avec pareille disgrâce. Quand on naît dans une maison louée qu'il faut abandonner très vite pour la rendre à ses propriétaires. On ne regrettera rien, cependant. L'endroit n'est pas fameux : Tremadoc et ses lambeaux maritimes austères, le Carnarvonshire, le nord du pays de Galles. Un morceau déshérité du monde. Ned ne s'en souvient pas. Ou si, d'avoir fui. Plus au nord. À treize mois. Il est la mauvaise conscience d'un couple déboussolé. Interdit de séjour, de bonheur à afficher. Une première fois, et ce n'est que le début. Le goût du déplacement s'apprend très tôt... Valises, malles, chevaux, carrioles... Sur la grande route, les petits chemins de traverse. Pour ses parents, c'est devenu un mode de vie. Diaspora génétique : vivre les enfants sous le bras, sous le manteau quand ils ne sont plus dans l'utérus, vivre entre chien et loup... Et pourtant, y tenir à cette vie d'errance et de dérobade contrainte. Chienne de vie. Y tenir parce que certainement l'amour, le besoin, l'indispensable désir. Ce deuxième fils en est la preuve embarrassante. Cap sur Kirkcudbright, Écosse. Joli voyage en celtitude au pays des Tartans pour un enfant né gallois et conçu en Irlande... Plus tard, le gamin devenu écrivain et soldat dans la RAF résumera ainsi ses premières années et l'étrange relation développée avec sa mère : « Nous sommes tous coupables, vous savez. Vous n'existeriez pas, et moi non plus, sans ces appétits charnels. L'œuvre de chair est le résultat momentané du passage à l'acte des pensées bestiales de cette chambrée. L'enfant n'est-il pas en partie responsable du péché de sa naissance ? Je crois que c'est nous qui avons entraîné nos parents à nous mettre au monde et que notre chair nous démange de l'envie de faire d'autres enfants. Tout cela est dégoûtant, et pourtant la chambrée n° 12 me fait voir que Freud a raison. Le sexe est une partie intégrante de chacun d'entre nous, d'autant plus que nous sommes plus proches de la nature. »

1888. Un livre vient de paraître l'année de sa naissance. *Travels in Arabia Deserta,* de Charles Montague Doughty. La première édition d'un livre important, important en soi, pour le monde, l'histoire de ce monde-là, l'Orient, mais important pour lui surtout. Très important. Décisif. Le premier voyageur européen, ou presque, à parcourir la péninsule arabique. Ned le lira plus tard. Le jeune nomade, futur grand voyageur, est d'ailleurs largement précoce : il apprend l'alphabet à trois ans en suivant, d'une oreille volée, les leçons données à son aîné. Il est déjà habité par une certitude, qu'Oscar Wilde formulera ainsi plus tard : «Une chose seulement est pire que d'être au centre de l'attention, c'est de ne pas y être.» Le journaliste américain Lowell Thomas dira de Ned qu'il avait un don tout particulier pour entrer «à reculons sous les feux de la rampe». Il se fait donc très vite remarquer, Ned. À reculons. Pour ne pas mourir.

Ne pas mourir d'ennui. Et sans le savoir, ne pas mourir de honte. Honte portée sur sa famille, sur son nom, sur la négation ou, pis encore, l'absence de nom. L'absence d'amis, de relations. Ne pas mourir de tant de blessures. Ne pas mourir à cause d'elle. La mère. Ne pas mourir de ne jamais savoir qui on est.

Et lui, qui est-il, comment se nomme-t-il alors? Ce 16 août 1888, il sait une chose : il porte l'élégant double prénom de Thomas Edward. Tandem phonétique à la mode de l'époque. Une marque de fabrique dans la famille. Son aîné, c'est Montagu Robert. Les trois fils suivants se nommeront William George, Frank Hélier,

Arnold Walter. Hormones mâles en chaîne. Que des garçons, cinq vermisseaux, comme les nomme le père, Thomas Robert : des vermisseaux mâles et membrés !

Joli départ, plein de promesses... Thomas Edward ne sait pas encore – même si l'ombre, y compris la plus grande des ombres, ne lui fera jamais peur – qu'un autre Lawrence sera écrivain, et sacrément célèbre, en presque mêmes lieu et heure que lui : David Herbert, l'auteur de *L'Amant de Lady Chatterley*.

Avec le double prénom, les initiales forgent le socle de son identité. Sa seule certitude quant à son existence légale. T.E. Au milieu des tumultes de sa vie, des accidents patronymiques, il restera toujours T.E. Il n'est d'ailleurs peut-être qu'une abréviation... En librairie, dans les bibliothèques, dans les conversations mondaines, on saura toujours bien distinguer les deux écrivains... Lui, c'est lui, T.E. L'autre, ce sera D.H. « Il nous demanda de l'appeler T.E., disant que c'était la seule partie de son nom qui lui appartenait vraiment et que ceux qui l'aimaient devaient l'appeler ainsi », dira plus tard Florence Doubleday.

En plus des initiales, l'enfant se raccroche avec fierté à son petit nom. Nickname : Ned. Unique trace d'émotion, d'humanité ou de tendresse venant de cette mère : lui, c'est Ned, né au pays de Galles. Montagu Robert, c'est Bob. Il est né en Irlande, près de Dublin. William George sera Will et naîtra en Écosse ; Frank Hélier, sans autre petit nom que Frank, natif de Jersey – capitale Saint-Hélier –, dans les îles Anglo-Normandes, et Arnold Walter, enfin, Arnie, enfant d'Oxford.

Sarah et quatre de ses fils à Langley Lodge, dans le Hampshire, en 1895. Ned est à l'extrême gauche.

Sa mère se nomme Sarah. Sarah Junner. Dite Maden, sans raison connue mais par souci du raccourci. Dieu est sacrément presbytérien, selon Sarah. D'autant plus qu'elle est née dans l'ivresse de deux parents incapables. Son père, probablement un mécanicien, a fait faux bond. Porté disparu dès le coït interrompu. Évanoui dans la nuit des lâches, des saoulards et des prédateurs à l'arraché. Née dans le Sunderland, vivant après dans les Highlands, Sarah la bâtarde est orpheline à huit ans de sa mère – morte dans une crise d'éthylisme –, puis recueillie brièvement par ses grands-parents, élevée ensuite par un oncle, dans le Perthshire, loin du monde, sur une île. La plus belle des grandes îles de la Grande-Bretagne. Skye. Grave et inaccessible. Comme la vie, le reste, cette cure d'austérité après tant de drames, comme les lointaines origines scandinaves. Sarah cherche en vain son père, mais c'est l'oncle, ministre de l'Église épiscopale, qui se charge de l'élever. Rudesse de l'éducation. À son tour, elle décide de dominer. S'interdit la caresse. Ou, si elle se l'autorise, avec son mari, s'en sent coupable. N'étant jamais touché, Ned ne supporte donc pas qu'on le touche : « Posez-lui la main sur l'épaule ou le genou, vous l'offensez. Il partage, pourrait-on croire, le sentiment oriental qui veut que, par un tel contact, un homme perd sa dignité. »

Ned n'aura jamais de tendresse pour cette ascendance tyrannique. Même quand il écrit le mot « affectueusement », qu'il l'écrit deux fois, cinq fois, en bas des lettres à sa mère, qu'il se préoccupe plus tard de lui trouver un domicile à son retour de Chine, on sent l'enfant terrorisé. S'obligeant à dire des mots qui lui sont presque étrangers. Ned, parfois, avoue : « Jamais confiance n'a régné entre ma mère et moi. Chaque fois que nous nous trouvions ensemble, chacun était jalousement sur son quant-à-soi. J'ai toujours eu le sentiment qu'elle m'assiégeait et emporterait la place si je laissais la moindre brèche sans protection. »

Le père de Ned s'appelle Thomas Robert. Il a quarante-deux ans, Sarah n'en a que vingt-sept. Quinze ans d'écart. Une génération, à l'époque. Et tant de différences! Mais l'ordre des conventions est renversé, car c'est elle le Pygmalion, la lionne, et lui, le père, est le petit garçon. Ensemble, en Irlande, ils ont déjà eu un premier fils. Le fameux Bob, le grand frère. Il y a trois ans. Thomas Robert est à la maison, le temps qu'il faut. Père d'intérieur. Ne travaille jamais. S'échappe, mais uniquement pour prendre sa bicyclette et parcourir la campagne galloise. Pelée. Puis rentre chez lui et lit toute la journée, quand il ne récite pas les grands auteurs à voix haute. Dans le texte, en latin, grec, français, anglais bien entendu. Horace, Homère, Racine, Shakespeare. Mais il ne tient jamais longtemps en place et repart aussitôt : nager avec ses fils, Ned plus particulièrement, faire de la voile l'été, monter un cheval, toute l'année, tâter de la menuiserie, tirer la bécassine – il est excellent en la matière –, apprendre la technique de la photographie dans une chambre noire improvisée.

Quand on lui demande d'où vient sa famille, il se dit largement anglo-irlandais, un peu hollandais et légèrement espagnol, mais avant tout, comme Sarah, bon protestant épiscopalien. Lointainement descendant de sir Walter Raleigh. Noble, donc? Oui, noble, en quelque sorte. Thomas Robert est toujours hésitant dans ses réponses... Ce nom de Lawrence? Un jour, il est baronnet, baronnet du comté de Meath, en Irlande... De lignée irlandaise, mais de ces Irlandais protestants venus avec la grande Elizabeth s'installer dans la catholique Dublin... Un autre jour, il ne se souvient plus, n'a pas le temps de dire d'où

43

il vient. Ni pourquoi, puisqu'il est seigneur d'une terre, il passe son temps à fuir. Et encore moins d'expliquer qu'il peut vivre et faire vivre une famille sans travailler. Faire vivre correctement, mais sans plus, il est vrai : une petite pension de quatre cents livres pour chauffer la marmite de Sarah et des garçons... La gêne, d'année en année, s'installera dans leur foyer d'ascètes calvinistes. Mais plutôt se priver que de travailler quand on est Thomas Robert. Et qu'on a épousé une femme qui prend les choses en main.

Ned ne reconnaît pas en lui un modèle. Qu'il cherchera toute sa vie, dans son travail comme dans son cœur. «Ne jamais avoir trouvé un chef pour m'utiliser faisait partie de mon échec. Tous étaient faibles, et par incapacité, crainte ou affection, ils me laissèrent les mains libres. J'avais toujours espéré un maître pour qui j'aurais pu me battre jusqu'à tomber en adoration à ses pieds [...]. Ce maître, j'aurais pu le servir comme peu de maîtres l'auraient été, et je lui aurais offert mes services avec zèle, car l'esclavage volontaire était la marque d'un orgueil profond chez un esprit morbide», écrira-t-il dans le brouillon des *Sept Piliers de la sagesse*.

Mais Ned rêve déjà d'autre chose. Il cherche l'origine de tout. Ses origines. Raleigh est une bonne filiation : le favori de la Reine vierge est un pirate mais aussi un gentleman. Et que ce génial et charmant voyou des cours et des hauts-fonds ait eu la tête coupée ne gâche en rien la fierté qu'il y a à descendre d'une légende.

Ned ouvre ses yeux sur le monde. Bleus, comme ceux de Sarah. Frotte sa peau aux murs de pierre de la maison de Tremadoc, puis sur le quai du port de Kirkcudbright. Une force de caractère, à l'image de sa mère. Avance dans la vie à coups de menton. Un menton volontaire, comme celui de Sarah. D'ainsi se ressembler, ils finissent, jour après jour, par se détester encore plus. Une sorte d'indispensable détestation. Par bonheur, leur attention est rapidement détournée par la naissance du troisième des garçons. William George débarque dans la tribu des vermisseaux quand Ned fête à peine ses dix-huit mois d'existence terrestre.

La famille Lawrence a la bougeotte, donc. Et l'angoisse chevillée au ventre, à la tête. Ned vit dans l'inquiétude des départs hâtés, des routes à emprunter de nuit, des déménagements soudains. Que fuit-on chez les Lawrence ? Les destinations paraissent hasardeuses. Ne tournerait-on pas en rond ? La maison de Kirkcudbright est vendue par ses propriétaires. La famille file quelques semaines dans l'île de Man, puis tente sa chance dans celle de Jersey. Retour sur la terre ferme, la très grande île, Madame Angleterre. Puis passage sur le continent. Par-delà la Manche, c'est l'Europe. La France. Après les bateaux, incertains, les trains apprennent à Ned une précieuse technique dont il fera toute sa vie le meilleur usage : il sait, dès l'âge de cinq ans, lire à l'envers le *Standard,* et il ne manquera jamais de lecture, plus tard, dans les voyages en chemin de fer, même en ayant oublié de prendre livres et journaux. Grâce à ses voisins de face dans les compartiments...

Le père, la mère, Ned, Bob, son grand frère et Will, le cadet fougueux, semblent chercher le bonheur. Vainement. Jusqu'à ce jour où ils débarquent à Dinard.

Dinard, c'est la France, en effet. Et la France, c'est bien, c'est moins cher, ce qui n'est pas si mal quand on est une famille nombreuse. Dinard c'est moins anglais, c'est plus loin, un autre état civil, un registre différent : les nouvelles mettent plus de temps à arriver, on peut refaire sa vie, s'inventer une nouvelle identité sans être poursuivi par le passé, la police des mœurs. Ils vont y séjourner de décembre 1891 à 1894. Entre trois et six ans, Ned y vit un bonheur qu'il ne retrouvera pas souvent. Bonheur d'autant plus grand que l'enfant appréhende alors la mémoire, cet étrange héritage, beau et douloureux en même temps, un ambigu trésor pour grandes personnes. Dinard restera à jamais en lui. Il se souviendra toujours de cette cité balnéaire prisée des Anglais, sur la rive gauche de l'estuaire de la Rance, face à Saint-Malo, la forteresse des Français. De la mer, il aime «le rire innombrable». Là où «naissant des vagues, éclataient des sons pareils à la joie». Il sait qu'à Dinard il jouira d'une liberté nouvelle, qui ne se limite pas à la condition infantile : «Je ne suis pas de ceux que l'on peut résumer en trois mots, écrira-t-il un jour à son ami et biographe Robert Graves, car mes aspects sont trop divers et je n'ai pas qu'une seule caractéristique.»

Le Chalet du Vallon est alors une maison isolée. Un peu à l'écart du centre : un long sentier bordé de petits murs mène au jardin dans lequel fleurit la maison. Jolie, récente, louée par les Chaignon, qui de propriétaires deviennent des amis. Les enfants adorent. Dinard, avec ses plages, ses établissements balnéaires, son casino, ses grands hôtels, ses cures et ses bains, ses villas et son lot d'Anglais fortunés et bienvenus, est en passe de devenir une station mondaine. Les Lawrence vivront à l'écart du tumulte élégant de cette villégiature de luxe. Mais la vie y reste bien meilleur marché qu'en Angleterre, où la livre or, la monnaie internationale de référence, est au plus haut.

Ned va, de temps à autre, sur de modestes yachts avec son père, se retrouve entre les mains d'une gouvernante anglaise, prend quelques leçons à l'école Sainte-Marie, juste à côté de chez eux, traverse deux fois par semaine la Rance sur un grand vapeur pour aller faire de la gymnastique dans un cours privé de Saint-Malo. Surcouf, Cartier sont des héros toujours vivants dans la ville fortifiée qui fascine l'enfant. Walter Scott, dont on lui lit des passages, l'accompagne dans cette passion naissante pour le Moyen Âge, l'architecture militaire... Déjà, il lui semble être né six siècles trop tard et n'aimer que ce monde médiéval qui ouvre l'ère moderne. Vivre dans l'univers de la chevalerie, de la noblesse, de la lignée pour compenser cette naissance incertaine, fuir l'aujourd'hui cruellement vrai et médiocre, cette bourgeoisie qui n'en porte même pas le nom et n'en a pas l'apparence.

Les enfants apprennent le latin et le français, qu'ils parlent désormais couramment. Pendant ce temps, Sarah reste à la maison, qu'elle dirige avec autorité. Thomas Robert ne manque jamais une occasion de prendre l'air : en mer sur ses bateaux à voile, sur les petites routes bretonnes, en marchant ou à bicyclette. Un jour de 1893, toute la famille monte sur une embarcation hasardeuse : Sarah, enceinte de huit mois, va accoucher du quatrième vermisseau à Jersey, sur un territoire britannique, afin de lui éviter de devoir faire, à l'âge adulte, le service militaire

Ned, Frank, Arnold, le benjamin de la famille, Bob et Will en 1910.

français. Frank naît à Saint-Hélier : il s'appellera Frank Hélier. Il fera donc un jour partie du contingent britannique. Choix hélas fatal ! Cette mère aura toujours tout faux avec ses enfants. Comme si Sarah ne pouvait rembourser le droit de les mettre au monde qu'en les condamnant, un par un, à mourir de la vie qu'elle leur réserve.

Ils reviennent une année à Dinard, avant de s'installer définitivement en Angleterre, à la lisière de la New Forest, dans une maison à Langley Lodge. La forêt, partout autour d'eux, est magnifique. Ned ne cesse de l'explorer. L'enfant est alors plutôt grand pour son âge : «Aucun arbre n'était trop haut pour lui», dira sa mère. Sur un poney, il parcourt la campagne. Mène la danse, tandis que Bob, Will et Frank suivent le mouvement. Southampton Water, non loin, est pareillement prisé, une belle promenade, un site magnifique avec, sur l'autre rive, le ballet des paquebots, des navires de commerce qui desservent le vaste port de Southampton : trois étés durant, les garçons vivent au grand air, nagent, vont observer les yachts à Lepe, identifier les fossiles sur la plage de Langley. Les quatre petits Lawrence se lient d'amitié avec les enfants d'une famille voisine, les Laurie. Une certaine Janet allume les regards des garçons, trois d'entre eux du moins... Jusqu'à ce jour d'automne 1896 où la tribu quitte définitivement Langley Lodge, reprend la route des bohémiens et part s'installer dans un faubourg bourgeois d'Oxford, afin d'y délivrer une bonne éducation aux aînés. Les choses sérieuses ne font que commencer.

Pendant ses huit premières années, Ned a aimé le plaisir de la nature, la côte de Dinard comme les forêts de Langley Lodge. À Oxford, c'est la raison qui gouverne l'installation des enfants. Il s'agit d'en faire des hommes éduqués. Eton est trop cher, mais à Oxford, on peut encore trouver des écoles abordables, pour peu qu'on élise domicile et qu'on choisisse l'externat pour la portée. Ned, sauvage et provocateur, résiste à sa mère, tandis que Bob,

Frank et Will se soumettent à l'ordre familial dicté par une femme qui prend, d'année en année, de l'assurance. Tête dure que ce Ned : dans sa vie, il n'en fera jamais qu'à cette tête-là, cultivant la liberté de manière inouïe et jamais négociable.

Son père Thomas Robert semble ailleurs, de plus en plus disposé, avec le temps, à quitter la ville en marchant des journées entières, à parcourir de longues randonnées à vélo ou des sorties en bateau sur la rivière. Plus la réalité de cette famille échappe à ce géniteur, plus il développe sa passion pour la photographie et ses faux-semblants, passion qu'il communique à Ned. Le monde est une image, reproductible à l'infini. Reste à savoir la révéler, la faire apparaître. Ensemble, ils vont à la campagne tirer des portraits, fixer des paysages, ensemble, ils se rougissent les yeux dans la chambre noire qui a été installée dans la maison du 2 Polstead Road.

Sarah est jalouse de la relation entre Ned et son père. Au moindre prétexte, elle décide de punitions exemplaires. Un châtiment semble exclusivement réservé à Ned : le fouet. Sarah commence à fouetter régulièrement Ned quand le garçon atteint ses huit ans. Ned et aucun autre des vermisseaux. « Nous avions toujours du sang sur les mains : on nous en avait donné licence. Blesser, tuer, semblaient des douleurs éphémères, si brève et si meurtrie était la vie que nous possédions. La peine d'exister était si grande que la peine de punir devait être impitoyable. Nous vivions pour le jour présent et mourrions de même [...] », lit-on dans *Les Sept Piliers de la sagesse*.

Ned sait qu'il ne peut rien faire frontalement contre cette femme et son fouet fatal. Rien, sinon lui échapper. S'éclipser, éviter, se garder de. En attendant la première fugue ou les permissions de sortie, il lui reste le rêve. Le rêve éveillé. Fuir, comme nier la réalité de cette famille, de ce ventre qui multiplie à l'infini les enfants, les garçons toujours, évidemment. Sarah résume la situation : « Nous n'avons jamais voulu nous embarrasser de la présence des filles à la maison. » Les femmes sont interdites dans le périmètre de Sarah comme dans son ventre, de peur qu'elles ne retiennent l'attention. Celle du père, bien sûr, sensible, fragile, charmeur, coureur, mais, par anticipation, celle des fils également. Sarah semble presque uniquement dédiée à cette tâche reproductrice, tant elle sait qu'une femme s'attache un homme en lui faisant une famille, une nombreuse famille. Plus tard, Ned, dégoûté par tant d'obsession ovulatoire, s'étonnera qu'on regarde « nos comiques moyens de reproduction non pas comme un plaisir anti-hygiénique, mais comme l'occupation essentielle de l'existence ». La mère aura réussi son affaire. Des cinq enfants qu'elle fera, cinq garçons, un seul se mariera, et aucun d'entre eux ne lui donnera de petits-enfants, trop prévenus qu'ils sont des méfaits de la multiplication des corps.

Ned est un rêveur éveillé. Il « aime manger du lotus ». *Lotus eater,* rêveur, paresseux… C'est à Oxford, à huit ans, que se forge sa philosophie du monde et de l'action, sa vision de l'homme engagé. Plus tard, le mangeur de lotus formulera mieux que personne ce qu'il s'apprête alors à devenir : « Tous les hommes rêvent ; mais pas également.

Ceux qui rêvent la nuit dans les replis poussiéreux de leur pensée s'éveillent le jour et trouvent que c'était vanité ; mais les rêveurs de jour sont des hommes dangereux, car ils peuvent agir sur leur rêve les yeux ouverts pour le rendre possible. »

C'est en arrivant à Oxford qu'il invente ainsi l'histoire un peu longue d'un château fort assiégé de toutes parts, mais réputé imprenable par tous et depuis toujours. Un rêve qui l'a marqué. Bob se souviendra longtemps d'une autre histoire : « Quand nous étions petits, nous partagions ensemble une vaste chambre. Il avait l'habitude de raconter un interminable récit, qui se poursuivait soir après soir. C'était un récit d'aventures : il s'agissait de la défense victorieuse d'une tour contre de nombreux ennemis ; les principaux personnages étaient Fizzy-Fuzz, Pompey et Pete, des animaux en peluche qui appartenaient à nos frères. Il composait en vers de longs morceaux de ce récit, contant hauts faits et prouesses. » En racontant ce rêve à ses frères, Ned leur assigne une mission simple : être les premiers à faire tomber les résistances et les réputations, être ces hommes dangereux pour qui aucun rêve n'est impossible à vivre.

Naissance d'un archéologue :
À la recherche du nom et des origines
III • 1896-1908

> *Ils s'intéressaient trop à des choses qui me révoltaient.*
> *Ils parlaient devant moi de leur nourriture, de leurs*
> *maladies, de leurs jeux et de leurs plaisirs : avouer que nous*
> *possédions un corps me paraissait une dégradation suffisante*
> *sans nous étendre encore sur ses faiblesses et ses attributs.*
> *Je me sentais honteux de les voir se vautrer dans le corporel*
> *qui ne pouvait être, à mon sens, qu'une glorification*
> *de la croix où l'homme est cloué. En vérité, je n'aimais pas*
> *le moi que je pouvais voir et entendre.*

La guerre est donc déclarée! Guerre civile, à l'intérieur de soi. Guerre ouverte avec Sarah, qui manifeste sa supériorité militaire grâce à son dérisoire fouet et à son titre de mère supérieure. Guerre généralisée avec les garçons qui fréquentent – comme lui et son frère Bob – l'Oxford City School for boys, choisie pour son cours d'externat assez peu fréquenté et le coût modeste de la scolarité. Guerre contre la dèche quotidienne, contre le manque d'argent. Guerre, enfin, contre la rigueur victorienne de cette famille qui semble toujours vouloir s'excuser de quelque chose. Bob est sous la coupe de sa mère, Will, joli cœur, semble trop occupé à faire le beau. Frank regarde le monde, presque hébété, trop jeune encore pour souhaiter, ou pouvoir, l'influencer. Ned se trouve déjà un peu petit pour son âge et s'inquiète de sa croissance. Les hormones sont à l'œuvre ailleurs. Vient à naître le cinquième d'entre eux, le dernier, un joli matin de 1900. Arnold Walter. Le bébé Arnie s'attache à Ned, qui joue avec lui. Une amitié, une passion durable entre les deux garçons.

L'ordre moral qui pèse sur l'éducation de Ned ne s'allège hélas guère ce jour de janvier 1901 où, après soixante-trois ans d'impérialisme absolu, la reine Victoria s'éteint... Il est pourtant temps de se défouler. Ned a été, jusque-là, un trop bon paroissien, fidèle de Saint-Aldate, y enseignant à l'école du dimanche, puis devenant responsable de la Church Lads Brigade de la section locale. Mais il a déjà plus d'inclination pour la mécanique, obsédé par les installations électriques défaillantes, les pannes à réparer, les petits moteurs, les objets à raccommoder que pour les développements théologiques. S'il trouve les sports d'équipe insipides à son goût, Ned s'étourdit de mille manières, fatigue son corps, distrait son esprit. Rien ne lui fait peur à priori, et certainement pas les techniques modernes : il est le premier à disposer d'une bicyclette à roue libre, avec système à trois vitesses... Bon cycliste, bon gymnaste! Il s'arrange toujours pour s'éclipser lors des parties de cricket ou de football, détestant la compétition organisée, l'obligation de résultats, les règles édifiées alors qu'il adore l'endurance physique, les défis...

Il invente ainsi une redoutable grenade à base de boue et de farine, mais quand il s'aperçoit que cette arme est trop puissante et qu'elle détruira aveuglément un ennemi sans défense, il l'abandonne. De chasses au trésor en combats de maquis, il s'entraîne ainsi à la guérilla, se prépare à des luttes futures, apprises dans les livres et répétées dans les cours des collèges et les rues anciennes d'Oxford. Il affectionne tout particulièrement ces longues balades en canot à fond plat sur la rivière souterraine de la ville, le Trill Mill Stream : rien ne lui plaît davantage que ce sentiment de danger qui s'empare de lui quand ce bras de la Tamise s'engouffre sous les voûtes basses des collèges et que sa tête, son corps frôlent la pierre humide. De mémoire d'Oxonien, personne n'avait encore réussi à se glisser ainsi sous la ville, courant le risque à tout moment d'être noyé et asphyxié.

Le collège d'Oxford (Oxford City High School), ouvert en 1881.

Une après-midi d'automne 1904, Ned se bat très violemment dans la cour de récréation du lycée avec un jeune camarade qui brutalise un plus petit. Ned est largement dominé. C'est la lutte à mort. Il est blessé mais refuse de rentrer à la maison. Une paire de chaussures à tige maintient sa jambe. À la fin de la journée, après une leçon de mathématiques, épuisé par la douleur, il est porté sur sa bicyclette par ses frères. Le verdict du médecin est formel : jambe cassée, et très gravement... Juste au-dessus de la cheville. La convalescence sera nécessairement longue et le garçon doit rester alité, sans bouger. Mais il est fier de lui. Plus tard, après avoir traversé tant de déserts et souffert mille fois, il fera l'apologie de la douleur et justifiera son culte de l'endurance : « J'étais depuis un an et demi en mouvement, franchissant chaque mois à dos de chameau plus de mille cinq cents kilomètres [...]. J'avais été touché dans les cinq derniers engagements et mon corps redoutait tant de nouvelles souffrances que je devais maintenant me contraindre pour rester sous le feu. J'avais toujours eu faim. Ces derniers temps, je n'avais cessé d'avoir froid ; le gel et la saleté, empoisonnant mes blessures, les avaient transformées en un amas d'ulcères douloureux. » Cette rixe d'Oxford est à l'origine de son profond malaise corporel. Il sera blessé plus de cinquante-huit fois dans le désert, se cassera plus tard un poignet avec une manivelle en voulant faire démarrer une voiture, aura honte de son enveloppe physique qu'il maltraite à un degré extrême, refusant l'amour, l'étreinte : « s'il fallait en venir au corps à corps, je ne valais plus rien [...]. Peut-être une terrible lutte de ce genre, dans ma jeunesse, m'avait-elle donné à jamais la peur de tout contact ».

Il faut donc, dans la vie, savoir se défendre. Pendant sa convalescence, Ned apprend par cœur deux ouvrages sur les fouilles de Ninive, lit et relit des traités d'histoire, d'archéologie, de stratégie militaire, Napoléon, Moltke et Clausewitz. Des ouvrages entiers sur le Risorgimento, les guerres des condottieri, des textes de Procope qu'il se charge en partie de traduire. Lui qui dispose déjà d'une mémoire hors du commun se met à lire frénétiquement, retient un livre en y jetant un simple coup d'œil. Du fond de son lit, il recopie des dessins médiévaux avec la technique de la pyrogravure, étudie les armures médiévales, les différents types d'engins de siège. Enfant, il a, en lisant, rêvé d'être à la tête d'un mouvement national. Quelque chose comme une insurrection. Maintenant, c'est à l'Asie qu'il se met à rêver, l'imaginant et voulant la forcer à «prendre la forme nouvelle qu'inexorablement le temps poussait vers nous. La Mecque devait conduire à Damas; Damas, à l'Anatolie, puis à Bagdad; enfin venait le Yémen».

Pendant ce temps, le recteur de Saint-Aldate, le chanoine Christopher, instruit la famille sur le sens des Écritures. Ned doit à cet évangéliste de haut vol de se passionner pour l'histoire et la géographie des pays décrits dans la Bible. Il voyage désormais dans les livres, trace des cartes avec aisance et se replonge dans les temps anciens avec la délectation qu'on éprouve lorsqu'on se sait sorti de l'épreuve du présent.

Sa passion pour le Moyen Âge ne cesse de gagner. Un jour, lors d'une conversation avec son père, il croit comprendre que le nom de Lawrence est emprunté et que le vrai patronyme de son père est Chapman. Comment expliquer autrement que Thomas Robert puisse descendre «directement» d'un certain Benjamin Chapman à qui l'on doit la construction du beau château irlandais de Killua, dans le comté de Westmeathen... Ce même Chapman qui tient sa fortune du grand Cromwell, auprès de qui il a servi comme officier. Plus tard, George Bernard Shaw s'adressera à Lawrence, qui dit chercher à fuir son excès de réputation, en ces termes : « Vous venez d'avoir la preuve éclatante qu'il vous est impossible de dissimuler ou de déguiser le monstre que vous avez créé. Inutile de protester, de prétendre que Lawrence n'est pas votre vrai nom... Vous vous êtes fait passer pour Lawrence, au lieu de rester tranquille. Maintenant, Lawrence vous serez jusqu'à la fin de vos jours – et ensuite jusqu'à la fin de ce que l'on appelle l'histoire moderne. »

En cette fin d'été 1904, sur plus de six mille candidats à l'entrée de l'université d'Oxford, Ned réussit à être quatre-vingtième et admis avec une mention « très bien ». Il quittera non sans plaisir, trois années plus tard, la High School et « ces années pénibles de sueur et de travaux forcés [...]. Pour apprendre très peu, à contrecœur [...]. École où les garçons sont traînés des années, qui fut pour moi un fléau, où je perdis mon temps à faire ce qui ne sert à rien ». De l'école, il garde seulement l'aimable souvenir des quatre premiers frères Lawrence dans le même maillot en jersey bleu marine et blanc, en file indienne, chacun sur son vélo, par ordre de taille décroissant, paradant dans la vieille cité d'Oxford.

Bâtard !
Ned apprend un jour la vérité. Bâtard ! « L'histoire n'est rien d'autre qu'un tissu de mensonges admis », écrira-t-il

plus tard. Mais ce qu'il découvre alors va au-delà du mensonge.

Bâtard ! La vérité, derrière le rideau de la bienséance, apparaît, nue, cruelle, assassine.

Envelope addressed :- "To my Sons.- But not to be opened except Mother & I are dead.) - OR when Mother desires to."

My dear Sons,
    I know this letter will be a cause of great sorrow & sadness to you all, as it is to me to write it. The cruel fact is this, that yr mother & I were never married.
When I first met mother, I was already married. An unhappy marriage without love on either side tho' I had four young daughters. Yr Mother & I unfortunately fell in love with each other & when the exposé came, thought only of getting away & hiding ourselves with you Bob, then a baby. There was no divorce between my wife & myself. . How often have I wished there had been! Then I drank & Mother had a hard time but happily I was able to cure myself of that. You can imagine or try to imagine how yr Mother & I have suffered all these years, not knowing what day we might be recognised by some one and our sad history published far and wide. You can think with what delight we saw each of you growing up to manhood, for <u>men</u> are valued for <u>themselves</u> & not for their family history, except of course under particular circumstances. My real name when I met yr Mother was Thomas Robert Tighe Chapman (see Burke's Peerage, under Chapman) & by unexpected deaths I am now Sir Thomas Chapman <u>Bart</u> but needless to say I have never taken the Title. There is one little gleam of sunshine in the sad history, namely, that my Sister who married my cousin Sir Montagu Chapman, & my brother Francis Vansittart Chapman of South Hill (my father's place; the life interest of which I agreed to sell) were always loving to me & it is thro' their goodness that I have been enabled to leave you the greater part of the sum I have left. My brother at his death left me £25000. & my sister in her Will has bequeathed me £20000, but owing to the wording of her Will I shall not receive this £20000 if I die before her. She is alive but a great invalid & no fresh Will of hers wld be valid tho' I know she intended and wished this £20000 to go to you all, if I shld die before her. She for many years gave me £300 a year, which, with my own fortune, anabled us all to live fairly comfortably & saved Mother and me great pinching to make ends meet & also kept me from drawing on my Capital for every day expenses.
Bob's name was registered in Dublin (near St. Stephen's Green) as "Chapman"; hence his name in my Will. I shld recommend him to retain his name of Lawrence; a man may change his sirname anytime & need not take legal steps to do so, except he is expecting to inherit places or moneys from others, who know him by his former name.
I can say nothing more, except that there never was a truer saying than "the ways of transgressors are hard". Take warning from the terrible anxieties & sad thoughts endured by both yr Mother and me for now over thirty years!
I know not what God will say to me (yr Mother is the least to be blamed) but I say most distinctly that there is no happiness in this life, except you abide in Him thro' Christ & oh I hope you all will.

                                Father

Lettre posthume du père de Lawrence à ses fils, leur révélant la vérité sur leur naissance adultérine.

Son père, Thomas Robert Tighe Chapman, élevé à Eton, est en réalité déjà marié. Marié depuis 1873 à une cousine, lady Edith Hamilton. Père de quatre filles, et des filles exclusivement, nées entre 1874 et 1881. Et noble, en effet, d'excellente souche historique. Il vit d'abord à South Hill, au nord-ouest de Dublin, en Irlande. S'y ennuie, tant la vie est austère avec Edith, tant Edith est devenue bigote, obsessionnellement religieuse, tant la campagne irlandaise est monotone. Thomas Robert Tighe Chapman boit, boit beaucoup. Sarah est depuis 1879 la gouvernante des enfants. Découverte par le père, quelque part en Écosse, puis tombée enceinte de celui-ci quand elle est au service de la famille. Elle-même enfant illégitime, Sarah sait que la femme de Thomas ne leur pardonnera jamais. Le couple d'amants fuit la maison, se déplace à trente miles de Dublin, tandis que naît le premier fils, Bob. La colère de Holy Viper, *Sacrée Vipère*, n'est en effet pas près de s'éteindre. Un autre surnom, donné par le voisinage, la dépeint bien : Vinegar Queen. *Reine Vinaigre*. Acariâtre, acide.

Sarah s'est fixé une mission. Garder cet homme dont la famille est désormais ailleurs, cet homme qui ne reverra jamais ses quatre filles, n'en prendra jamais aucune nouvelle. Des filles, probablement traumatisées par l'attitude du père, qui ne se marieront jamais! Nul enfant de ce côté-là non plus! La souche paternelle, malgré les neuf enfants qu'il fabrique en deux lits, quatre femelles d'un côté et cinq mâles de l'autre, va s'éteindre! Mais Sarah sait que pour tenir ce coq assoiffé, il faut lui assurer une descendance. Cinq mâles, donc. Et l'empêcher de céder à son penchant malheureux, l'alcool. Thomas Robert ne boira plus jamais. Ni ne croisera plus jamais le regard d'une femme, fût-elle l'une de ses filles... Cure drastique. Le baronnet est domestiqué par cette femme tambour-major. Ned gardera un vif souvenir du père de ces années-là : « Prodigue, il avait mené grand train pendant trente-cinq ans, il aimait la chasse, était infatigable cavalier, et buvait sec. Ma mère, enfant du péché, élevée dans l'île de Skye par un évangéliste fondamentaliste, puis bonne d'enfants, puis "coupable" (jugeait-elle) de prendre mon père à son épouse [...]. Pour se justifier, elle réforma mon père : elle le convertit à la tempérance absolue, il devint un homme d'intérieur, pour qui un sou est un sou. »

Holy Viper, elle, ne les laissera jamais tranquilles : en Irlande, au pays de Galles, en Écosse, où qu'ils aillent, elle les poursuit de sa haine féroce, les dénonce au voisinage, à la police locale, fait étalage de l'opprobre, de cette honte, de cette monstrueuse faute... Le couple d'amants doit se cacher. Prendre un nom d'emprunt. L'oncle de Sarah s'appelle Lawrence. La famille Chapman s'appellera donc Lawrence.

Ned est plus que jamais déterminé. À fuir. Fuir cette révélation, cette mère dont la morale de vie ne justifie pas l'autoritarisme dont elle fait chaque jour un peu plus preuve. Bâtard ! Sarah n'avouera jamais et se contentera à la fin de sa vie de dire que « Dieu déteste le péché, mais qu'il aime le pécheur ». Jolie phrase ! Fuir cette femme « qui ne vivait que pour mon père, proie qu'elle avait arrachée à sa vie antérieure et à son pays, et sur qui elle veillait jalousement, car c'était le trophée symbolique de sa puissance». Fuir le fouet, l'humiliation de la punition, lui qui souffre déjà de sa taille. Depuis un an, il ne grandit plus. Petit bâtard! Nain? Il ne mesurera jamais plus qu'un mètre soixante-six, sans trouver de consolation dans les tailles équivalentes, voire moindres, de Bonaparte, de Talleyrand ou de Nelson, des héros qu'il affectionne. Le contraste avec Bob, l'aîné, et avec Will, son cadet, magnifique et élancé, est frappant. Adonis, grandeur nature! De sa mère, Ned a pris la petite taille et lui en fait évidemment le reproche. Elle proteste, prétendant que c'est la cassure de sa jambe qui a bloqué le processus calcaire, la croissance dans le reste du corps... Il grandissait de huit centimètres chaque année avant l'accident, avant que ses os ne deviennent si fragiles.

Quant à Ned, il s'applique à lui-même une discipline stricte : des nuits entières à travailler ou à lire, des entraînements sportifs, des privations nombreuses, des jeûnes, des régimes alimentaires... Trois jours durant, parfois, il ne mange rien, histoire d'éprouver son corps. Il mesure son endurance lors de ses longues marches à pied, sans rien manger, sans dormir. Il se plaît également à pratiquer le végétarisme : «Notre déjeuner a été innocent : aucune vie n'a dû être sacrifiée à notre alimentation. Du lait, du pain, du beurre, c'est tout ce que nous avons mangé», écrit-il. À l'été 1905, il fait une première échappée à vélo : «Je quittai l'Angleterre, c'était la joie rêvée : non pas parce que c'était la première fois, mais parce que je commençais à voyager seul, indépendant, selon mon gré. En France.»

Mais ce voyage ne suffit pas à l'éloigner assez longtemps du détestable foyer familial et du mystère de sa naissance. Des mots entrent désormais dans son vocabulaire essentiel : mensonge, fraude, faute, trahison. Ils ne le quitteront pas et il s'en souviendra lors de l'épopée du Hedjaz : « Les Arabes me croyaient ; Allenby, Clayton se fiaient à moi, ma garde du corps mourait pour moi. Je commençais à me demander si toutes les réputations étaient fondées comme la mienne sur une fraude. » C'est que le bâtard est mortellement blessé à l'âme. Il rêve de ne plus jamais les revoir, mère, père, frères. De fuguer. Chiche! Il fuguera. En octobre 1905, il choisit, sans prévenir personne, de se présenter dans un bureau de recrutement de la Royal Garrison Artillery, est aussitôt affecté à Falmouth, dans une garnison située dans un fort. L'enfant de troupe apprend clairon et trompette et se retrouve à exécuter les tâches les plus domestiques. Il oublie qui il est, qui il n'est pas. Mais l'ambiance est électrique, Ned retourne à l'école de son enfance, cassage de figures, frottement de mâchoires et de tibia. Les jeunes recrues, souvent sans éducation, sont très violentes, Ned est chahuté, brutalisé par des soldats lors d'un quartier libre de fin de semaine. À sa demande, son père obtient une libération anticipée et vient le chercher pour le reconduire à Oxford. Piteuse sortie de crise. Sur le chemin du retour, le père et le fils ne parlent pas. Mais Ned se sait au moins compris.

L'isolement est devenu indispensable avec cette mère toxique. Son père lui fait alors aménager un petit pavillon dans le fond du jardin. Lawrence, qui rêve du silence des déserts, ne supporterait plus le bruit de la circulation dans Oxford. Le prétexte sonore sauve la face de la famille. Sourd à sa douleur... Il vivra dès lors à bonne distance, tout en restant avec eux. Deux pièces confortables dans lesquelles il se livre au vice impuni de la lecture. Six livres parfois par jour empruntés à la bibliothèque, en usant de son père et de ses frères comme autant de prête-noms, des ouvrages de poésie provençale comme de stratégie militaire qu'il lit allongé des nuits entières. Le bungalow dispose d'un foyer, d'une arrivée d'eau, de l'électricité et même d'un téléphone relié à la maison. Lawrence recouvre les murs d'un généreux tissu vert. Travaillant tard la nuit, ne dormant pas, bien souvent. Thomas Edward ne supporte plus sa mère et son reproche permanent adressé à elle-même. La terreur des verges et du canin « a rendu ma vie misérable entre huit et dix-huit ans », écrit-il. Sarah sent que sa proie lui a échappé, que cette part d'elle-même ne lui appartient plus et renonce enfin à le fouetter. Lawrence, maître de sa douleur, saura bien désormais maltraiter son corps tout seul. Il a été à bonne école.

Sur sa mère, Lawrence a maintenant un point de vue sans appel, qui exclut toute affection durable, et probablement toute fréquentation future. À Charlotte Shaw, son amie, vingt ans plus tard, il résume les rapports de force d'alors : « Je crois qu'elle s'est "arrêtée", il y a bien des années ; peut-être avant ma naissance. Je suis terrifié à l'idée qu'elle sache quelque chose de mes sentiments, de mes convictions, ou bien de ma façon de vivre. Si elle les connaissait, ils seraient gâtés, violés, ils ne m'appartiendraient plus. Vous voyez, elle, elle n'hésiterait pas à les comprendre : alors que moi, je ne les comprends pas, ni ne désire les comprendre. Elle n'a pas vu non plus un seul d'entre nous grandir, parce que je crois qu'elle-même n'a pas grandi depuis que nous avons commencé à le faire […]. C'est à ma mère que je dois cette horreur de tout ce qui est famille et indiscrétion. Et malgré tout, vous devez saisir qu'elle est ma mère, et quelqu'un d'extraordinaire. Le fait de l'avoir connue me préservera à jamais de faire d'aucune femme une mère, par qui naîtraient des enfants. Je pense qu'elle s'en doute : mais elle ignore que le conflit qui fait de moi une guerre civile permanente résulte fatalement des discordances de nature entre elle-même et mon père, et de leur exacerbation de force et de faiblesse due au déracinement de leurs existences et de leurs principes. Ils n'auraient pas dû mettre des enfants au monde. »

Le bâtard souffre dans sa chair. Pendant très longtemps, il est le seul des cinq enfants à savoir. Les femmes prennent toutes, à ses yeux, le visage inquiétant de sa mère. Une jeune fille apparaît cependant quelques années plus tard, entre 1909 et 1910 : Janet Laurie, retrouvée après le séjour de Langley Lodge. Lawrence pense un temps la demander en mariage, malgré leur jeune âge. Mais il est embarrassé, ne sait comment dire les choses. Sarah espère, de son côté, que Janet saura s'attacher à Bob, son fils aîné, docile et préféré. Ned tente sa chance, verrouille un soir la porte de la chambre où il se trouve avec Janet et lui confesse, sinon son amour, du moins son désir de mariage… Au final, c'est au beau Will que Janet se fiancera, peu avant la guerre… Janet s'éloigne ! Mauvaise pioche ! Elle comprendra bientôt pourquoi. Pour Thomas Edward, la blessure est très secrète, elle cicatrisera cependant. Mais, s'ajoutant à la découverte de la bâtardise, jamais plus un projet de vie partagée avec un autre être ne l'effleurera. Le continent féminin s'éloigne pour toujours. Dans une lettre à un parlementaire, Thurtle, il reviendra plus tard sur le sujet. Avec distance. « Les femmes ? J'aime quelques femmes. Je n'aime pas leur sexe : pas plus que je n'aime le monstrueux régiment des hommes. Quelques hommes. Il n'y a pas de différence sensible pour moi entre la femme et l'homme. Ils ont l'air différents, d'accord : mais au travail, il semble qu'il n'y ait pas de différence entre l'un et l'autre. Je ne peux pas comprendre qu'on fasse tant d'embarras à cause du sexe. Il est évident comme les cheveux roux et aussi peu fondamental, j'imagine. »

Ned ne songe maintenant plus qu'à collectionner. Vivre dans les origines du monde. Chercher des monnaies romaines, des morceaux de poterie, des tessons de verre qu'il négocie auprès des ouvriers qui creusent le sol de la ville pour faire des travaux de construction. Des vases, des faïences vernissées, des pièces, des jetons, des bouteilles en verre soufflé et moulé, des pipes sont volés à la bonne vieille terre des collèges. Ned se met à gratter passionnément la terre, à creuser des maisons en ruine à la recherche de vestiges celtes, romains. Et développe un procédé ingénieux qui lui permet de reproduire – à partir des plaques de bronze qui recouvrent les tombes – les effigies des chevaliers et des évêques sur des feuilles de papier sulfurisé, frottées à la mine de plomb. Il fait vivre l'histoire devant la cheminée de sa chambre, les flammes dressent les décalques de cuivre des figures médiévales et les projettent en autant d'ombres sur les murs. S'imprimant dans sa mémoire, dans ses yeux. Une nouvelle méthode de calquage, faisant appel à des encaustiques achetées chez des cordonniers d'Oxford et à de l'encre de Chine, permet de faire parler parfaitement les images gravées des dalles. Ned recherche dans la sculpture médiévale, les églises romanes ou gothiques ou dans l'architecture militaire la morsure vivante du temps. Vivre dans cette histoire chevaleresque, idéalisée, pure, faute de pouvoir accepter le présent grouillant d'infects compromis. Sa préférence le conduit vers les châteaux forts. Il dévore les livres de l'Oxford Union, Pope comme Macaulay, Shakespeare comme Carlyle, apprécie dans les *Commentaires* de César cette capacité d'un héros à faire la guerre et à la décrire si bien dans le même mouvement. Il lit nuit et jour, la nuit surtout, couché à plat ventre dans sa chambre, entouré de rêves et de manuscrits.

Les récits de chevalerie l'habitent entièrement. Il se pose des questions sur les croisades et l'influence de l'Orient sur l'Occident. Les châteaux des croisés sont-ils du même modèle que leurs correspondants en Europe occidentale? Leur architecture est-elle héritée d'une tradition militaire byzantine? Les châteaux gallois et anglais commencent à lui être familiers. Mais il lui faut approfondir ses connaissances. Ceux de France méritent le détour. Un jour, c'est promis, il ira en Syrie et en Palestine! Plans, photographies, croquis vont laisser une trace vivante de ce grand reportage à thème. Thomas Edward prend sa bicyclette et parcourt, avec son père, les routes anglaises à la recherche d'un château médiéval, d'une église romane, d'un héros imaginé des croisades... Pendant l'été 1906, il file en Bretagne et parcourt près de deux cents kilomètres par jour. Quelques mois plus tard, c'est à une tournée extensive des châteaux gallois qu'il se livre... De temps à autre, de retour à la maison, il s'exerce à tirer au revolver dans le jardin de la maison d'Oxford, sachant avec bonheur à quel point il irrite sa mère.

Pour ses dix-huit ans, cet été-là, il s'offre un voyage dans la mémoire. La sienne, celle de son enfance, mais celle également des châteaux, des places fortes et des abbayes. *Les Pierres de Venise* de Ruskin et le *Dictionnaire raisonné d'architecture* de Viollet-le-Duc à la main, il fait du tourisme. Avec pèlerines imperméables, une paire de chaussures de rechange attachée au guidon, un panier recouvert d'étoffe caoutchoutée à l'arrière... Ned en profite pour passer quelques jours chez les Chaignon, à Dinard. Il y apprend qu'il a réussi de nouveaux examens à Oxford, avec un classement encore meilleur : treizième sur quatre mille six cent quarante-cinq candidats... Il se spécialisera donc en histoire et archéologie. L'année suivante, en avril, il retourne sur les traces de sa naissance, au pays de Galles, et d'un coup de pédale, passe d'un château à un autre : Crow Castle, Caernarvon, Harlech, Chepstow, Caerphilly, Tintern Abbey, Raglan... Puis, fin juillet, il enfourche de nouveau son vélo, traverse la Manche, passe par Château-Gaillard, le Saucy Castle de Richard Cœur de Lion, dont il photographie un jour entier les ruines parce qu'il est si beau et que les cartes postales en sont si décevantes.

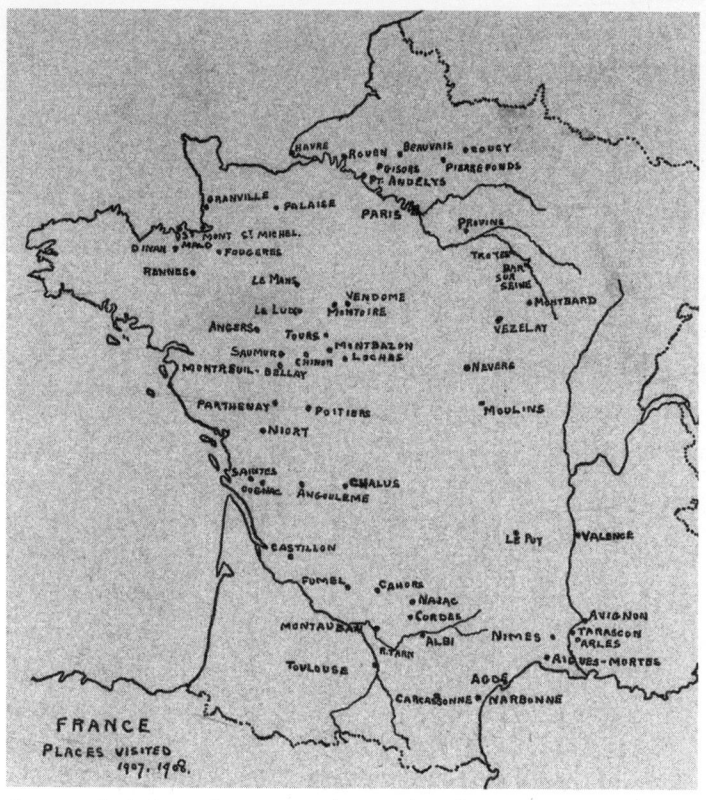

La carte dessinée par Lawrence indiquant les villes visitées lors de son voyage en France, en 1907-1908.

D'Évreux, il écrit à sa mère : « Toute la construction porte l'empreinte incontestable du génie. Richard Ier doit avoir été bien plus grand homme que nous le pensons généralement ; il doit avoir été grand stratège et grand ingénieur, autant que grand homme d'armes. » Il poursuit par Fougères en plein mois d'août et se fait enfermer dans le

69

Mont-Saint-Michel. Un rêve de tant d'années! La nuit y est somptueuse : « C'est un soir parfait. La mer est haute et remonte la rue d'environ six mètres. En outre, les étoiles brillent avec une grande beauté et la lune, dit-on, va juste se lever. La phosphorescence de l'eau m'intéresse spécialement [...]. Quand on y plonge les avirons, la mer paraît s'illuminer tout entière. » Il passe par Dinard et, ne trouvant pas d'hôtel, sonne à la porte des Chaignon, qui poussent des cris de joie et d'admiration quand il leur confesse rouler parfois deux cent cinquante kilomètres par jour... Entre-temps, Lawrence a définitivement quitté le lycée pour entrer à l'université, non sans avoir passé un trimestre à travailler sur Alexis de Tocqueville.

Au retour des vacances, il entre à Jesus College, où se trouve déjà Bob, bénéficie d'une bourse «galloise» pour soulager le coût de ses études, parce qu'il est né là-bas – le hasard des exodes fait bien les choses, pour une fois!... Il décide de soutenir une thèse en «histoire et stratégie militaires» sur le thème de *L'Influence des croisades sur l'architecture militaire d'Europe, jusqu'à la fin du XIIIe siècle*. À l'été 1908, il entreprend un véritable tour de France en bicyclette. Quatre mille kilomètres. Il débarque, mi-juillet, au Havre et, avec sa machine au guidon recourbé et à grand développement, traverse Rouen, Compiègne, Troyes, Vézelay, Vichy, les monts d'Auvergne, où il souffre terriblement, Le Puy, Avignon, Nîmes, Béziers, Carcassonne et sa superbe forteresse, Narbonne, Toulouse, Albi, Cahors, Périgueux, Angoulême, Niort, Chinon, Tours, Orléans, Chartres, Granville, Saint-Malo... Il ne se nourrit que de fruits, des pommes principalement, de céréales, de légumes, de lait et de pain. Le régime végétarien lui va bien. S'y ajoutent des jeûnes réguliers qui nettoient le corps et préparent Lawrence à combattre, en toute frugalité, dans le désert. Quand il rentre à Oxford, il est «brun comme un Japonais et mince comme une feuille de papier». À Aigues-Mortes, en dormant à la belle étoile dans le delta marécageux du Rhône, il a tout de même rencontré l'eau tiède, les moustiques qui le dévorent et le paludisme dont il va durablement souffrir, mais aussi la route du Sud : «J'avais là, à ma portée, tout l'Orient superbe : la Grèce, Carthage, l'Égypte, Tyr, la Syrie, l'Italie, l'Espagne, la Sicile et la Crète [...].»

Pour illustrer sa thèse sur les croisades, il photographie comme son père le lui a appris. Avec un vrai talent. Et peu à peu, sa passion pour les croisades l'amène à rêver à un nouvel épisode. Une croisade des temps modernes, inversée cette fois, la croisade d'un peuple privé de liberté, réduit en esclavage par les colonisateurs. La croisade du monde arabe... Une croisade juste : «Si j'ai restitué à l'Orient quelque respect de lui-même, un but, des idéaux ; si je suis parvenu à rendre plus exigeant le standard du gouvernement des Blancs sur les Rouges, j'ai, jusqu'à un certain point, rendu ces peuples aptes au nouveau "Commonwealth" dans lequel les races dominantes oublieront leurs exploits brutaux, et où Blancs et Rouges, et Jaunes, et Bruns, et Noirs se dresseront côte à côte, et se mettront sans arrière-pensée au service du monde.»

La rencontre, à Oxford, avec le conservateur de l'Ashmolean Museum, David George Hogarth, est déterminante.

*Ned (au dernier rang, au centre) en 1906,
à la Oxford City High School.*

Un savant nomade. Aussi laid que Socrate. Orientaliste distingué. Spécialiste de la Grèce et du Levant. Lié aux activités de la Table ronde, donnant des cours à Magdalen College. Polyglotte : passant du turc à l'anglais, à l'allemand, au grec, à l'arabe, au français, à l'italien… Hogarth est un écrivain confirmé, un archéologue de renom et très certainement un membre zélé de l'Intelligence Service. À Lawrence, il procure un petit travail, temporaire : classer des poteries dans les réserves du musée. « C'est l'homme auquel je dois tout depuis que j'ai dix-sept ans ; c'est lui qui m'a fait obtenir tous les postes intéressants que j'ai pu avoir dans ma vie », dira Ned plus tard. De ses promenades à vélo dans la campagne, Lawrence a en effet rapporté quelques vestiges dont il fait don au musée. Hogarth l'accueille avec bienveillance : « Il était toujours très compréhensif : il ne jugeait pas. C'était comme un grand arbre qui étendait son ombre sur ma vie. » Un maître, ou presque. Ned ne le quittera jamais.

Lawrence lit enfin le classique *Travels in Arabia Deserta*, de Doughty. Mille pages en deux volumes, racontant deux années de traversée du désert occidental de la péninsule arabique entre 1876 et 1878. Hogarth recommandera chaleureusement, plus tard, Lawrence au vieil écrivain : « C'est un garçon particulièrement doué pour l'archéologie et pour la vie nomade chez les Arabes. » Pour ne pas contredire Hogarth, Lawrence se met à apprendre l'arabe à Oxford avec David Margoliouth, fils d'un missionnaire anglican d'origine juive polonaise, « Laudian Professor » d'arabe, et avec l'aide d'un pasteur protestant de souche syrienne, le révérend Nasar Odeh. Il prend également des cours de dessin, conscient que la photographie de monuments est encore imparfaite. Ce qui fascine Lawrence et séduit également Hogarth, c'est que Doughty a écrit une sorte de traité du nomadisme. Pour Lawrence, ce texte est une bible en son genre et non un livre ; il passera dix années à le lire et le relire, avant de le préfacer un jour.

Cet ouvrage est la «première et indispensable investigation sur les Arabes du désert». Ce désert si dangereux sur lequel les Turcs règnent par la terreur et dont Lawrence rêve désormais.

S'il part là-bas, il sait qu'il va devoir former son corps au désert, à cette alternance de chaud et de froid, à la frugalité, à la pauvreté de l'alimentation. L'Arabe du désert sait s'abstenir, il ferme les yeux au monde, c'est ainsi qu'il rencontre son Dieu, néglige richesses et tentations, et approche le «plaisir dans la souffrance, cruauté plus précieuse que tous les biens abandonnés». Lait de chameau au printemps, repas de dattes et de viandes durant les mois infertiles. Triompher de son corps! Soleil brûlant, marches forcées; un Anglais n'en a guère l'habitude. Mais Lawrence fera preuve, il le jure, d'une endurance extraordinaire. Ne boire que de l'eau – et assurer qu'elle a des saveurs variées –, manger des quantités limitées. Rechercher la sensation dans ce qu'elle a de plus élémentaire, de moins gâté. «Tout ce qui est corporel m'est maintenant odieux (et dans mon cas odieux est synonyme d'impossible)», avance-t-il. Au retour de tant d'expéditions, il écrira à son tour en introduction d'*Arabia Deserta* que «le désert est le royaume des sensations éphémères; les jugements s'y paient comptant et les hommes ne sauraient suspendre leur pensée jusqu'à émettre, six jours plus tard, un verdict équilibré. Si la chose est bonne, ils le déclareront d'emblée; de même si elle est mauvaise». En prévision de son voyage, Doughty le met cependant en garde contre cette passion violente: «Quiconque vit une fois avec les Arabes conservera le sentiment du désert le reste de son existence.» Lawrence sait qu'il est proche de ces Arabes car il a, comme eux, la passion des idées. «Je suis un valet de l'abstrait», répète-t-il inlassablement.

Sa décision est donc prise : Thomas Edward Lawrence se livrera à l'Orient. Comme le dit un précieux sauf-conduit délivré par les autorités turques et obtenu grâce à l'intervention de lord Curzon, «T.E. Lawrence, âgé de vingt ans, professeur d'université et artiste» part trois mois à compter du 18 juin 1909 visiter la Syrie et ses châteaux des croisés. D'autres laissez-passer lui faciliteront la route. Ces «irâdé» le placent sous la haute protection du sultan. Il s'apprête, après l'avoir si bien répétée dans son enfance, à vivre avec bonheur cette «épreuve du nomadisme, la plus âpre d'entre les formations sociales».

Sur les traces de Doughty, Lawrence gagne les portes de l'Orient.

La découverte de l'Orient et de l'autre soi-même

IV • 1909-1911

*Les sémites n'ont pas de demi-teintes dans leur registre visuel.
C'est un peuple de couleurs primaires, particulièrement
le blanc et le noir, qui voit toujours le monde aligné.
C'est un peuple sûr de lui qui méprise le doute,
cette couronne d'épines de notre monde moderne.
Ils ne comprennent pas nos difficultés métaphysiques,
nos remises en question. Ils ne connaissent que ce qui est vrai
et ce qui ne l'est pas, la croyance et la non-croyance,
sans notre escorte hésitante de nuances plus subtiles.*

Introduction à *Travels in Arabia Deserta,* de C. M. DOUGHTY

Il marche. On le prend pour un fou. Pieds en sang, brodequins éclatés, coupés par les cailloux des chemins. Coupures, ampoules et écorchures. Corps trempé, puis séché, brûlé enfin. Quatorze heures d'affilée parfois, à pied. Les brigands sont à l'affût. Les mouches, les punaises, toute la vermine du monde, chauffée à blanc par le soleil de l'Orient, l'accablent. Une nuit, il renonce au bivouac et s'offre un hôtel, réparateur des fatigues accumulées depuis le départ. Il dort donc chez *Kaïmmakan et Cie* et comprend un peu trop tard que *Cie,* en arabe, veut dire, cette fois, «puces»... Il se gratte toute la nuit. Saigne un peu plus, au-delà des pieds. Il brûle. Son regard, enflammé au départ, est désormais carbonisé. Sombre. Le théâtre du crime a cependant de bien jolis décors. Les ruelles, les bazars en ville, la foule colorée, dense, puis à la campagne les plantations de mûriers, d'oliviers. Lawrence serre contre lui son pistolet Mauser et sent dans son dos le poids du grand sac de cuir qui contient l'appareil photographique, un Kodak, avec son trépied, des vêtements, une paire de chaussures de rechange, surtout... À ce rythme-là, elles seront vite usées. De temps à autre, des femmes versent des cruches d'eau fraîche sur ses blessures. Les pieds ne sont plus que plaies. Plus de mille huit cents kilomètres parcourus dans la Grande Syrie en trois mois. Le grand tour des forteresses franques de Syrie et de Palestine. Doughty l'avait prévenu. C'est folie de partir en été, à pied, dans cette partie du monde. Dangereux et même décevant. Le pays est sale, la chaleur intolérable, les déplacements fastidieux.

Le voyage en bateau sur le *Mongolia*, de la Peninsular and Oriental C°, a été un peu long, il est vrai, l'escale à Port-Saïd superflue : deux semaines passées dans des bas-fonds «à coltiner le charbon des steamers le jour, avec d'autres parias venus de trois continents, à dormir la nuit, recroquevillé sur le brise-lames édifié par Lesseps, que caressaient les houles marines, au passage». Il s'est lié d'amitié avec un élève de l'école américaine de Beyrouth, un très jeune Éthiopien, beau «comme un hindou grec», polyglotte. Ensemble, ils travaillent sur un navire charbonnier. Avec un autre voyageur, un Arabe qui vit à Jérusalem, il suit des cours d'arabe intensif, près de six heures par jour, principalement de la grammaire. L'arrivée à Beyrouth, au milieu des caïques et des bateliers, sur fond de minarets et d'églises, est superbe et revigorante. Cette ville qu'il n'aimera pas, comme il n'a jamais aimé Le Caire, parce qu'elle est trop mélangée, trop cosmopolite, trop incertaine, lui fait cependant un bel accueil. Doughty lui a promis la malaria, la fièvre, la dysenterie, il ne rencontre que l'Orient le plus merveilleux, la lumière de la Méditerranée, les montagnes de Galilée. Certes, l'air est très humide, certes, ses maigres quatre-vingts mots d'arabe l'isolent un peu du monde... Mais la route est sublime! Les premiers villages traversés sont accueillants, l'hospitalité des autochtones exceptionnelle. Viennent ensuite, en compagnie de ces illustres fantômes que sont Bonaparte, Frédéric II ou Alexandre le Grand, les sites de Sidon, Tibériade, Nazareth et le mont Carmel, Haïfa, Acre, Tyr, puis Beyrouth de nouveau. «Tout homme suit le chemin qu'il a choisi parce qu'il est entraîné par son désir», se dit-il. Il réserve le mois d'août pour aller en Syrie du Nord, à Lattaquié, à Tripoli, Antioche, Alep, puis Homs, Damas. Il visite plus de trente-sept châteaux des croisés sur un total de cinquante, il dort dehors parfois, chez l'habitant souvent, quand il ne s'abrite pas dans quelque mission protestante américaine, se nourrit principalement de pain, en minces crêpes, de gruau de blé et de lait caillé, de leben et de burghul, du froment bouilli, de figues de Barbarie bien rafraîchissantes, boit du petit café turc sous la tente des Syriens, observe la faune et la flore, certes, mais surtout la vie des Bédouins, la vie des pauvres, celle également des premiers kibboutzim, venus de Russie. Il écrit au fur et à mesure. « Plus vite les Juifs cultiveront les terres couvertes de chardons en Galilée, mieux cela vaudra ; leurs colonies sont des joyaux dans le désert […]. » Les paysages ne cessent de le fasciner. Le jour de son anniversaire, le 16 août 1909, il est devant le Krak des Chevaliers, « le plus beau château, le plus pittoresque du monde… ». Du haut de la terrasse, son regard se porte à l'infini, par-delà Homs…

Tout cela a un prix : il n'évite pas les rixes, on s'attaque à lui à l'arme à feu, il ne quitte pas d'un sabot son cavalier garde du corps. On lui dérobe cependant son appareil photographique dans une carriole, il est dépouillé de sa montre, de son argent et d'un revolver, blessé par une pierre jetée par un mendiant qui lui mord également la main et le menace avec une arme à feu. Des Kurdes le battent et le laissent pour mort. Lawrence est passablement secoué. S'il récupère des fragments de sculpture hittite destinés à être offerts à l'Ashmolean, il ne retrouvera jamais son matériel photographique, ni les images prises depuis des semaines. Mais il est à jamais séduit : « Les Arabes exercent un attrait particulier sur mon imagination. Ils représentent l'antique civilisation qui a su se libérer des liens du foyer et de la plupart des entraves dont nous nous chargeons avec empressement. » Un message destiné à Sarah, aux siens, à cette maudite famille qui a fait de lui à jamais le plus malheureux des bâtards de l'Empire.

La chaleur devient accablante, comme l'avait annoncé Doughty. Même dans les montagnes, les rochers « semblent presque exhaler une vapeur, ou une bouffée de chaleur, qui est atroce ; ajoute à cela le sirocco, un vent qui ratatine tout ce qu'il rencontre de verdure, qui te boursoufle le visage et les mains et te donne l'impression que tu marches vers un four gigantesque, et tu auras une idée de vastes possibilités », écrit-il à sa mère. Une crise aiguë de malaria

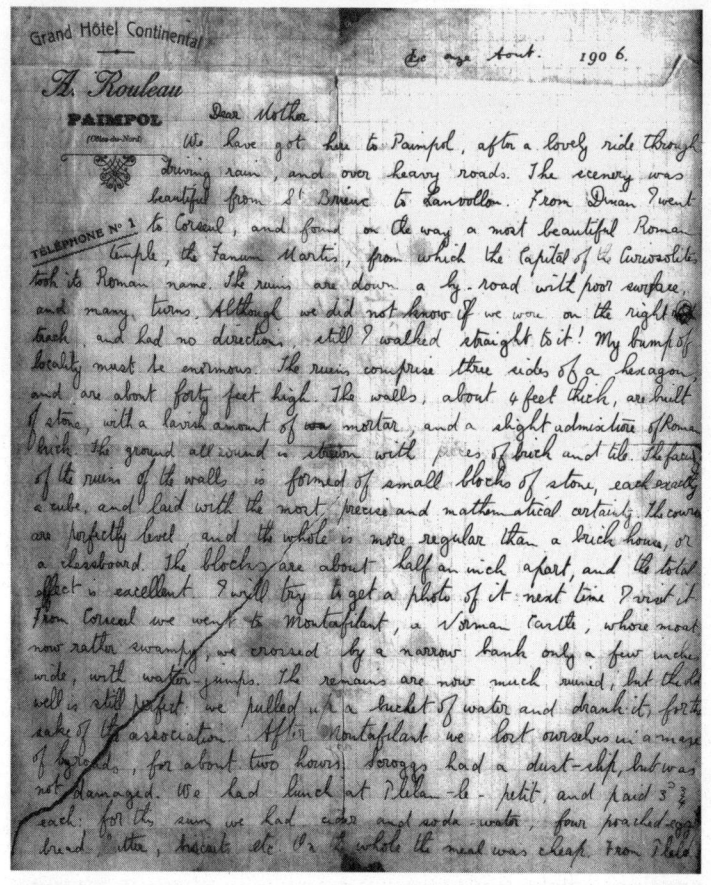

Lettre de Lawrence adressée à sa mère depuis Paimpol, où il séjourne en 1906.

81

s'empare de lui à la mi-septembre, alors qu'il est à Alep. Il est épuisé, très amaigri, mais heureux d'avoir vécu comme un «Arabe parmi les Arabes». Au Grand Hôtel Baron, il prend un long bain chaud revigorant. Il tarde un peu en route, soucieux d'accomplir une mission que Hogarth lui a probablement demandé d'effectuer pour les services de renseignements : aller traîner en Turquie, par-delà l'Euphrate, sous le prétexte de visiter la forteresse byzantine d'Urfa. L'«agent bénévole» de Hogarth est zélé, discret. Il revient à Beyrouth et prend sans tarder le bateau pour l'Angleterre. Sur le chemin du retour, le Royal Mail Steamer *Ottoway* s'arrête quelques heures à Naples ; pendant l'escale, Lawrence parcourt avec bonheur la collection de bronzes du Musée national. Il achète une tête d'Hypnos qu'il rapportera chez lui et installera dans son bungalow : une reproduction un peu sommaire de l'Hypnos de la salle des bronzes du British Museum.

Quand il revient à Oxford, c'est pour donner à Hogarth, outre quelques informations qui ne sont guère archéologiques, une très exceptionnelle collection de sceaux hittites achetés pendant le voyage. Il aide également à classer des fragments de poterie dans les collections de l'Ashmolean Museum et travaille nuit et jour. Entre minuit et quatre heures du matin, il lit, écrit : «Tu connais, je pense, la joie de pénétrer dans un pays inconnu par la grâce d'un livre : chez moi, une fois ma porte fermée et la ville endormie, sachant que rien – et pas même l'aurore – ne me dérangera derrière mes rideaux : rien que le lent écroulement des charbons dans le feu : ils rougeoient si fort, projetant sur l'Hypnos et les cuivres de merveilleuses petites lumières dansantes», confie-t-il à sa mère. La thèse sur *L'Influence des croisades...* est saluée par la mention *first class*. Mais Lawrence se dit qu'il ne va pas consacrer toutes ses forces «à des bêtises comme l'histoire ou l'archéologie». Et qu'il se verrait bien romancier ou correspondant de presse plutôt que gratteur de poussière, de tessons et de pierres. Lawrence devient le héros modeste de Jesus College. Le héros d'un Empire sûr de lui dont la réputation a fait mille fois le tour de l'astre solaire. Avec son cortège de gloires qu'il admire, souvent disparues, à l'image de Cecil Rhodes, Stanley, de grands soldats comme lord Kitchener...

Revenu en Angleterre, Lawrence pense sérieusement à se faire imprimeur et à commercialiser la teinture de Tyr pour fabriquer des ouvrages rares reliés en vélin. Il a rapporté de son voyage de grands pots de murex broyé. Avec un de ses amis étudiant, Leonard Green, il songe à acheter un moulin à vent pour y loger une presse à l'ancienne, une presse à main. Puis Vyvyan Richards, un autre de ses condisciples, follement amoureux de lui, suggère de monter une entreprise d'éditeur. Beaucoup plus tard, Richards témoignera de ses sentiments pour Lawrence : «En toute sincérité, pour moi, ce fut le coup de foudre. Il n'y avait en lui ni chair ni sensualité d'aucune sorte : il ne comprenait tout simplement pas. Il reçut mon affection, mon sacrifice, en fait, éventuellement, mon entière subordination comme s'ils lui étaient dus. Jamais il ne montra le moindrement du monde qu'il comprenait mes motifs ou devinait mes désirs.»

L'année 1910 voit Lawrence par trois fois en France, dont deux avec ses jeunes frères Will et Frank. Il achète de nombreux volumes d'auteurs classiques français qu'il va lire assidûment. Normandie, Bretagne sont au menu, mais également quelques grands champs de bataille comme Azincourt, Crécy, Valmy, Rocroi, Sedan et les cathédrales d'Amiens et de Reims... Ned file au Havre lors d'un autre séjour et s'enferme trois jours durant dans le musée de Rouen, au milieu d'une extraordinaire collection de poteries médiévales du XIe au XVIe siècle.

Quant à Hogarth, le pouvoir ottoman vient de lui faire le plus beau cadeau dont il puisse rêver. Le 23 octobre 1910, le savant rentre à Oxford après un long séjour en Turquie. Il va enfin pouvoir fouiller, avec une équipe du British Museum, la cité hittite de Karkemish, près de Djerablous, sur le cours supérieur du fleuve Euphrate. Une ville, un ancien oppidum hittite, situés à cent cinquante kilomètres au nord-est d'Alep. Cette place forte de l'Empire hittite a certainement beaucoup à livrer sur ces peuples d'envahisseurs venus du Nord, connus pour leurs arcs et leurs chars légers, leur art de la guerre qui les installe entre Babylone et Jérusalem, entre Assyrie et Égypte. Une civilisation encore méconnue, depuis sa disparition, lors de la fameuse bataille de Qadesh contre les Égyptiens, en 1296 avant Jésus-Christ, et les attaques, quelques années plus tard, des Peuples de la mer. À partir de 1872, et pour quelque temps, des assyriologues, des archéologues y sortent de terre des bas-reliefs sculptés, des tablettes d'argile gravées en caractères cunéiformes, des hiéroglyphes. Les fouilles y sont en fait interrompues depuis une trentaine d'années et la ligne de chemin de fer qui relie Bagdad à Berlin doit passer non loin du site. En face exactement. Un gigantesque pont sera même jeté sur l'Euphrate à l'endroit précis où est installée Djerablous. De nombreux ingénieurs allemands et des ouvriers arabes et kurdes se préparent déjà aux grands travaux. Il y a donc urgence pour les archéologues à reprendre possession des terrains pour éviter que la construction de la voie ferrée et le passage des convois ne détruisent complètement toute trace de ce passé glorieux. Cette ligne ne fait que prolonger celle qui a été inaugurée en août 1908 à Médine pour y célébrer l'arrivée du train venant de Damas. Le fameux chemin de fer du Hedjaz... Prévu pour aller jusqu'au bord du golfe Persique, à Bassora. Un grand projet pensé par des hommes d'affaires allemands et l'empereur Guillaume II, avec le plein soutien des Turcs, trop heureux de damer le pion aux Britanniques, influents dans la région. Les autorités turques ont également cédé à la société Bagdadbahn l'exploitation des ressources naturelles, dans un rayon de vingt kilomètres de chaque côté de la voie ferrée dite de Berlin à Bagdad. Les Allemands n'ignorent pas qu'aux environs de Mossoul le pétrole est largement accessible... Du coup, l'idée de s'installer à Karkemish, aux avant-loges, face à cette machine de guerre qu'il sera facile de surveiller, intéresse tout le monde au Royaume-Uni. L'archéologie devient pressante! Prioritaire! Lors de son premier voyage, Lawrence a témoigné auprès de Hogarth de l'avancement des travaux. Il a alerté sur l'urgence qu'il y a à contrôler la situation. Le directeur du British Museum doit maintenant filer sur place, prendre possession de l'endroit en tant que chef de travaux, sachant que la concession est valable pour deux années seulement et qu'il faut avoir commencé à y fouiller au maximum dans trois mois. Le directeur du chemin de fer, Meissner Pacha, peut à tout moment réquisitionner le site archéologique ou même modifier à son avantage le trajet de la ligne. L'enjeu n'est pas mince. Même si les découvertes reviennent dans leur intégralité, par principe, au Musée impérial ottoman, toutes les copies, les moulages, les photographies sont en effet autorisés pour le plus grand bénéfice des Britanniques.

Lawrence apprend avec bonheur la nouvelle de l'expédition. À la condition expresse qu'il poursuive son travail sur l'architecture médiévale, il est invité à se joindre au groupe. Grâce à Hogarth, une nouvelle fois grand seigneur, il déniche une bourse d'études au Magdalen College ainsi qu'une allocation exceptionnelle de cent livres sterling par an, reconduite trois années de suite. En réalité, une demi-bourse d'études supérieures, mais qui évite au British Museum de prendre en charge, en plus des frais de séjour sur place, le salaire d'un artisan archéologue. Ainsi peut-il se permettre d'être aide bénévole à Karkemish. Le directeur du British Museum s'adresse alors au Trésor : « Nous avons une offre de T.E. Lawrence (érudit arabisant qui connaît la région et qui est un expert dans le domaine de la poterie) de se joindre à l'expédition de Djerablous et de participer aux fouilles. M. Lawrence accepte de prêter ses services (qui seront d'une valeur très appréciable) sans aucun salaire, mais je demanderais à Vos Seigneuries d'autoriser le règlement de sa subsistance effective tant qu'il procédera aux fouilles, et de ses frais de déplacement de Beyrouth à Djerablous et retour. »

Lawrence va vivre, avec quelques interruptions qui le conduisent en Angleterre ou dans ce protectorat britannique qu'est l'Égypte, quatre années en Syrie, quatre années qui vont changer sa vie, et un peu celle du monde d'alors. Quant à savoir si pendant ces années Lawrence, Hogarth ou d'autres allaient exercer des missions de renseignement ou développer un réseau de propagande à partir de Karkemish, la question faussement naïve posée par Jean Béraud-Villars résume bien la réalité des choses : « On ne peut s'empêcher de remarquer que le grand Musée britannique sentait brusquement son intérêt pour Karkemish se réveiller au moment même où le chemin de fer de Berlin à Bagdad, construit par les Allemands et qui représentait une si grande menace pour l'emprise politique et économique des Anglais sur l'Orient, parvenait à l'Euphrate. Les Allemands étaient occupés à jeter un pont sur le fleuve et leur chantier se trouvait à quelques centaines de mètres du tell de Karkemish. Comment douter que les archéologues chargés des fouilles n'aient eu pour mission subsidiaire de surveiller les agissements des Allemands ? »

C'est sur le *Saghalien*, des Messageries maritimes, que Lawrence embarque donc en ce mois de décembre 1910. Des avaries rendent le voyage quelque peu imprévu. Sur le chemin, après Naples, il découvre Athènes, le Parthénon, « l'endroit que j'avais le plus voulu voir, le plus grand temple d'Athènes, le palais des arts ». Après avoir admiré la protocathédrale des Hellènes, il file vers

Smyrne, Constantinople, où il débarque le 15. Il passe une semaine en ville. On le trouve à la fin de l'année à Alep, il y traîne un peu, cherche un ouvrier, trouve un fabricant de cottes de mailles, le dernier de la région, et lui commande quelques outils pour les fouilles. Il visite Nazareth, Damas, qu'il rejoint par le train, Deraa, ensoleillée, sans savoir qu'elle signifiera pour lui un jour le cauchemar, traverse des montagnes fortement enneigées, ne gagne pas les fouilles de Karkemish aussitôt, s'installe près de Beyrouth, à Djebaïl, l'ancienne Byblos. La présence de la neige, qu'on n'avait encore jamais vue en pareille quantité, surprend tout le monde dans la région. Lawrence fréquente l'école de la mission américaine afin de se perfectionner en arabe, y passe deux mois, se lance également dans l'étude de l'écriture cunéiforme et de la grammaire assyrienne, attend que Hogarth vienne le rejoindre au début de l'année. Il se lie d'amitié avec une enseignante en arabe, Farida el-Akle, une chrétienne née en Syrie. Hogarth, qui a l'intention de commencer le travail de fouilles le 20 février, est retardé par la neige, qui bloque toutes les voies de communication entre Constantinople et Alep. Au Grand Hôtel Baron d'Alep, les hommes achètent des bêtes de somme, des provisions. Lawrence commande également des livres en Angleterre : Rabelais en vieux français, Virgile et Lucrèce en latin... Auprès du consul britannique, Ralph Fontana, ils trouvent un allié de poids, qui le restera pendant toute la période des fouilles de Karkemish : le diplomate est également responsable du renseignement pour la Syrie du Nord. Lawrence, Hogarth et le contremaître chypriote de ce dernier, Gregorios Antoniou, dit Gregory, en profitent pour visiter Haïfa où ils vont voir le monastère du mont Carmel. Ils ne se retrouveront tous ensemble que le 11 mars, sur le site de Djerablous. Pour y découvrir les cinq hectares que comptent les ruines de Karkemish, auxquelles personne n'a touché depuis tant d'années. Hogarth en fait une description détaillée : « Le site est un vaste ovale ceint de remblais sauf au nord-est, là où l'Euphrate le longe. Ces remblais, qui par endroits atteignent sept mètres cinquante de haut, dissimulent les fortifications de la cité qui sont en brique grossière et percées de deux portails [...]. » Leur première campagne doit principalement déterminer si des fouilles plus approfondies des vestiges hittites s'imposent. Karkemish I, comme Lawrence nommera ses années de fouilles, commence.

À partir du 13 mars, une centaine d'hommes sont à l'œuvre... Dès six heures, chaque matin. Les nuits sont brèves, car les chats ont pris la mauvaise habitude d'aller rejoindre les hommes dans leurs lits. Et Hogarth qui se prend d'affection pour eux, et aide les femelles à accoucher! Les chaussures volent d'un matelas à l'autre. Le jour, un autre jeu les occupe : en la compagnie d'un certain Mohammed Jasim, ils vont tuer des poissons dans la rivière avec une épée et abattre des colombes et des huppes, de magnifiques oiseaux au plumage brillant, avec des pierres. Lawrence construit des machines, installe une chambre noire, des étagères pour y placer ses livres, répare des objets. La journée est longue, entre le petit déjeuner pris en commun, le repas d'une heure, la rédaction des rapports le soir, du journal de la mission. Lawrence, qui

Les fouilles sur le site de Karkemish : les ouvriers, photographiés par Lawrence, déblaient

n'est pas un archéologue confirmé, se révèle fort utile, avec ses connaissances de la langue arabe. Il se perfectionne chaque jour un peu plus, s'improvise traducteur et finit par devenir une sorte de chef des travaux. Un grand escalier est deviné, avec des dalles hittites, des fragments de pierre, une tête de lion, des inscriptions, des bas-reliefs assyriens... Derrière des maisons hittites, des pierres précieuses sont retrouvées. Sans appareil de levage, sans marteaux à concasser ou explosifs, il est pourtant difficile de déplacer des blocs de pierre. « Quelques-uns pèsent plusieurs tonnes et nous n'avons pas de poudre de mine ni de mailloches. En conséquence, il faut les haler, à la mode préhistorique, par la force brutale d'hommes tirant

les fondations de la citadelle.

sur des cordes et médiocrement aidés par des leviers. En ce moment, un peu plus de soixante hommes tirent là-haut avec de violents efforts, chacun hurlant "Yallah" au moment où il tire ; ça fait un boucan effroyable, mais en général les pierres cèdent [...] », raconte Lawrence à sa mère, de Djerablous, en cette fin de mars 1911. À chaque découverte, Lawrence fait saluer l'ouvrier par une salve de coups de feu, une méthode qui donne de l'ardeur à la compagnie. Mieux encore que les primes en argent, les coups tirés avec des fusils ou des revolvers font danser de joie les Bédouins du campement.

Lawrence classe et répertorie, photographie également toutes les découvertes. Il instruit plusieurs jeunes Bédouins à cette technique, à la prise de vue comme au développement. Quand des stèles ou des pierres gravées sont en trop mauvais état pour être soumises à la lumière du magnésium, Lawrence se contente de faire des relevés, des décalques ou des croquis. Il se révèle bon dessinateur. Parfois, à la nuit, avant l'extinction des feux, il monte une dernière fois sur le tertre au-dessus du fleuve, imaginant une acropole ou un temple sous le sable et la pierre. Sur l'autre rive, il observe le campement des Allemands et l'avancée des travaux de la ligne. Il dispose d'un téléobjectif très sophistiqué qui permet littéralement d'entrer dans la vie, sous la tente, de ceux qu'il espionne ainsi. Espionner ? Lawrence, agent de l'Intelligence Service ? Le télescope est plus efficace «que l'œil nu, jusqu'à trois kilomètres». Le comportement des ingénieurs allemands qui construisent la voie ferrée en buvant du raki toute la nuit et en injuriant les ouvriers le choque. Le 20 avril, Hogarth repart en Angleterre, satisfait autant de la qualité des recherches et des découvertes que de la gestion des fouilles : seule la moitié du budget a été dépensée. Reginald Campbell Thompson le remplace, mais de mauvais gré, car il doit se marier et a grande hâte de retourner chez lui. Le 14 mai, c'est au tour de la célèbre archéologue Gertrude Bell de leur rendre visite. Cette grande voyageuse, qui ne circule qu'à cheval, parle dix langues, est aussi douée en histoire qu'en critique d'art ou en poésie. Gerty – tel est le surnom de cette vieille fille disgracieuse – est impitoyable dans son jugement : elle trouve très approximatives les méthodes de fouille de Thompson, spécialiste de l'écriture cunéiforme. Le site, il est vrai, a été creusé un peu rapidement, un peu partout. On dirait, écrit Lawrence, qu'il a «eu la petite vérole avec complications, éruptions et crevasses de tous les côtés». Alors que les promesses de nombreuses découvertes sont grandes, de Londres, l'autorisation de prolonger les fouilles au-delà de la mi-juin est refusée. On ne saura peut-être jamais ce que les deux maisons hittites ou l'acropole portaient en elles de trésors... C'est la désolation.

Lawrence en profite pour aller à la recherche de nouveaux châteaux des croisés, vers Urfa, traversant des fleuves sur des outres gonflées pour visiter le champ de fouilles hittites de Tell Ahmar, pour envoyer au *Times* un article furieux contre les Jeunes-Turcs. Ce papier publié le 9 août sous l'intitulé: «Vandalisme en Syrie du Nord et en Mésopotamie» provoque la colère du consul d'Allemagne à Alep, qui n'apprécie guère qu'on s'attaque avec style à la puissante Société du chemin de fer de Bagdad et au modernisme de l'entreprise sous prétexte de protéger des vestiges historiques. Partout, Lawrence a été horrifié par le peu de cas qui est fait de l'histoire, par la perspective de la destruction de la forteresse d'Alep au profit d'un nouveau quartier construit selon le plan de l'East End, à Londres! Ou par la vente annoncée de la citadelle d'Urfa, pierre après pierre, pour édifier d'autres constructions! Par l'arrivée du chemin de fer à Roum Kalek ou par la transformation du château de Biredjik en prison... Un jour, peut-être, à ce rythme, les stèles de Karkemish seront utilisées pour stabiliser la voie ferrée... Ou pour édifier des cités ouvrières!

Le 28 juillet, Lawrence est victime d'une très forte crise de dysenterie. Un abcès dentaire et des fièvres viennent affaiblir plus encore le jeune Anglais. Cheikh Hamoudi, le hadj, le premier contremaître de Karkemish, enfreint l'interdiction de soigner des « roumis », des étrangers, des mécréants, et se charge de le guérir avec des plantes. Non sans que Ned, tout de même, lui ait signé une décharge… Hamoudi n'est pas un tendre… On dit de lui qu'il a passé sa tapageuse jeunesse à attaquer des voyageurs et à en assassiner un certain nombre. Lors de sa convalescence, Lawrence repère un jeune homme qui vient souvent le voir. Un jeune ânier. Porteur d'eau. Il s'attache à lui, cherche des ouvrages pour qu'il apprenne à lire, à écrire « sur la poussière du sol avec un bâton »… Ned le trouve magnifique. Antique. Tout à ses recherches archéologiques, Woolley lui imagine une ressemblance avec « ces capitaines plutôt charnus et pesants qui conduisent la procession sculptée sur le portail du palais hittite ». Mais le 9 août, ses forces l'ayant largement quitté, Thomas Edward prend la décision de revenir en Angleterre, part de Karkemish, passe par Damas, prend le bateau de Beyrouth – où il croise le grand poète James Elroy Flecker, qui vient d'y être nommé consul britannique –, puis celui de Marseille. Il lui confesse sa détestation de « la ruine provoquée par l'influence française et à moindre degré par l'américaine ». Karkemish I est bel et bien terminé. À partir de la France, un bon train et un bateau sur la Manche feront l'affaire. Lawrence restera tout le mois de septembre chez lui, à Oxford. Il reconstitue ses forces et alors que les médecins se disputent sur sa carcasse en lui conseillant de ne pas retourner en Orient tout de suite, il se prépare avec espoir à une nouvelle campagne de fouilles, une campagne d'hiver cette fois. Espérant retrouver Karkemish. Et ce qu'il adore, « l'intimité, la liberté délicieuse des hommes de Karkemish [...] ».

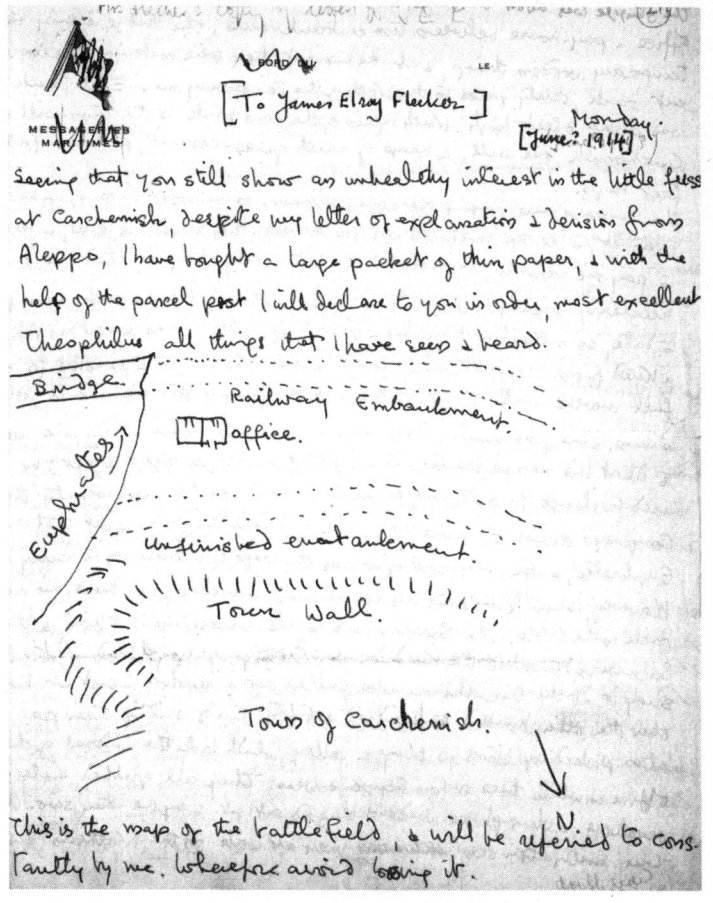

Lettre de Lawrence à James Elroy Flecker, décrivant les alentours de la citadelle de Karkemish en 1914.

D'intenses négociations entre les gouvernements, le British Museum et les archéologues permettent en effet, depuis peu, de lancer avec une équipe nouvelle la deuxième campagne de fouilles. Lawrence décide de retourner à Karkemish à la fin novembre 1911. Officiellement, pour superviser la construction d'une maison pour les archéologues, identifier les propriétaires sur les registres qui seraient supposés pouvoir vendre des terrains à la compagnie de chemins de fer et perfectionner son arabe. Karkemish II s'annonce chargé. Il arrive d'abord à Djerablous, en repart par Beyrouth le 2 janvier 1912 pour rejoindre un site de fouilles en Égypte, à Kafr Ammar, un véritable cimetière, à près de quatre-vingts kilomètres du Caire. Sa tenue est extravagante : un short et un blaser. Il va y faire un bref stage archéologique auprès du grand Flinders Petrie, qui ne manque pas de lui expliquer qu'ici on ne joue pas au cricket et qu'il est prié de s'habiller décemment. Lawrence se désole de la laideur des Égyptiens, qu'il compare à la beauté des Syriens. Les ouvriers sont sales, couverts de poux et de puces, rouspéteurs, ennuyeux et guère sérieux : ils passent leurs journées à ouvrir sans ménagement des cercueils avec des leviers, à en sortir des momies à la peau brune, parfois toute noire, tout comme à exhumer des tombeaux, à dénuder des jeunes gens, à ramasser les morceaux, les vertèbres, les côtes qui se sont détachés des lambeaux de corps parcheminés. La vie quotidienne sur ce champ de fouilles lui laissera un souvenir mitigé : « Les rognons en conserve se mêlent aux momies et aux amulettes dans la soupe ; mon lit est plein de sable venu des vases d'albâtre préhistoriques de modèles uniques, et mes pieds, la nuit, protègent la boîte à pain contre les rats. » Les momies, une fois leurs bandelettes déballées ou découpées, puent affreusement. Mais sir Matthew Flinders Petrie est une figure. Lawrence y songe comme à « une cathédrale ou à quelque chose que seul un tremblement de terre peut ébranler ». Petrie est prêt à envoyer Thomas Edward fouiller à Bahreïn, mais Lawrence sait qu'il se doit à ses bords de l'Euphrate.

Il se retrouve de nouveau à Beyrouth le 2 février, achète un très beau sceau hittite à Damas, puis regagne, quelques jours plus tard, Djerablous et le site de Karkemish, dont le nouveau directeur est l'archéologue sir Charles Leonard Woolley. L'arabe de Lawrence – un dialecte syrien des bords de l'Euphrate – progresse considérablement. Et il déchiffre avec bonheur des éléments de cette culture hittite, de cette écriture complexe, de ce peuple de l'Antiquité qui fascine tant le monde moderne. La maison des archéologues, construite en pisé par Lawrence à sept cents mètres du chantier, est maintenant achevée : elle est pavée de mosaïques anciennes, une cheminée en basalte la réchauffe, tandis que sur les murs ont été posés des carreaux de faïence de Damas. Ils boivent du thé bouillant dans des tasses hittites de trois à quatre millénaires... Le camp, en forme de U, est agréable à vivre. Et la chasse au trésor est prometteuse... Des scarabées en améthyste, des sceaux hittites, des lions sculptés, des éolithes de bronze sortent peu à peu de terre, tout comme apparaissent les probables ruines d'un palais royal et d'un temple. Mais c'est un obélisque gravé, avec des caractères hittites, et un grand morceau de tête, qui font l'admiration de tous. Au mois de mai, Lawrence écrit qu'ils ont «trouvé une sculpture hittite où il y a plus de réalisme et plus d'art que dans n'importe quoi d'égyptien. Cela fait jaillir un flot de lumière sur le développement de l'art grec à ses débuts […]». Une autre bonne nouvelle vient de Hogarth, qui leur rend visite et a obtenu une nouvelle subvention – un don d'un très riche particulier –, mais surtout, lors d'un déjeuner avec Guillaume II au large de Corfou sur le yacht de l'empereur, la promesse que les ingénieurs allemands de la Bagdadbahn respecteraient les fouilles du British Museum. Lawrence est confirmé dans ses fonctions et devient, *de facto,* salarié de l'entreprise.

En juin 1912, Lawrence se décide à aller visiter les ruines du palais d'Ibn Wardani. Il abandonne ses gros godillots et ses vestes un peu étriquées pour une tenue plus aérée. Une djellaba. Il n'y part pas seul. La compagnie du jeune ânier porteur d'eau transforme désormais sa vie. Dahoum, l'inespéré. Dahoum, l'indispensable.

Ils tombent malades l'un après l'autre. Thomas Edward a la malaria. Mais rien ne semble pouvoir les arrêter, portés qu'ils sont par le lien qui les unit. Ils chevauchent ainsi des journées entières par les «plaines mouvantes du nord de la Syrie», butent contre des ruines romaines et découvrent les restes d'un magnifique palais construit, semble-t-il, pour une reine, par son époux. Personne n'oubliera ces salles parfumées avec de bonnes essences précieuses de fleurs où les guides les conduisent. Jasmin. Violette. Rose. À la fin de la visite, Dahoum l'entraîne vers une ultime pièce et l'engage à sentir le parfum le plus doux. Un parfum nécessairement meilleur, puisqu'il n'a pas de goût! « Nous pûmes aspirer à pleine bouche le souffle sans effort ni tourbillon qui palpitait en frôlant les murailles. Il était né, ce souffle vide du désert, quelque part au-delà du lointain Euphrate et pendant des jours et des nuits, il s'était traîné sur une herbe morte : rencontrant son premier obstacle en ce palais ruiné, élevé de la main des hommes, il paraissait s'attarder alentour avec de puérils murmures. »

Dahoum à Karkemish, en 1911.

Dahoum
l'indispensable

V • 1912-1914

> *Les hommes étaient jeunes et forts ; la chair et le sang*
> *qui brûlaient en eux réclamaient inconsciemment*
> *leurs droits, tourmentaient leurs ventres d'étranges désirs.*
> *Privations et dangers, sous un climat aussi torturant*
> *qu'on puisse imaginer, attisaient encore cette ardeur virile.*
> *Nous n'avions point d'endroit clos pour la solitude,*
> *ni de vêtement discret pour la pudeur. En toute chose,*
> *l'homme vivait candidement à la vue de l'homme.*

À David George Hogarth, Reginald Campbell Thompson avait d'abord succédé comme directeur des fouilles de Karkemish. Vient ensuite Charles Leonard Woolley, qui plaît bien à Lawrence. Un matin, alors qu'il fait vraiment froid à Djerablous, Woolley et Lawrence trouvent devant leur porte un bébé léopard des neiges, qu'ils adoptent aussitôt. Ned croit se souvenir de la passion qu'il avait eue, à l'âge de dix ans, pour un chat magnifique, un persan bleu. L'animal était venu vivre avec eux, eux les parents et les frères, et passait ses jours et ses nuits sur ses genoux. Ce jour-là, la famille lui avait paru plus facile à vivre et à supporter.

Leonard Woolley aime, lui aussi, ces soirées pendant lesquelles, avec son air de sybarite, ses cheveux bien peignés et luisants, Lawrence lit longuement des poèmes de Doughty, des fragments de Blake ou d'Homère. Mais le directeur des fouilles a dû quitter Karkemish le 20 juin pour prendre le bateau qui repart en Angleterre. Ned profite du mois d'août pour aller passer quelques jours à Beyrouth avec James Elroy Flecker, dans sa résidence consulaire. Puis à l'école de la mission américaine de Djebaïl, pour quelques leçons d'arabe. Dahoum l'accompagne.

Comme Shelley, qu'il cite souvent, Lawrence aime « tout lieu, désert et solitaire, où nous savourons la joie de supposer tout ce que nous voyons, sans limites, comme nous souhaiterions nos âmes ». Depuis qu'il est arrivé à Karkemish, Lawrence sait qu'il n'est plus seul dans ce désert. Dahoum ne le quitte plus.

Dahoum est le *boy*, le *donkey-boy*, mais on l'appelle Cheikh Ahmed parce qu'il en impose, malgré son jeune âge. Il a quatorze ans quand Lawrence le rencontre, en 1911. Petit, très robuste, grand cavalier et bon tireur comme bon nageur. Avec Thomas Edward, ils se plaisent à traverser l'Euphrate lors de compétitions qu'ils s'inventent. Bien que noire de pigment, sa peau est étrangement claire, son teint pâle. Sang mêlé du Hittite et de l'Arabe. Il héritera du surnom de Dahoum, Dahoum le noir, c'est-à-dire Obscurité... Ce chaos obscur dont la Bible dit qu'il courait sur les flots avant la genèse.

Lawrence, au début, a hésité entre deux comportements face à Dahoum. Ils correspondent à des catégories d'Anglais qui s'exportent sous la forme de deux classes

Dahoum, photographié par Lawrence à Karkemish.

antagonistes. D'une part, ceux qui cherchent à s'adapter à la mentalité arabe, les partisans de l'imitation : «Pour se fondre modestement dans le paysage, ils effacent en eux tout ce qui pourrait détonner avec les habitudes et les couleurs locales.» Ils sont des Arabes sans pour autant en être vraiment... L'alternative est de faire impression sur les indigènes «en leur livrant un exemple de parfait Anglais, d'étranger intact». Avec Dahoum, Lawrence n'est ni l'un ni l'autre. Les deux garçons sont portés par une relation immédiate, évidente, franche, celle que la nudité et l'absence de limites du désert imposent naturellement. «Dans le désert, les mots ont des contours nets.» Pas de langue de bois, comme en Europe ou dans les villes, pas de ces jugements tellement pondérés qu'ils ne mènent à rien. «Le désert est un lieu de sensations fugitives, de jugements payés comptant.» Dahoum et Lawrence sont comme ces hommes dont parle Doughty dans son livre, qui ne suspendent pas le cours de leur pensée pendant des jours pour arriver à une opinion juste et équilibrée. «Ils disent bon tout de suite quand c'est bon, ou mauvais tout de suite quand c'est mauvais.»

Un scandale va pourtant parcourir le village de Djerablous pendant quelques jours. L'amitié entre l'adolescent du Levant et le jeune archéologue est singulière à plus d'un titre et fait jaser. Ned a trouvé son âme sœur, *a kindred spirit*, dit-il. Une séance de pose photographique, imaginée par Lawrence, déconcerte quelque peu. Dahoum d'abord, en tenue traditionnelle avec un pistolet sur les genoux. Puis aussitôt après, un autre cliché, Lawrence avec les vêtements de Dahoum qu'il a passés et la même arme à la même place. L'image est troublante, tant la ressemblance est frappante. Grand sourire pour les frères jumeaux. Mais le vrai scandale naît à une autre occasion, prenant prétexte d'un autre jeu. Lawrence a fait poser nu Dahoum, afin de sculpter une statue dans la tendre pierre à chaux locale. Antinoüs antique. Woolley prendra la défense de Lawrence. « Il savait très bien ce que les Arabes disaient de lui et de Dahoum et, loin de l'irriter, cela l'amusait [...]. Il aimait choquer. » Arnold, le petit cadet, sera encore plus franc en parlant de son frère iconoclaste après sa mort et de cette amitié forte avec Dahoum, « comparable, en intensité, à une passion sexuelle ».

Lawrence est heureux et personne ne peut manquer de le remarquer. Toute son allure physique est transformée, comme son habillement l'est également. L'épouse du consul de Grande-Bretagne à Alep, Winifried Fontana, est séduite par Lawrence lors d'une visite à Djerablous : « Il abandonnait, avec ses vêtements étrangers, beaucoup de sa réserve intimidante et de son air absent ; en culotte, avec une chemise sans boutons retenue par une ceinture kurde de couleurs vives, il paraissait ce qu'il était en fait : un jeune homme d'une force extraordinaire et d'une remarquable beauté. Sa ceinture était nouée sur la hanche gauche par un énorme bouquet de glands multicolores, signifiant, aux yeux de n'importe quel Arabe, qu'il cherchait femme. Je n'ai jamais vu auparavant – ni par la suite – pareille chevelure dorée, ni regard aussi bleu. » Ce que ne dit pas l'épouse de Ralph Fontana, c'est qu'en plus de sa culotte et de sa chemise blanche, Lawrence porte un gilet brodé de blanc et or, ainsi qu'un somptueux manteau arabe frangé de fils d'or et d'argent qui lui est particulièrement utile lors des longues et froides soirées d'hiver. Autant le printemps est charmant, fleuri, herbeux, l'été torride, avec cette soufflerie de four venue des vents chauds de sable, autant la bise glacée du Taurus est criminelle. Mais n'en déplaise à l'épouse du diplomate, Lawrence ne cherche pas à prendre femme. Il sait déjà qu'il ne se mariera jamais. Ned est séduit par ces jeunes et magnifiques Arabes « avec leurs accroche-cœurs collés sur les tempes en longues cornes recourbées qui les faisaient ressembler à des danseurs russes ». Si Dahoum se distingue entre tous, si sa beauté est singulière, il est également le fils de son peuple. Qu'il s'agisse des Bédouins des bords de l'Euphrate ou des guerriers des tribus que Lawrence commandera plus tard, ces hommes n'ont guère le choix de leurs amours.

Quelques années après, dans le grand livre qui le rendra célèbre, *Les Sept Piliers de la sagesse*, Lawrence résume les mœurs alors en vogue à Djerablous, l'espèce de frisson charnel qui parcourait la compagnie des jeunes hommes sur le chantier de fouilles et qui fut également celui des grands moments de la Révolte arabe. « L'Arabe est par nature continent ; et l'usage d'un mariage universel a presque aboli dans ses tribus les errements réguliers. Les femmes publiques de rares centres urbains que nous rencontrions dans nos mois d'errance n'auraient rien été pour notre foule, en admettant que leur viande peinte à l'ocre fût acceptable pour un homme sain. Par horreur d'un commerce aussi sordide, nos jeunes gens usèrent avec indifférence, afin d'éteindre leurs rares ardeurs réciproques, de leurs corps jeunes et lavés, commodité froide qui, par comparaison, apparaissait asexuelle et presque pure. Plus tard, quelques-uns se mirent à justifier cet acte stérile; et affirmèrent que deux amis, frissonnant dans un creux de sable à l'enlacement intime de leurs corps brûlants, trouvaient, caché, dans l'ombre, un adjuvant sensuel à la passion mentale qui soudait nos esprits et nos âmes en un seul effort flamboyant. Plusieurs, enfin, heureux de châtier en eux des appétits qu'ils ne pouvaient dompter, trouvèrent une satisfaction orgueilleuse et sauvage à dégrader leurs corps et s'offrirent farouchement à n'importe quelle habitude qui promettait au corps quelque souffrance ou quelque salissure.»

Le bonheur sur l'Euphrate n'est pas sans nuages. Il faut à tout moment empêcher les Allemands de s'attaquer au mur de la citadelle hittite pour y prendre des pierres. La vermine est partout. L'hiver est froid, glacial parfois, et sous la couverture, sous le manteau qu'ils ont jeté sur leurs corps, serrés pour gagner un peu de chaleur, les poux infestent leurs cheveux, leurs poils. Avec les fortes chaleurs de l'été 1912, le choléra a fait recette. Près de quarante morts par jour quand Lawrence passe à Alep. Les ouvriers à Karkemish sont terrorisés. Ils craignent tous que, profitant des nombreuses allées et venues sur les cent kilomètres qui séparent la ville, en raison de la construction du chemin de fer de Bagdad, le choléra ne décide de s'installer chez eux. Lawrence est devenu, malgré lui, le médecin de la compagnie. Lui qui pensait retourner en Angleterre est requis sur place. Il réclame des seringues et fait confiance à la source du village, dont on boit l'eau très pure et avec laquelle on se lave, pour les protéger de cette mortelle infection. Grâce à ses soins, Karkemish sera épargné. Comme par ironie, une crise de paludisme le terrasse. Dahoum souffre, étrangement, du même mal quelques jours après l'archéologue. Un docteur arménien, venu soigner la mission, les sort d'affaire. Au mois d'août, Dahoum et Lawrence, habillés en costume bédouin, ont passé leur temps à se reposer et nager dans la mer, près de Djebaïl. C'est encore Lawrence qui prendra l'initiative de faire vacciner tous les enfants de Djerablous lorsque la variole fait son apparition, au mois de septembre.

Les épidémies ne sont pas les seules à rendre visite à Lawrence et à ses amis de Karkemish. C'est en train privé et avec des chevaux de relais de poste que débarque le très riche baron Max von Oppenheim, un milliardaire juif allemand, qui se prétend autant archéologue, passionné de l'Islam, qu'il est probablement aussi un grand espion. Les découvertes des archéologues anglais font parler d'elles un peu partout dans la région. « Karkemish II est terminé pour trois mois et dans quelques semaines, j'espère que Karkemish III sera en route. Un fameux endroit et de fameuses fouilles, je trouve, et des gens vraiment très épatants », écrit Lawrence à son ami Richards en septembre 1912. Thomas Edward retourne en décembre à Oxford avec la certitude de revenir en Syrie au début de l'année.

Le retour à Karkemish sera délicat. L'Ashmolean Museum, qui finance une partie des fouilles, sait que la région est dangereuse et que les Kurdes sont prêts à se

Lawrence et Woolley posant à côté d'une dalle hittite trouvée en 1913 à Karkemish.

révolter. Comment, en pareille situation, assurer la sécurité du chantier de fouilles en même temps que celle des hommes qui y travaillent? Quand Lawrence revient en Syrie, *via* Calais, Marseille et Port-Saïd, en janvier 1913, il est rejoint par Woolley un mois plus tard. Lawrence séjourne à Alep, pour aider à armer les consulats britannique et américain en cas d'attaques kurdes contre le pouvoir en place. Il y fait acheminer des armes et des munitions débarquées à Beyrouth d'une canonnière anglaise. Les fouilles reprennent cependant normalement : un cimetière hittite est découvert sur la ligne entre Alep et Djerablous.

De retour sur le site, Woolley y trouve un magnifique linteau gravé. Pour réussir Karkemish III, il débauche plus de deux cents ouvriers du chantier ferroviaire. Le travail avec les Britanniques y est mieux rémunéré, plus agréable. L'intérêt d'une telle «débauche» est double : retarder le travail des Allemands qui doivent aller recruter à l'extérieur et faire avancer les fouilles. Le linteau est placé au-dessus de la porte de la nouvelle maison que Lawrence a complètement fini d'aménager en cette fin de mois de décembre 1912 pour la mission. De la boue séchée comme matière première. Quatre chambres, pour Hogarth, Woolley, Gregory et Lawrence, un grand salon – en réalité, une salle commune avec une table couverte de revues archéologiques et de journaux anglais –, une cuisine, une salle de bains, deux pièces d'exposition, les «petits musées», pour stocker et montrer les découvertes archéologiques, une chambre noire pour les travaux photographiques... Et des motifs décoratifs un peu partout pour égayer l'ensemble, des oiseaux, des paons et des gazelles en mosaïque, des tapis, toutes sortes d'éléments mobiliers, textiles dénichés sur le bazar d'Alep afin d'agrémenter l'ordinaire de leurs vies.

Les repas sont de jolis moments d'amitié. Lawrence a des cheveux longs qui viennent tomber devant sa bouche quand il veut en dompter le caractère un peu sauvage. Il ne boit pas d'alcool, ne fume pas, mais sait manger et déguster le café avec talent. Leur cuisinier verse un peu généreusement le curry dans les pilafs pour transformer le plat en flammes poivrées, et a une fâcheuse tendance à fabriquer des gâteaux moitié crème, moitié éponge de caoutchouc. Le pain du village, sous la forme de galettes minces comme de l'étoffe, sert à peine à accommoder les poissons de l'Euphrate, des petits filets au goût de vase, pleins d'arêtes...

En fin de journée, après avoir découvert dans le sol quelque petite tasse arabe du XIe siècle et trouvé dans un magasin la très belle toile fabriquée par les femmes du lieu, Lawrence conduit la compagnie sur l'Euphrate, vers Bassora, à bord d'un petit canot à voile. Il croise sur le fleuve des dizaines d'outres gonflées, faites en peaux de chèvre, de mouton, voire de sanglier. Ces outres fascinent Lawrence. Il décide d'en faire un bon usage. Relier les œuvres de Xénophon, par exemple. Mais l'homme aux mains magiques est d'abord un bricoleur de génie : il refilète des vis, fabrique de la peinture noire et rouge, répare une planchette d'arpenteur...

La région est agitée depuis l'automne 1912. La fermeture du détroit des Dardanelles en avril, par les Turcs, après le bombardement italien, a électrisé les esprits. Les Italiens ont conquis la Tripolitaine, la Cyrénaïque et le Dodécanèse, l'Empire ottoman gouverne tout de même de Suez au Taurus, malgré de nombreuses fractures. De la mer Noire à l'océan Indien, de la mer Rouge au golfe Persique, les restes ottomans sont éloquents. Près des deux tiers de la population de cet empire sont arabes... L'agonie est cependant annoncée et les grandes puissances comme la France, l'Angleterre et l'Allemagne, la Russie également, sont aux aguets. Dans son palais de Dolma Batché, le vieux sultan Abdul Hamid savait que son pouvoir était vacillant et qu'il ne tenait qu'à force de trahisons, de ruses. Depuis l'« incident de la Sublime-Porte », en fait un coup d'État en 1909, Mehmed V est installé sur un trône d'opérette. Ce sont les Jeunes-Turcs qui ont la réalité du pouvoir, Enver, Talaat et Djemal Pacha... Un pouvoir nationaliste dur, allié aux Allemands, auquel s'opposent les minorités arméniennes, kurdes, les Jeunes-Arabes... La Grèce, la Bulgarie et la Serbie s'allient militairement contre les Turcs, qui vont perdre plus d'une bataille et de nombreux territoires, dans cette guerre des Balkans. La Syrie est en proie à de réelles convulsions, tandis que plusieurs chefs kurdes, qui sont des amis de Lawrence, s'apprêtent à piller Alep. Une canonnière anglaise fournit, grâce à Lawrence, les armes nécessaires pour défendre, sur place, le consulat britannique.

L'Allemagne est très présente. Elle a rénové et formé l'armée turque. Cette dernière, et c'est sa faiblesse, comprend de nombreux officiers et soldats arabes. Quant aux ingénieurs allemands du Bagdadbahn, ils ne contribuent guère à entretenir la paix dans le voisinage. Ils baignent dans l'alcool levantin fait à partir du jus de raisin. Le raki fait de terribles ravages, les hommes restent hébétés tout le jour, mangeant compulsivement des crabes et des tortues sous les tentes, s'attaquant de temps à autre, la nuit, à quelque pièce archéologique sortie de terre. Ils ne connaissent rien aux antiques, ne savent pas distinguer une inscription hittite d'un autre morceau de pierre. Lawrence, ayant découvert un matin les yeux cassés de plusieurs auriges de basalte, se fâche vivement : « J'ai juré que l'offenseur, quand on le découvrirait, serait écorché vif, roulé dans le sel et ensuite grillé lentement devant un feu de citations de Dickens. » À plusieurs reprises, il rappellera à l'ordre les ingénieurs tentés d'utiliser les déblais des fouilles archéologiques pour surélever leur ligne de chemin de fer. Parti un jour marcher dans le désert, Lawrence apprend que l'oppidum menace d'être pillé par les Allemands et que sans un gardien indigène muni d'une pétoire, le site aurait déjà été saccagé. Ned rentre au galop du chameau. Accompagné d'un haut fonctionnaire turc, il se fâche terriblement, exige des excuses senties et fait régner, par son autorité naturelle, l'ordre dans ce terrain partagé entre deux nations européennes. Et pour se faire respecter encore un peu plus, il impose à ses hommes de mettre en batterie de gros tuyaux au ras de tranchées qui passent, de loin, pour de puissants canons dirigés vers les campements des Allemands et le pont de chemin de fer de l'Euphrate.

La ligne de chemin de fer qui relie Alep à Djerablous procure d'évidents avantages, même si elle bouleverse un peu l'ordre naturel. Désormais quotidienne, elle leur permet d'avoir du courrier plus souvent. Inaugurée le 15 décembre 1912, en même temps qu'un autre tronçon de la voie ferrée Istanbul-Bagdad entre Alep et Radjou, elle amène aussi, hélas, de nombreux visiteurs, parfois indésirables. Pires que des puces, pense Ned, qui n'aime pourtant déjà guère ces bestioles! Deux fois par jour, le train passe et dépose son sac de voyageurs munis de recommandations pour visiter les ruines, rencontrer les archéologues, leurs compatriotes souvent. Bagdad n'est plus qu'à quatre heures de Djerablous en train. La basse Mésopotamie prend ses quartiers de printemps à Karkemish. De temps à autre, Lawrence s'échappe, avec Dahoum bien sûr, et en profite pour visiter des pays alentour. Il tient son journal, jour après jour, y consigne ses abcès, ses terribles maux de dents, ses pieds très fatigués, ses rencontres avec des gens vêtus de loques, des enfants aux trois quarts nus, avec des femmes extrêmement libres, « tripotant vos vêtements et fourrant les mains dans vos poches de tout à fait bonne humeur ». Il en fait l'expérience avec de jeunes Syriennes au bord d'une source, qui se mettent à déchirer son vêtement et à s'emparer de lui, caressant naturellement son sexe comme s'il s'était agi d'un animal familier... Une femme idéale, c'est, à Djerablous ou dans la région, une femme grasse, avec quantité de tatouages sur le visage, une femme qui sait fabriquer le pain ou des briquettes de bouse pour le feu. Il en faut évidemment beaucoup plus pour attirer Lawrence.

Lawrence, sans Dahoum, se sent orphelin. À Beyrouth, alors qu'il réside à l'hôtel Deutscher Hof, il s'inquiète de trouver pour son petit ânier un « livre d'histoire ou de géographie qui serait lisible mais écrit en arabe ». Et qui ne contredise pas sa foi musulmane... Même lors d'attaques aiguës de dysenterie, dans les pires moments, en pleine fièvre, il marche ou dort en pensant à Dahoum, son petit villageois syrien qui rêve de lait et d'eau de Seltz. « Je ne veux rien faire de plus pour ce garçon que de lui donner une chance de s'aider lui-même : "l'instruction", j'en ai reçu tellement et c'est une telle scie ! Sauf votre respect ! Le seul bagage qu'il vaille la peine d'avoir est celui qu'on acquiert soi-même par son travail. » Les deux amis sont désormais inséparables.

Les fouilles, de prometteuses, deviennent miraculeuses. Les archéologues, conscients de la valeur de leur travail, dorment maintenant au pied des cordes qui enclosent le site. Lawrence s'est pris au jeu : un matin, une inscription rare, le lendemain, une poterie bien conservée. Et quelques sceaux, magnifiques, qu'il va acheter dans les villages des environs. Le mangeur de lotus est heureux et se compare aux fameux Lotophages dont le pays produisait des fruits certes exquis, mais si paradoxaux qu'ils faisaient oublier à ceux qui les mangeaient leur patrie. Le climat au printemps est délicieux, avec du soleil et de la chaleur en quantité suffisante, mais également un vent frais qui purifie tout, quand ce n'est pas une bonne petite pluie courte, mais bien serrée. Les hommes travaillent, plus de deux cents ouvriers en permanence, et il faut en profiter avant que la moitié d'entre eux se retirent pour la moisson d'été. Le bestiaire de Karkemish devient plus imposant, de jour en jour. Lawrence et Woolley sont extrêmement satisfaits de leur « récolte » : « De grandes dalles de pierre, avec des sculptures représentant des rangées de fantassins, des hommes chassant le lion, des lions chassant le taureau, et toutes sortes d'étranges bêtes. Nous avons trouvé davantage cette année que nous n'avons jamais trouvé auparavant. »

Les journées avec les Bédouins et Dahoum sont bien trop courtes. En plus des fouilles, Lawrence passe beaucoup de temps à discuter avec les Kurdes, avec les Arabes qui travaillent à ses côtés ou qui sont simplement de passage sur les bords de l'Euphrate. Il se plaît à entendre les récits de ces hommes qui vont d'un point d'eau à un autre, à la recherche de terrains humides, de puits, de vallées abritées, du fleuve, évidemment, parce que leurs chameaux broutent épines et plantes, il les invite parfois autour de l'âtre, la meilleure des universités, à boire le café. Ils s'exercent ensemble, avec des pistolets automatiques, à tirer sur des boîtes d'allumettes ou des cibles encore plus petites. La photographie l'occupe également, tant à titre personnel que pour les fouilles : il développe aussi souvent qu'il le peut dans sa chambre noire. Dahoum l'accompagne. Jusque dans ses soirées où Lawrence lui enseigne à lire l'anglais. Dahoum, en échange, lui apprend un excellent arabe syrien. Et quand Lawrence est fatigué de tant d'activités et veut se retrouver seul, il va se réfugier de temps à autre dans sa bibliothèque, une hutte à l'écart du camp qui finit parfois par ressembler à une annexe du consulat britannique d'Alep, tant tout y est bien rangé.

La nouvelle de la découverte par des paysans d'une sculpture hittite, figurant deux lions et une déesse, conduit Lawrence à aller, en l'absence de Woolley, mais avec la compagnie de Dahoum, dans le village de Halpheti, quelque part sur le haut Euphrate. Bien qu'habillés tous les deux en Arabes, ils sont arrêtés dans le village par une patrouille de l'armée turque, pour qui ils ne peuvent être que des déserteurs. La sculpture n'existe pas, en réalité, ils passent la nuit en prison et seul un très fort bakchich permettra leur libération. Ils ont été roués de coups, puis emprisonnés, et certainement flagellés. La sévère correction à la turque : vingt-cinq coups de fouet sur les fesses.

Sarah se rappelle à Ned. L'irradiation douloureuse du plaisir.

Depuis longtemps, Lawrence rêve d'explorer les rives de l'Euphrate et de descendre ce fleuve si mystérieux. Lors de son retour chez ses parents, à Oxford, à la fin de l'année 1912, il a fait l'acquisition d'un beau canot canadien, qu'on lui expédie et qui rejoint Djerablous quelques semaines plus tard. Avec Dahoum et Cheikh Hamoudi, ils ne cesseront de faire des balades, d'abord à la rame, puis plus tard avec un moteur hors-bord qui représente un lourd sacrifice pour sa bourse. Dahoum adore naviguer. Y compris quand le bateau tangue. C'est au moment des crues que le canot ondule à merveille et ravit le mieux ses passagers.

L'eau, que Lawrence craignait au début, est devenue son élément magique. Il aime nager avec Dahoum. «Traverser le fleuve est l'affaire de vingt minutes et c'est environ mille six cents mètres [...]. C'est tellement dommage de penser à mettre sur cette rivière un énorme pont métallique au-dessus de nous. On compte qu'il faudra quatre ans pour le construire, ce qui signifie une ville de terrassiers et tous ces admirables villages gâtés ; sans compter qu'ils saccageront les ruines pour prendre la pierre. Je vais faire quelques photos maintenant. » Malgré le courant très puissant, Lawrence prend un immense plaisir à traverser le plus souvent possible le fleuve, à aller cueillir des fleurs sur l'autre rive pour décorer la maison des archéologues, à se baigner des heures dans les eaux tièdes et boueuses. Afin d'encourager ses compagnons à le rejoindre, il construit un long *water-chute* en argile qui leur sert de toboggan pour se jeter dans l'Euphrate.

Dès qu'il a un peu de temps pour se reposer, Lawrence s'essaie à tirer sur de gros bidons avec la carabine que le consul britannique d'Alep lui a offerte. Une Mannlicher-Schönner de premier choix. Malgré la moisson, qui amène le départ de nombreux ouvriers sur le site, les découvertes vont bon train : une muraille ceinte de bas-reliefs et de nombreuses pierres sculptées, éloquentes de beauté… Le mouvement s'accélère avec l'utilisation bien dosée de la dynamite, qui permet de faire sauter des fondations romaines très dures, produites avec un ciment puissant. En quelques secondes, ces pierres sont pulvérisées. Un magnifique portail gravé apparaît ainsi un jour dans la poussière de l'explosion.

En juin, la campagne de fouilles est achevée. Le gouvernement turc propose à l'équipe britannique d'aller travailler sur le site médiéval de Rakkan, à cent cinquante kilomètres en aval du fleuve. Mais les commanditaires refusent les conditions fixées par Lawrence, à savoir disposer de la moitié des découvertes, principalement des terres cuites qu'il destinerait volontiers à l'Ashmolean Museum. Les Britanniques ne peuvent se contenter de gratter le sol, sans autre dividende que la gloire : ils choisissent donc de retourner passer l'été dans la mère patrie.

À l'été 1913, Lawrence décide ainsi de faire découvrir Oxford à Dahoum et d'y inviter également Cheikh Hamoudi. Le spectacle des deux Bédouins à bicyclette, juchés maladroitement sur des vélos de femmes, avec leurs vêtements traditionnels, leurs robes du désert, a de quoi réjouir les prudes habitants d'Oxford qui les voient passer dans de vieilles rues, entre deux collèges. Tous les trois, avec Woolley, ils occupent leur temps à vider les caisses arrivées de Karkemish et à installer les pièces et les objets dans les réserves de l'Ashmolean Museum. Francis Dodd, un ami de Lawrence, réalise un magnifique dessin de Dahoum. Dahoum et Hamoudi, à Oxford, sont fascinés par «les magnifiques briques vernissées» des bâtiments publics et par les bicyclettes, qui leur paraissent être des engins d'une extrême sophistication. Deux des frères de Ned, Bob et Frank, sont sidérés. Will est ravi. Quant au cadet, Arnold, il est captivé : lui aussi rêve de devenir archéologue et de partir loin d'Oxford, en Afrique peut-être...

La relation entre le brillant archéologue de Jesus College et le jeune ânier de Karkemish étonne, c'est peu dire! Les rumeurs circulent un peu vite et les journées et les nuits que les trois garçons passent au fond du pavillon du 2 Polstead Road contribuent à entretenir la calomnie. Arnold ne voudra jamais croire que Dahoum ait été l'amant de Lawrence. Plus tard, bien après la mort de ce dernier, il affirmera encore : «C'était cette horreur des intimités physiques qu'il n'avait jamais connues avec personne – nous avons là-dessus sa parole – qui inspirait ses habitudes d'abstinence.» Face aux garçons syriens, Lawrence se trouve chétif. Comme honteux d'une certaine gaucherie et d'une enveloppe physique insuffisante. Le souvenir des rixes d'Oxford et

Dahoum posant arme au poing, photographié par Lawrence.

Lawrence portant les vêtements de Dahoum, photographié par celui-ci.

de la croissance interrompue par la cassure de la jambe est toujours présent… Confortant en quelque sorte ce que son cadet écrit, Lawrence précisera plus tard le sentiment que lui inspirent le corps de l'autre et le contact physique : « Mettre la main sur une chose vivante m'était souillure et je tremblais si elle me touchait ou s'intéressait de trop près à moi. C'était une répulsion atomique, comme la trajectoire intacte d'un flocon de neige. J'aurais choisi tout le contraire, sans la tyrannie de ma tête. Je ne rêvais que de l'absolutisme des femmes et des animaux et j'avais le plus de regrets quand je voyais un soldat avec une femme ou un homme caressant un chien. J'aurais voulu être à la fois aussi superficiel et parfait. Mais mon geôlier me retenait. »

Pendant que Dahoum, Hamoudi et Lawrence sont à Oxford, un nouveau tronçon de voie ferrée est inauguré entre Bagdad et Bassora, complétant le grand chantier ferroviaire qui doit relier Berlin à Bassora. La menace allemande s'intensifie et il ne faut pas tarder à reprendre ses droits sur la terre de l'Euphrate. De retour à Djerablous, *via* l'Italie et Alexandrie, les trois hommes retrouvent avec plaisir leurs habitudes et le chemin des fouilles. Lawrence a aimé son séjour à Oxford et la liberté qu'il a prise de faire se rencontrer pour la première et dernière fois ses deux vies : sa famille, l'Angleterre, la vie oxonienne d'un côté, Karkemish et ses deux amis bédouins de l'autre. Mais Lawrence ne se sent pas en manque des siens, même quand il est à Karkemish. En route pour les Indes, où il a obtenu un poste de professeur, son jeune frère Will passe par Djerablous, vit au rythme de Lawrence – trois bains par jour, du tir au pistolet et des fouilles des heures durant – et témoigne à leurs parents que leur enfant prodigue est loin d'être un miséreux dans la poussière de l'Orient : « Ne croyez pas que Ned vit une vie de sauvage [...]. Lorsque je l'ai vu pour la dernière fois, au moment où mon wagon quittait la gare, il était en train de converser avec le gouverneur de Biredjik et avait des allures de grand seigneur. » Lors de leurs promenades sur l'Euphrate, Thomas Edward se confie, parle de son grand rêve de conduire les Arabes à se révolter contre les Ottomans, du rôle qu'il s'imagine mener... Son cadet, d'un naturel lyrique marqué, est fasciné et lui écrit après l'avoir quitté un poème prophétique.

J'ai parlé avec des ministres, parlé avec leurs maîtres
Dont les ordres pesaient plus lourd que des épées...
J'ai chevauché avec les cavaliers d'Orient,
Discuté avec des sages, ces maîtres de l'heure
Qui savent, de toutes choses, presser la quintessence.
Mais cette pensée me suit toujours :
Rien n'est trop grand pour toi.

À la fin du mois de décembre 1913, Woolley et Lawrence acceptent une mission que leur propose sir Charles Watson, président du comité exécutif du Palestine Exploration Fund. De la Palestine au sud et à l'est d'Aqaba, autour de Gaza et Beersheba, de la frontière égyptienne au golfe d'Aqaba et à la pointe sud de la mer Morte, Watson leur confie la rédaction d'une carte archéologique sur laquelle tous les sites dignes d'intérêt figureront, avec leurs toponymes, de même qu'ils seront systématiquement photographiés. La carte devra révéler «l'itinéraire suivi par les Israélites au cours des fameuses quarante années qu'ils passèrent dans le désert», stipule la commande. Oueds, djebels et autres points d'eau sont bienvenus. La péninsule du Sinaï est à peu près inconnue des cartographes et même des voyageurs. L'étude de la Bible, sa simple lecture en seront considérablement facilitées. «L'appel du désert pour les penseurs de la ville a toujours été irrésistible. Je ne crois pas qu'ils y trouvent Dieu. Mais ils entendent plus distinctement dans la solitude le Verbe vivant qu'ils y apportent avec eux», dira Lawrence de l'expérience de cette partie du monde. Le Royal Engineers avec à sa tête le capitaine Stewart Francis Newcombe les accompagnera pour faire la partie topographique de la carte. Lawrence, afin de régulariser sa situation, est affecté au service cartographique de l'état-major britannique du Caire. Dès leur arrivée à Beersheba, les deux hommes comprennent que l'archéologie masque une demande militaire. «Il est évident qu'on nous fait jouer les loups blancs afin de donner la couleur archéologique à un projet politique.» Newcombe cherche une couverture pour cacher son activité militaire au-delà des frontières égyptiennes. Lord Kitchener, alors représentant britannique au Caire, soutient cette tactique, en rappelant à tous que les Turcs ne doivent rien en savoir. L'Égypte a beau être sous souveraineté ottomane, elle est, depuis 1882, contrôlée par les Britanniques. Qui cherchent à comprendre où vont tous ces trains qui se mettent à rouler entre

Anatolie et Syrie du Nord, au cœur du Hedjaz, entre les différentes villes saintes de la péninsule arabique et de la Syrie. Au mépris des Bédouins, dont l'activité classique est menacée comme les routes des caravanes vont l'être dans peu de temps.

La mission est simple et de courte durée. Les Britanniques partent avec des tentes, des chameaux, des chameliers et quelques domestiques. Dahoum est de la partie. Avec Woolley et lui, Lawrence passe le mois de janvier 1914 dans le Sinaï puis dans le Néguev, sur les traces de l'exode des Hébreux, s'y égare dangereusement une nuit alors qu'il relevait les plans de la ville fantôme de Sabaïta. Il fait une expérience extrême du désert, la première grande, une expérience qui sera fondatrice pour lui. Avec Dahoum, dans cette proximité qui les unit, « il trouve dans l'abnégation, le renoncement et la pénitence volontaire une volupté qui finit par rendre la nudité de l'esprit aussi sensuelle, pour lui, que la nudité du corps ». Lawrence, quelques jours, s'égare, perd ses chameaux, puis Dahoum, avec qui il cheminait, et se voit contraint de continuer à pied. Il retrouve le jeune ânier devant Aqaba. Le retour par ce port, au terme de la mission, est rendu complexe par l'interdiction que les Turcs leur font de traverser la ville. Finalement, Ned et Dahoum décident d'aller plus au nord et de visiter la cité nabatéenne de Pétra, qui les subjugue. Lawrence croyait y trouver à l'entrée un bureau de Thomas Cook, c'est cette magnifique gorge immémoriale de la capitale défunte de l'Arabie romaine qui l'accueille. Le grès rose, les rainures mauves et bleutées illuminent leurs yeux. Ils y passent de longues heures, empruntent de l'argent à lady Evelyn Cobbold, rencontrée sur place, avant de reprendre la route de Maan. Ils sont brièvement arrêtés par des militaires turcs et décident de rejoindre Damas par le train, à la barbe des autorités turques qui ne leur ont pas délivré de laissez-passer. Le 28 février, ils descendent enfin à l'hôtel d'Angleterre et, se sentant épiés de toutes parts, arrivent à prendre le dernier train pour Alep, impatients de retrouver Karkemish.

Les tensions entre étrangers, tribus et autres groupes se font plus grandes chaque jour. Y compris sur le chantier de fouilles. Les ingénieurs allemands commettent de nombreuses maladresses. Un jour de mars 1914, un Kurde qui se plaint de sa rémunération au moment de la paie est gravement blessé par le fouet d'un garde tcherkesse. Un autre Kurde est tué. Une foule considérable, celle des employés arabes et kurdes, décide de se rebeller… Ils tirent, jettent des pierres sur les bureaux du chemin de fer et menacent sérieusement la vie des ingénieurs allemands. Lawrence et quelques-uns des siens, alertés par les coups de feu, s'interposent, évitent un massacre certain, mais mettront plusieurs heures avant de trouver un compromis pour que la paix revienne durablement sur le chantier.

Les fouilles continuent leur cours. Les déblaiements à l'explosif sont dangereux. Un ouvrier – le seul lors des six campagnes archéologiques – sera tué dans l'effondrement d'une plaque de béton romain. Hogarth vient quelques semaines soutenir leurs efforts. Lawrence n'a jamais été aussi heureux et Dahoum aussi proche. Il croit ne jamais revenir chez lui : « Je ne pense pas voyager à nouveau en Occident : on ne peut rien affirmer, bien sûr, mais le pays par ici vaut un million de fois tous les autres. Les Arabes sont si différents de nous. » Le fameux capitaine Newcombe réapparaît quelques semaines plus tard, fait mine de s'intéresser aux fouilles, mais profite de sa présence sur le tertre de Karkemish, au-dessus du fleuve, pour mesurer le degré d'avancement de la voie ferrée. Il remonte de vingt kilomètres vers le Taurus pour mieux se renseigner. Le maréchal Kitchener, le supérieur de Newcombe, fait savoir à Lawrence qu'il a besoin de lui et qu'il doit repousser de quelque temps le retour qu'il avait prévu à Oxford. Il prendra une route un peu particulière pour rejoindre les siens. Ned doit traverser les monts Taurus avec Newcombe et jouer les agents de renseignements. Toutes informations sur la ligne de chemin de fer, sur les mouvements de troupes, l'armement des Turcs valent de l'or. Au même moment ou presque, l'archiduc François-Ferdinand, héritier du trône austro-hongrois, est assassiné par un jeune activiste serbe. Ce 28 juin, à Sarajevo, la guerre est scellée.

La guerre mondiale : un ultimatum est lancé de Berlin le 31 juillet par les Allemands à la France et à l'Angleterre. Le 1er août, l'ordre de mobilisation générale est donné en France, le 3, l'Allemagne déclare la guerre à la France, le 4, la Grande-Bretagne entre dans le conflit, le 6, l'Autriche-Hongrie déclare la guerre à la Russie, la Serbie fait de même à l'Allemagne, le 12, la France et la Grande-Bretagne déclarent la guerre à l'Autriche-Hongrie...

Lawrence et Woolley sont déjà rentrés à Oxford, ayant laissé leurs notes à Karkemish mais travaillant pendant leurs vacances d'été à la rédaction de leur rapport pour le Palestine Exploration Fund. Entre la Bodleian Library et l'Ashmolean Museum. Lawrence, replié dans son bungalow du jardin de Polstead Road, se définit alors comme une «espèce de voyageur de type archéologique avec deux supports : la géographie et un crayon». Les nouvelles, de partout, sont inquiétantes. Le poète Flecker, atteint par la tuberculose, a quitté son consulat de Beyrouth pour un sanatorium en Suisse. Et le monde va mal. Woolley résume ainsi la double haine qui anime alors Lawrence : «[...] Après un long séjour dans le Liban, il ressentait une jalousie profonde au sujet du rôle que les Français jouaient ou désiraient jouer en Syrie. L'idée que des hommes d'État français aient désiré contrôler ce pays qu'il aimait le mettait en fureur. Il détestait les Turcs parce qu'ils étaient maîtres de la Syrie et traitaient les Arabes en inférieurs. Que leur place fût prise par un autre pouvoir non arabe lui semblait monstrueux [...].» C'est en ce mois d'août 1914 que Lawrence confesse «sa volonté d'être à trente ans général et chevalier». Il n'a alors que vingt-six ans...

Lawrence demande vainement à s'engager dès le mois de septembre 1914, mais lord Kitchener, promu secrétaire d'État à la Guerre, souhaite qu'il achève avec Woolley son rapport sur le Sinaï, afin de bien prouver aux Turcs que cette mission topographique avait une pure visée archéologique. Ils seront plus utiles dans des missions de renseignement qui pourront leur être confiées prochainement que dans les bataillons comme simples soldats. On ne manque d'ailleurs pas de candidats au recrutement et Lawrence en sait quelque chose. Ses frères Bob et Frank s'enrôlent. Will ne va pas tarder. Arnold est encore trop jeune.

Lawrence a quitté Karkemish, sans savoir quand il retrouvera Dahoum. Dès la déclaration de guerre, les autorités turques ont nommé le jeune ânier chef du chantier de Karkemish. Cheikh Hamoudi est appointé par le British Museum comme gardien du site. À moins qu'il ne s'agisse du contraire... Lawrence ne sait plus. Il a d'autres projets pour Dahoum... Mais les années d'apprentissage sont terminées pour le jeune archéologue britannique. Lawrence sait désormais parfaitement l'arabe, a visité plusieurs pays de la région, en connaît les pièges, les facilités et les récompenses. Mais il laisse un ami. Le plus cher de tous. Dahoum. À Farida el-Akle, qui enseigne à l'école de la mission américaine à Djebaïl, ce dernier déclare, lorsqu'ils se rencontrent et que leur ami est déjà loin : «Vous me demandez pourquoi nous aimons Lawrence? mais comment s'empêcher de l'aimer? Il est notre frère, notre ami et notre chef. Il est l'un d'entre nous : il n'y a rien que nous fassions et qu'il ne puisse faire – et même en nous surpassant. Il s'intéresse tellement à nous et se préoccupe de notre bien-être. Nous le respectons, et nous admirons grandement son courage et sa bravoure : nous l'aimons parce qu'il nous aime, et nous donnerions pour lui nos vies.» Et Farida de compléter ailleurs : «Je comparerais Lawrence à une huître qui, par la souffrance et la douleur subies au cours de sa vie, s'est muée en perle. Le monde essaie d'en évaluer le prix, en en décortiquant la substance, sans comprendre la vraie valeur de l'ensemble. »

De Londres, par une lettre datée du 3 décembre 1914, Lawrence s'inquiète ainsi auprès de l'épouse du consul britannique à Alep de la préservation du site de Karkemish et de leur maison des archéologues. Un mois plus tôt, le sultan turc avait déclaré la guerre sainte contre les Alliés et ceux-ci avaient répondu en déclarant la guerre à l'Empire ottoman. Lawrence ne s'inquiète pas outre mesure. La guerre sera très courte.

Il restera désormais sans nouvelles de Dahoum. À la fin de l'année 1916, il apprend que Dahoum serait mort du typhus quelques mois plus tôt, ayant certes échappé à la guerre et à la tuerie générale, mais pas à son destin d'étoile filante. Il sait que leur lien leur appartient à eux seuls et que rien ne pourra l'expliquer. Il lui reste à accomplir une promesse secrète qu'il s'est faite en quittant Dahoum. Les libérer lui et son peuple de l'empire d'autrui, forger leur révolte et leur donner les clés de leur destin. « J'aimais tout particulièrement un Arabe ; il m'avait semblé que ce serait faire un présent opportun que de donner la liberté à la race entière », déclarera-t-il. Il conduira la Révolte arabe en mémoire de son ami Dahoum, comme il l'explique dans *Les Sept Piliers de la sagesse*. « Le plus puissant, d'un bout à l'autre, avait été un motif personnel, que je n'ai pas mentionné dans ce livre, mais qui me fut présent, je pense, chaque heure de ces deux années. Les douleurs et les joies de l'action pouvaient jaillir comme des tours parmi ces jours de lutte ; mais, fluide comme l'air, cette poussée secrète, animation persistante, se reforma presque jusqu'à la fin. Ce motif-là était mort avant que nous eussions touché Damas. »

Et c'est à Dahoum encore qu'il dédie son ouvrage, à S. A., *Sheikh Ahmed*, à Dahoum qu'il en offre le poème d'ouverture. Tradition anglaise, digne des sublimes et décadents sonnets d'un Shakespeare amoureux...

Je t'aimais ; c'est pourquoi, tirant de mes mains ces marées d'hommes, j'ai tracé en étoiles ma volonté dans le ciel
Afin de te gagner la Liberté, la maison digne de toi, la maison aux sept piliers : ainsi tes yeux brilleraient peut-être pour moi
Lors de notre arrivée.

La mort semblait ma servante sur la route, jusqu'au moment où nous approchâmes et nous te vîmes qui attendais :
Tu souris alors, et dans sa jalousie chagrine elle courut devant, t'emporta
Dans sa quiétude.

L'amour, las de marcher, se pencha en tâtonnant sur ton corps
Ce bref salaire qui était nôtre pour l'instant,
Avant que la main molle de la terre n'explorât ta forme
Et que les vers se fussent engraissés de ta substance.

Les hommes m'ont prié d'ériger notre œuvre
La maison inviolée, en souvenir de toi ;

*Pourtant, insatisfait, j'ai fracassé le monument inachevé,
et maintenant
   Ils grouillent, les petits êtres pour se rafistoler une masure
   Dans l'ombre et la ruine du don
   Que je te destinais.*

Au service de la couronne :

Lawrence en Arabie

VI • 1914-1916

L'angoisse d'un échec possible dans une tentative essentielle me retenait de m'y engager. Il y avait aussi la hantise de la célébrité [...]. Et l'horreur de passer pour en avoir le goût [...]. Des ambitions personnelles me sollicitaient mais jamais pour longtemps, car ma nature critique me poussait à en refuser les fruits avec dégoût [...]. La vérité est que je n'aimais pas cet ego que je pouvais voir et entendre.

En octobre 1914, Lawrence intègre, d'abord à titre civil puis comme sous-lieutenant interprète à titre temporaire, la section géographique de l'état-major général britannique, qui recherche des cartographes expérimentés. Il déteste Londres et son esprit mais n'en souffre guère, travaillant de neuf heures du matin à dix heures du soir à actualiser les cartes des principaux théâtres d'opérations de la guerre. Il y rédige également son rapport sur le Sinaï sous le nom de *Désert de Sin*. Il s'étourdit de travail pour oublier qu'il est loin des bonheurs évidents de

Lawrence vers 1914, encore revêtu de l'uniforme militaire, qu'il quittera bientôt pour la tenue arabe.

l'Euphrate et qu'il est revenu chez les siens. Il ne songe qu'à repartir là-bas, plus au sud de soi-même, vers la liberté... Lawrence fait jouer ses compétences et valoir le gâchis qu'il y a à le consigner dans un bureau, aux antipodes de ce qu'il connaît. Le monde arabe, certes, l'espionnage depuis que Hogarth et Newcombe l'ont initié à cette forme ultime de patriotisme... Le War Office finit par l'envoyer au Caire, *via* Marseille et Port-Saïd, en décembre, pour y effectuer du travail de renseignement. Le fameux capitaine Newcombe est, comme par hasard, du voyage. Woolley les rejoint peu après. L'Égypte, dont les Anglais sont les vrais maîtres dès 1882, est devenue un protectorat britannique depuis quelques jours. Le khédive, trop favorable aux Turcs, a été déposé et un sultan, Hussein, est désigné. La situation est explosive dans la région, autant pour les Britanniques que pour les Français, dont les deux empires sont également des puissances musulmanes. Depuis le 23 novembre 1914, « le groupement oppresseur qui porte le nom de Triple Entente [...] dont l'orgueil national a pour suprêmes délices l'asservissement de milliers de musulmans » est visé par le khalife de Constantinople, qui appelle tous les croyants à « considérer comme le plus impérieux devoir religieux de participer au Djihad en corps et en biens ». L'appel à la guerre sainte a de quoi faire peur. La prétendue « juste guerre » n'est cependant pas autre chose qu'un jeu politique un peu grossier. L'idée de Révolte arabe ferait-elle déjà l'unanimité sur place ?

Au Caire, nos hommes s'installent à l'hôtel Continental. Avec deux autres officiers, ils constituent, *de facto*, le

Bureau de renseignements militaires. Military Intelligence, le pendant du Deuxième Bureau chez les Français. On prend Thomas Edward, au début, pour un « freluquet mal fagoté », « un clown naturellement grotesque ». Il en rajoute, dans le vêtement comme dans la provocation. Mais ses talents sont incontestables. Ned se veut toutefois modeste : « Moi, je lave les bouteilles, je fais le garçon de bureau, le tailleur de crayons, le nettoyeur de plumes […]. » Les premiers agents du service sont en relation étroite avec le colonel Gilbert Clayton, chef d'un service égyptien de renseignements civils, et avec les plus hauts fonctionnaires britanniques au Moyen-Orient. Le système de commandement est comme toujours complexe chez les Britanniques : le War Office, le Foreign Office, le Colonial Office, l'Intelligence Service, l'India Office, l'Amirauté, la Résidence du Caire, tous ces bureaux ou services ont vocation à être représentés plus ou moins bien par l'ambassade. Le service de renseignements exerce de multiples tâches : collecter des informations sur les forces ottomanes, les menaces sur l'accès au canal de Suez, publier le Manuel de l'armée turque, un ouvrage secret très prisé, étudier les plans d'un éventuel débarquement britannique sur la côte syrienne, de la prise d'Alexandrette, en Turquie, une hypothèse fortement poussée par Lawrence, qui y voit la possibilité d'un soulèvement arabe en Syrie, bien que ce dernier pays paraisse acquis aux Français. Thomas Edward va plus loin : il rédige un rapport sur la Syrie, pays qu'il connaît bien, rapport qui constituera, quelques mois plus tard, la ligne officielle du gouvernement britannique. D'après lui, c'est seulement un pouvoir non syrien à l'origine, sunnite et arabophone, qui pourra reprendre le flambeau des Ayyoubides et des Abbassides... C'est-à-dire la famille hachémite du chérif Hussein...

Le débarquement d'une armée sur la péninsule de Gallipoli, au printemps 1915, à la suite de la défaite navale des Dardanelles, puis la présence d'une force expéditionnaire occupent les hommes du Caire, tout comme la rédaction d'un bulletin de renseignements désormais quotidien et très détaillé. Lawrence se passionne pour l'utilisation, avec l'aide du Royal Flying Corps, des photographies aériennes pour la confection des cartes. Ces documents sont précieux dans les guerres de mouvement. Entre deux dessins ou assemblages de cartes, de nombreux interrogatoires de prisonniers, principalement des Arabes syriens, des télégrammes à coder ou à décoder, Lawrence rencontre Ronald Storrs, le secrétaire oriental du haut-commissaire britannique, figure brillante, polyglotte, connaissant bien le monde arabe, avec lequel il se lie d'une amitié très profonde. Storrs apprécie ce jeune « espion » si mal habillé, portant un uniforme généralement très négligé et réticent à toute forme de discipline. Il l'appelle « mon petit génie ». Pour Thomas Edward, Storrs est « l'Anglais le plus brillant du Proche-Orient [...]. Le premier, c'était notre grand homme ». Ils ne se quitteront jamais plus. Storrs prendra l'ultime photographie de Lawrence. Vingt ans après leur première rencontre, très exactement. En mai 1935. La photo d'un homme mort dans son cercueil.

Le service de renseignements, constitué de civils, politiciens, intellectuels ou archéologues, ne manque pas d'irriter la hiérarchie militaire. L'activité, qui s'est déplacée à l'hôtel Savoy, ressemble, dit un compagnon de Lawrence, à une gare orientale un jour de bousculade. Sans Clayton, chef de l'Intelligence Service civil et militaire mais aussi agent de liaison avec le gouvernement de la colonie du Soudan, «les Intrus» ou «l'Intruse», c'est ainsi qu'ils se nomment ou appellent leur organisation, n'auraient jamais résisté à la pression des officiers de carrière. Lawrence, dans le groupe, se distingue par la qualité de ses interrogatoires, sa connaissance du pays et de la langue... Il en sait désormais plus que quiconque sur l'armée turque. Qui peut encore ignorer que la moitié des soldats turcs étaient atteints de maladies vénériennes, contractées par sodomie? Ou que la variole décime les bataillons plus que les attaques ennemies... À l'état-major, on lui pardonnerait presque de circuler tête nue sur une grosse moto, de ne jamais porter ni ceinture ni buffleteries, et de se moquer du spectacle des colonels britanniques ventripotents qui prennent leur thé à l'hôtel Shepheard en parlant d'une guerre dans une région à laquelle ils ne comprendront jamais rien. Les Égyptiens n'aiment pas ces *roast-beefs* : les officiers s'étonnent eux-mêmes, sachant les Britanniques si peu désirés dans la région, de n'avoir pas été trahis par les soldats arabes de l'armée anglo-égyptienne ce 3 février 1915... Ceux-là mêmes qui répondirent avec le barrage d'artillerie des flottes française et anglaise lors de l'attaque surprise de Djamel Pacha contre le canal de Suez à travers le désert du Sinaï. Les Turcs sont évidemment déçus : les

Égyptiens restent sourds au Djihad et la cause ottomane ne semble pas ou plus les concerner.

De jour en jour, Lawrence prend de l'ascendant et cet officier au grade somme toute très modeste surprend par son autorité ceux avec qui il travaille. Thomas Edward est d'ores et déjà un rouage non négligeable de la présence britannique au Moyen-Orient. On lui prête un fil rouge, un fil direct avec Londres. Comment pourrait-il en être autrement? Comment ses idées, transmises à une hiérarchie laborieuse, pointilleuse, peuvent-elles avoir pareil écho auprès des dirigeants et contribuer à influencer le point de vue occidental? Un lien que Lawrence nie, bien sûr, qu'il niera toujours, laissant sur cette période égyptienne un voile qui n'en masque pas moins un mystère entier.

Le 9 mai 1915, sur le front ouest, dans les tranchées de la Somme, à Richebourg-l'Avoué, Frank, le quatrième des vermisseaux, le préféré de leur mère, meurt, dans l'infanterie britannique, pour sa patrie. Thomas Edward reçoit une lettre blessante de sa mère dans laquelle son désespoir témoigne de son peu d'attachement à ses autres enfants. Lawrence est affligé : « Jamais, jamais, tu ne comprendras donc aucun d'entre nous dès que nous avons quelque peu grandi. Ne te rends-tu jamais compte que nous t'aimons sans te le dire? – je me sens tellement minable et méprisable d'avoir à m'en expliquer ainsi. » Thomas Edward trouvait à vrai dire Frank souvent pompeux, conformiste, à l'image de leur aîné, Bob, engagé comme médecin dans le Royal Army Medical Corps. Et il se félicite d'être loin de cette famille en deuil, loin de cette mère qui ne cherchera jamais à l'entendre. Sa vraie famille est désormais en Orient. Karkemish est toujours présent dans son cœur. Dahoum se rappelle à son souvenir le plus vif, indirectement, même s'il n'a aucune nouvelle de lui : Lawrence publie en effet dans le bulletin de renseignements du 23 mai 1915 l'annonce de l'ouverture du pont de chemin de fer sur l'Euphrate, à hauteur de Djerablous...

Thomas Edward est envoyé quelques jours à Athènes pour y travailler avec les services de renseignements. À la fin de 1915, grâce à ses amitiés avec les autonomistes et rebelles arméniens, il facilite la prise des troupes russes du grand-duc Nicolas d'Erzurum. En quelques mois, et principalement avec le départ de Gilbert Clayton, il devient, en matière de renseignement, l'un des officiers les plus qualifiés de la région. Un service de renseignements qui se renforce avec l'arrivée de Gertrude Bell... Lawrence interroge un officier turc qui révèle l'existence d'une société secrète au sein de l'armée, le Fatah, favorable à la Révolte arabe. Lawrence lui-même encourage une intervention en Syrie, en armant de farouches ennemis des Turcs, les Arméniens réfugiés en Mésopotamie. Quelques mois plus tard, il apprend la disparition, au mois de septembre, en France de nouveau, de son frère Will, revenu des Indes, pour servir dans le Royal Flying Corps. Abattu en plein vol lors de sa première sortie dans les airs. Lawrence et Will s'étaient sottement manqués, en mars dernier, sur le canal de Suez et n'avaient pu se parler qu'à travers un combiné téléphonique. Will avait

Gertrude Bell et Lawrence, réunis en 1921 à la conférence du Caire, plusieurs années après leur première rencontre à Karkemish.

voulu que Lawrence soit son exécuteur testamentaire et qu'il lègue ses biens à la fameuse Janet Laurie dont il avait été très amoureux… Entre-temps, Janet s'était fiancée ailleurs. Avec la mort de ses deux frères, Lawrence

141

est bouleversé : « Tous deux étaient mes cadets ; d'une manière ou d'une autre, ça me semble injuste de continuer à vivre paisiblement au Caire. »

Le chérif Hussein, émir de La Mecque, gardien des Lieux saints, véritable descendant du Prophète et de la tribu des Hachémites, chef religieux très respecté bien au-delà du Hedjaz – jusque dans la plupart des pays musulmans – et son fils Abdallah savent depuis le début de la guerre que lord Kitchener et la Grande-Bretagne soutiendront leur projet d'un État arabe indépendant, à périmètre élargi, à partir de la péninsule arabique et des lieux saints musulmans. Hussein a toujours refusé de proclamer la guerre sainte contre les Alliés. Kitchener et Storrs sont en contact permanent avec eux et n'hésitent pas, c'est une première, à parler d'une « nation arabe ». Le débat à Londres et dans le monde entier est passionné. Les Occidentaux regardent le front de l'Ouest en France comme majeur, tandis que les Orientaux pensent que c'est à l'est de l'Europe que se gagnera la guerre. Certains, dans le lobby anglo-indien, craignent que le soutien aux nationalistes arabes ne donne de mauvaises idées à des factions du sous-continent indien. Quant à la Mésopotamie, n'est-elle pas une importante réserve à riz qui pourrait subvenir aux besoins de l'Inde ? Les autorités britanniques à Delhi et Bombay ne cessent de rappeler le risque de « contagion » nationaliste devant la création d'un grand État arabe, alors que près de soixante-quinze millions de musulmans vivent dans l'Empire. Et bien des chefs arabes se méfient d'un traité avec les Britanniques qui songeraient à écraser

Istanbul mais, surtout, à s'emparer des glorieux vestiges de l'Empire... La Mecque peut-elle véritablement devenir, après la défaite des Ottomans, le nouveau centre de l'Islam ?

À l'été 1915, Hussein répond favorablement à l'idée de rompre avec la Sublime-Porte et à celle d'une alliance avec les Occidentaux, mais en échange d'un territoire gigantesque, comprenant la Syrie, la Mésopotamie... Des échanges de correspondances ont lieu. Sir Henry MacMahon, représentant britannique au Caire depuis que lord Kitchener est devenu ministre de la Guerre – celui-ci, grand protecteur de Lawrence, vient hélas de mourir accidentellement –, répond fin octobre pour les Alliés en réduisant quelque peu les ambitions du chérif. Il a même envoyé, entre-temps, une subvention à Hussein, qui lui réclame des armes, des vivres et de l'argent pour préparer son soulèvement et son armée. Les accords MacMahon-Hussein ne font pas que des heureux. Lawrence s'attribue quelque peu le mérite de pousser son pays dans l'aventure : « Quelques Anglais – dont Kitchener était le chef de file – pensèrent qu'une révolte des Arabes contre les Turcs permettrait à l'Angleterre, tout en luttant contre l'Allemagne, de battre son alliée la Turquie. » Mais les affaires du Hedjaz n'avancent guère, des méfiances de part et d'autre se développant. Tandis que l'hypothèse de la révolte des Bédouins contre les Turcs est mise entre parenthèses, le front des Dardanelles, censé ouvrir la route de Constantinople, se révèle un enfer pour l'alliance franco-britannique, qui perd plus de quarante mille hommes à Gallipoli, le 8 janvier 1916.

Les deux grandes puissances ont manifestement besoin de trouver un consensus sur leurs zones d'influence, leurs droits administratifs, commerciaux, le statut du futur État arabe. Sir Mark Sykes, jeune parlementaire et fin connaisseur des questions orientales, sera le médiateur désigné de Londres dans cette négociation. François Georges-Picot, diplomate de carrière de la vieille école, ancien conseil général de France à Beyrouth, représentera les intérêts de Paris. Seule une étroite collaboration entre la France et l'Angleterre pourra permettre la signature d'un bon accord auquel les deux hommes travaillent entre janvier et avril 1916. Le 16 mai, le traité est signé à Londres. Accord ratifié plus tard par les Russes, puis par les Italiens. Cette entente franco-anglaise, connue sous le nom d'accords Sykes-Picot, sera arrachée de haute lutte par les deux négociateurs à leurs propres autorités. Le découpage du « dindon turc » (*turkey*...) est ainsi décidé : à la Grande-Bretagne, le contrôle de la Mésopotamie avec Bagdad et l'influence sur Bassora ainsi qu'une vaste zone entre la mer Morte et Kirkuk. La Palestine sera un condominium allié, sauf Haïfa et Acre, sous contrôle britannique. La bande côtière syro-libanaise, avec Beyrouth, sera française ainsi qu'une partie de l'Anatolie, de même que sera placée sous l'influence de Paris la Syrie intérieure, jusqu'à Mossoul, avec Alep et Damas... La Russie contrôlera le nord de l'Anatolie et le détroit de Constantinople. L'Italie garde la Libye. Quant à l'Arabie, la fameuse Arabie indépendante, elle régnera sur le désert ! Limitée à la péninsule arabique. Une péninsule qu'il reste d'ailleurs à unifier : le gouvernement britannique de l'Inde ne soutient-il pas les ambitions d'une autre dynastie que celle de Hussein, les Ibn Séoud ? Le traité secret Sykes-Picot contredit donc complètement les accords signés entre MacMahon et Hussein. Il faudra attendre que Trotski, en charge des Affaires étrangères auprès des bolcheviks, ordonne la publication des archives du tsar, en décembre 1917, pour que les Turcs, les Arabes, Hussein et les siens, Lawrence et d'autres Occidentaux découvrent en détail avec un terrible embarras l'hypocrisie, le double jeu des grandes puissances...

C'est en effet aux Bédouins du désert que Lawrence fait confiance et non aux Arabes sédentaires, perdus dans la passion du commerce, de la dialectique, à demi européanisés, vulgaires. Lawrence n'aimera ni Le Caire ni Beyrouth. Sa religion est faite depuis son premier voyage sur la trace des croisés et les années Karkemish. Au Sud, «la foi a été conservée comme dans une glacière», les sentiments y sont purs, hérités du sang et de la tradition, chevaleresques, même si le brigandage, la razzia sont la règle des cheiks et de leurs hommes. L'Arabe pur et inaltéré, comme l'aime, le rêve, le rencontre ou l'idéalise Lawrence. Les nomades parlent un arabe coranique qui les rapproche, alors même que leurs dialectes, leurs tribus, leurs clans s'opposent souvent, se dérobent leurs troupeaux, leurs chevaux, leurs moutons, leurs chameaux. Les Turcs n'ont pas domestiqué ces hommes farouches, certes, versatiles et fatalistes, mais génialement impétueux et généreux. Lors de toutes ces années, Lawrence a appris à les connaître, à découvrir

Lawrence en uniforme militaire et keffieh, photographié vers 1917.

leurs traditions, comprendre la force de leur résignation. Mais également à développer en eux le sens de la révolte, le besoin de libération... Si, comme il le répète souvent, « la plus grande industrie des Arabes est la fabrication des croyances », il reste à leur inculquer la foi en leur projet, la foi en eux-mêmes.

Aussi Lawrence sait-il que c'est avec eux, les Bédouins, qu'il pourra mettre en œuvre son plan pour faire s'écrouler l'édifice ottoman, déjà profondément fissuré. La Turquie reste cependant puissante. Elle gouverne en ces temps-là ce qui deviendra la Transjordanie, la Syrie, le Liban, Israël, l'Irak, l'Arabie saoudite. Mais pas plus de vingt millions d'habitants, dont moins de la moitié sont turcs. Lawrence rêve d'un Empire britannique qui serait formé par l'association volontaire d'États libres. Pour lui, cette révolte des Arabes contre les Turcs va nécessairement permettre à l'Angleterre de lutter contre l'Allemagne et de faire tomber la Turquie. « Je voulais faire une nouvelle nation, restaurer dans le monde une influence perdue, donner à vingt millions de sémites les fondations sur lesquelles leur inspiration pourrait bâtir l'édifice rêvé de leur pensée nationale. Un but si haut faisait appel à la noblesse inhérente à leur esprit et leur faisait prendre une part généreuse des événements : mais lors de notre victoire, on me rendit responsable de l'incertitude du monde […]. » De jour en jour, de son bureau du Savoy au Caire, sa vision de la guerre, du monde tel qu'il doit devenir, s'affirme. Il l'exprime, quitte à déplaire à sa hiérarchie. « Mon ambition personnelle est que les Arabes soient notre premier dominion – et non notre dernière colonie à peau bronzée », écrira-t-il plus tard dans une lettre à lord Curzon. Dans une correspondance au Foreign Office, il affirme également « vouloir former une nouvelle nation d'hommes conscients qui tous acclameraient notre liberté et demanderaient leur admission dans notre Empire». Et cette ambition, il la veut pour son pays, même s'il sait que les Français sont très bien placés dans cette région, à Beyrouth, à Damas… Mais avec eux, la pétaudière est garantie! Lawrence en est persuadé, et pourtant le gouvernement français, en ce mois de mars 1916, vient de lui décerner la Légion d'honneur pour services rendus au renseignement… Il faut donc, répète-t-il inlassablement, que les Britanniques agissent au plus vite au nom du chérif Hussein, que cette révolte parte du Hedjaz, que La Mecque conduise à Damas…

Un Bureau arabe, dépendant du Foreign Office, est créé au Caire, une sorte d'état-major politique d'espionnage et de guerre, confié pour sa direction – et pour le plus grand bonheur de Lawrence – à David George Hogarth, de retour dans la région. Les deux hommes sont liés par une grande affection, ils travaillent ensemble selon une répartition que Hogarth se plaît à résumer dans un poème: «Lawrence se spécialise dans le rêve et l'audace/Et votre serviteur est la bonne à tout faire […].» Pendant tout ce temps, Lawrence traite en réalité de plusieurs dossiers dits stratégiques: le suivi de l'armée ottomane du Caucase, la libération des forces britanniques du général Townshend prises en étau par les Ottomans dans la ville de Kut el-Amara, en Mésopotamie, au sud de Bagdad… Treize mille hommes sont assiégés. Le corps expéditionnaire anglo-indien vient d'en perdre vingt-trois mille pour les sauver. Lawrence est envoyé, le 5 avril 1916, à Bassora pour traiter une capitulation honorable des troupes anglo-indiennes, prêtes à repartir en Inde et à ne plus revenir sur le champ des opérations moyen-orientales.

Il est mandaté pour corrompre, à hauteur d'un million de livres ou plus s'il le faut, l'un des chefs turcs de l'armée ottomane en Mésopotamie. Il décide de remonter le Tigre par vapeur fluvial et d'aller traiter la question sur place. Mais les Turcs sont intraitables. Khalil Pacha obtient une reddition britannique sans condition. Douze mille hommes partent en captivité... Un petit quart seulement en reviendra...

À cette occasion, Lawrence témoigne de l'impréparation de cette armée anglo-indienne, dont les agents de renseignements ne parlent pas l'arabe, ne disposent d'aucune carte digne de ce nom. De retour au Caire, le service de renseignements, qui travaille de plus en plus étroitement avec le Bureau arabe, lui prend encore plus d'énergie qu'avant : « Treize heures par jour dans un bureau sept jours par semaine, c'en est trop pour les nerfs : en particulier quand on est un misérable grain de foi qui essaie de faire bouger les montagnes. Montagne est un terme poli pour le Foreign Office. » Une nouvelle publication, le *Bulletin arabe,* lui prend un temps considérable, surtout pour ses premiers numéros.

Le 5 juin 1916 est une belle journée. Le chérif Hussein s'est enfin décidé à lancer l'insurrection contre les Ottomans et le mouvement semble prendre de l'ampleur. Hussein paraît décidé et convaincant : « Notre indépendance est complète et absolue, à l'abri de toute influence étrangère, et notre but est l'exaltation et le maintien de l'Islam dans le monde. » Mais tandis que l'armée britannique est dans le Sinaï, Lawrence se morfond dans son bureau du Caire. Il écrit à ses parents : « Cela a pris un an et demi pour la préparer, mais maintenant cela marche très bien. C'est si bon d'avoir contribué un peu à la fabrication d'une nouvelle nation et je déteste les Turcs tellement que de voir leur propre peuple se tourner contre eux est très réconfortant. J'espère que le mouvement prendra de l'importance, comme il promet de le faire […]. La révolte, si elle réussit, sera la plus grande chose au Proche-Orient depuis 1500. »

Lawrence veut aller apporter son soutien à la révolte du Hedjaz. D'autant plus que l'armée chérifienne, mal entraînée, constituée de Bédouins peu disciplinés et commandée par les trois fils aînés de Hussein, à savoir Ali, Abdallah et Faysal, connaît de très sérieux revers. Certes, elle tient toute la côte du Hedjaz, Djedda en tête, ainsi que La Mecque, mais pas

Le cortège du chérif Hussein, photographié par le colonel Cornwallis en 1918.

Médine, cette deuxième ville sainte, bien armée par l'artillerie turque, et terminus de la ligne de chemin de fer du Hadj. Les soldats chérifiens ont gagné Yambo et Rabegh. Mais ce vieux boucher de Fakri Pacha et ses dix mille hommes de Médine sont capables, s'ils marchent sur La Mecque, d'écraser cette armée dont on dit qu'elle est cahotique et que ses méthodes sont celles des derviches. Hussein, qui a bénéficié de plusieurs centaines de milliers de livres sterling et de près de cinquante mille fusils, n'a rien prévu pour ravitailler ses troupes. Trois mille Arabes ont tout de même répondu à l'appel du chérif et de ses fils. C'est au Bureau arabe que revient désormais l'administration des fournitures britanniques aux révoltés du Hedjaz : des milliers de fusils, des mitrailleuses, des canons et leurs servants égyptiens, des tonnes de café, de riz, de sucre, de farine... Lawrence doit se contenter, avec l'aide de Storrs, de créer, dès le mois de septembre 1916, une série de timbres-poste qui permettront au monde entier de savoir que le Hedjaz s'est enfin libéré.

Les mérites de Lawrence, sa connaissance de la région et sa vision politique lui valent alors d'être prié par Gilbert Clayton d'accompagner Storrs pour une rencontre avec le chérif Hussein et ceux de ses fils qui seraient accessibles... Ils quittent Le Caire le 12 octobre et filent en train à Suez, d'où ils s'embarquent pour trois jours de croisière sur le *Lama,* un croiseur de l'Amirauté, le long de la mer Rouge. Traversée magnifique, sous les étoiles. Seule «la chaleur de l'Arabie nous tomba dessus comme une épée et nous laissa sans voix», écrit Lawrence, déjà porté par sa mission. La ville de Djedda, atteinte quatre jours plus tard, n'est qu'une bruyante étuve, le royaume des larves, des mouches et autres bestioles. Endormie, elle se cache derrière ses moucharabiehs de teck. Lawrence se sait gagné par la séduction du désert et par la grandeur de ceux qui l'habitent. Dans sa préface à *Arabia Deserta,* il témoigne de son admiration pour eux et trace une sorte d'autoportrait idéal : «Le Bédouin est né et a grandi dans le désert : de toute son âme, il a embrassé la stérilité comme aucun volontaire ne pourrait le faire – et ce parce que, confusément, il sent qu'alors seulement il peut jouir de la liberté. Il perd toute attache naturelle, tout superflu, toute complication afin de parachever cette liberté individuelle hantée par l'inanition et par la mort. Non qu'il voie une quelconque vertu dans la pauvreté elle-même : il apprécie les petits vices et les luxes à sa portée : café, eau fraîche, femmes. Sa vie le comble d'air et de vents, de soleil et de lumière, d'espaces ouverts et de grands vides. La nature n'a que faire des efforts humains, de la fécondité ; simplement le ciel au-dessus, la terre immaculée au-dessous. Le seul refuge et moteur de son être est en Dieu. »

Le désert du Wadi Rum photographié par Lawrence en mars 1917.

Le major Lawrence, chef de guerre pour la Révolte arabe

VII • 1917

Pendant des années, nous avons vécu côte à côte, dans un désert nu, sous un ciel indifférent. Le soleil, pendant le jour, nous faisait fermenter et les rafales de vent nous rendaient ivres. La nuit, nous étions tachés de rosée et l'innombrable silence des étoiles nous faisait honte de notre petitesse. Nous étions une armée concentrée sur elle-même, sans parade ni gestes, toute dévouée à la liberté, la seconde des croyances humaines : but si vorace qu'il engloutit notre force, espoir si transcendant que nos précédentes ambitions se fanèrent à son éclat […]. Peu à peu, le désir de nous battre pour cet idéal crût en nous jusqu'à devenir une hantise incontestée, domptant, bridant, éperonnant nos doutes. Bon gré, mal gré, nous y trouvâmes une foi. Nous nous étions vendus à lui comme des esclaves, nous nous étions nous-mêmes enchaînés à sa chaîne, courbés pour servir, satisfaits ou non, mais pleinement, sa cause sainte. La mentalité des esclaves ordinaires est terrible ; et ils n'ont perdu que le monde […].

Lawrence au balcon d'un hôtel de Damas, le 2 octobre 1918.

Hussein et ses fils s'entendent pour la façade. Les rivalités de personnes valent bien, dans le Hedjaz, celles des services et des états-majors britanniques au Caire. Mais la famille, qui descend du Prophète par sa fille Fatima, sait se tenir. Surtout quand il s'agit de reconquérir la direction des acquis de l'Islam, perdue il y a cinq siècles exactement, en 1516, quand le sultan Selim avait confisqué son titre au khalife abbasside du Caire, devenant *de facto* le protecteur de Médine et de La Mecque après qu'il eut conquis l'Égypte, la Mésopotamie septentrionale, la Perse, la Palestine et la Syrie. Les Arabes n'en pouvaient plus de cette humiliante domination turque, marquée au sceau de l'impôt, du recrutement militaire et de la servitude, eux les glorieux conquérants de caractère. Trop d'oppositions stériles entre nomades et sédentaires, entre chiites et sunnites, entre chefs de clans et de tribus ont ruiné l'idée d'un peuple arabe libre. Le pèlerinage annuel vers La Mecque s'est déroulé cette année sans incident. Hussein ben Ali, le Hachémite, chérif de La Mecque, prend naturellement de l'ascendant pour le khalifat sur ses ennemis, les émirs saoudites de l'Arabie orientale, et tout particulièrement Abd el-Aziz Ibn Séoud, chef de la secte des wahhabites et émir du Nedj.

Le vieux Hussein est cependant facétieux. Il aime les nouveautés et le téléphone n'a pas fini de le lasser. Étant à La Mecque, mais voulant faire profiter les nouveaux arrivants de sa dernière acquisition – un orchestre symphonique qu'il a enlevé aux Turcs –, il leur téléphone à Djedda et leur fait entendre un morceau choisi, en oubliant, semble-t-il, que ses hôtes britanniques sont en guerre contre l'Allemagne. L'orchestre joue en direct *Eine feste Burg* et *Deutschland über alles* de l'autre côté du combiné. Le lendemain soir, on recommence, mais dans l'autre sens. L'orchestre a été dépêché par le chérif Hussein pour rejoindre à marche forcée, à Djedda, nos amis qui ont passé la journée, entre deux entretiens, à visiter ces étranges maisons faites de blocs de corail et ornées de moucharabiehs en bois sculpté. La soirée est humide, comme souvent dans ce port arabe : l'orchestre s'essaie à quelques morceaux, y compris anglais, mais ne va pas loin... Il s'effondre littéralement dans des espèces de roulements mous des tambours, les peaux des instruments s'étant complètement distendues au contact de l'air ambiant. Hussein, au téléphone, ne semble pas s'en apercevoir, trop fier d'avoir montré à ses hôtes britanniques le degré de civilisation de son royaume.

Lawrence est de plus en plus impatient. Il se sent prêt. À vingt-huit ans, pétri de culture arabe, familier de la langue, voyageur émérite dans la région et ses déserts, grand connaisseur des stratégies militaires, adepte du renseignement et de l'espionnage, homme de l'appareil britannique, le corps aguerri à la chaleur, à la fièvre, à la marche et aux privations, Lawrence sait que son heure a sonné. Il a passé une partie de la traversée à tirer au pistolet sur des bouteilles flottant sur la mer. Il veut, bien entendu, connaître Hussein, mais rencontrer également tous ses fils et savoir qui d'entre eux sera le nouveau khalife. Il sait que Hussein a passé vingt années en résidence contrainte à Constantinople et qu'il n'est rentré à La Mecque qu'en

1911. Les trois premiers fils sont nés d'une femme arabe. Storrs déconseille l'alliance avec l'aîné, Ali, à qui il vient de remettre, le mois précédent, le voile noir de la Kaaba, spécialement fabriqué pour l'occasion en Égypte : «Sa barbe à la Charles Ier cachait mal un menton trop mou.» Pieux, maladif, très sujet aux influences, manquant totalement d'ambition. Zeïd, le dernier, est trop jeune, trop léger : né d'une Circassienne, élevé au harem, imberbe, tout blanc de peau et très timide, il n'est guère concerné par l'indépendance arabe. Ces deux-là se sont réfugiés à Rabegh et vivent, sans gloire, des subsides britanniques. «Le petit L., mon compagnon surdoué», comme le nomme Storrs, obtient de rencontrer Abdallah, «le prophète armé», deuxième fils et préféré du chérif de La Mecque. Il apparaît «monté sur une jument blanche, entouré d'un essaim d'esclaves armés, respectueusement salué par la foule [...]».

Sous sa tente damascène, luxueusement habillé de souliers vernis, d'un somptueux vêtement bédouin et d'un agal lui maintenant le voile bien serré contre la tête, Abdallah aime le luxe et la jouissance. Il est un partisan forcené du panarabisme, déteste les Turcs et a négocié depuis le début de l'année 1914 avec les Britanniques pour la création d'un grand État arabe. «Il ne joue pas tant le rôle de cerveau de son père, que celui d'éperon : il travaille de toute évidence à la restauration de la grandeur de la famille, il a des idées ambitieuses qui incluent certainement son propre avancement particulier [...].» Mais Lawrence le trouve plus diplomate que combattant. Il voit en lui un jouisseur qui s'occupe trop de sa petite personne, un faible caché derrière un despote, un hypocrite... Une sorte de feu follet, alors qu'on aurait espéré une flamme. Abdallah ne pense pas pouvoir organiser la rencontre avec son frère Faysal, le troisième des fils, qui est à l'intérieur du pays, quelque part dans le Djebel Subh, en direction de Médine : leur père n'acceptera jamais que des étrangers quittent la côte. Quant à Ali, Lawrence pourrait le voir en remontant la côte vers le nord, à Rabegh. À dos de dromadaire. Le colonel Brémond, chef de la mission militaire française, qui vient d'arriver à Djedda et avec qui les deux Britanniques dînent, apparaît tout de suite à Lawrence comme un allié peu fiable. Il fera tout pour que l'insurrection arabe ne se propage pas en Syrie. Après une route harassante vers Rabegh, à l'allure d'un rezzou, en pleine chaleur, sans eau ou presque, monté sur un chameau de course, ce qui était une première, Lawrence arrive auprès du chérif Ali, qui ne le convainc guère : «Sa faiblesse physique le rend sujet à de brefs spasmes et accès de fureur qui l'ébranlent tout entier, séparés de périodes plus fréquentes d'obstination maladive. Apparemment dépourvu d'ambition personnelle, mais un peu trop facilement ballotté par les vœux de ceux qui l'entourent [...].»

Lawrence est touché par une attention. Puisqu'il vient de commencer à monter les chameaux et qu'il s'apprête à faire de longues et nombreuses méharées dans le désert, Ali lui offre une magnifique selle de chamelle, très richement harnachée. Dans quelques mois, Lawrence sera un passionné des courses de chamelles. Il aime déjà ces jeunes animaux, étrangement surnommés «dociles». Ses animaux seront ses compagnes des années durant, leur lait son alimentation de base et il aimera parcourir avec elles, à l'amble allongé

– un grand trot – ou au galop, des dizaines de kilomètres dans le sable aussi brûlant que profond. Grâce à Storrs, qui convainc par téléphone le chérif Hussein d'autoriser pour la première fois un militaire britannique à traverser le Hedjaz, Lawrence repart au bout de trois jours et sait qu'il lui reste cent cinquante kilomètres pour rejoindre Faysal en plein désert, sous un soleil inhumain et dans une course épuisante. Le soleil d'Arabie a brûlé les hommes qui marchent deux journées de suite, vingt heures par jour, à l'allure du chameau. La méharée est un enfer. Mais dans l'oued Safra, Lawrence découvre un Faysal au magnétisme de grand chef pessimiste. Faysal qui ressemble physiquement, bon début, à Richard Cœur de Lion, son héros de Château-Gaillard! Formé à la cour du sultan Abdul Hamid, Faysal en a tiré un certain sens de la diplomatie. Et de sa fréquentation des militaires en Turquie, une passion vivante pour les questions tactiques. «J'aperçus dans l'encadrement noir d'une porte un personnage vêtu de blanc qui me regardait avec attention. C'était, je le compris au premier coup d'œil, l'homme que je cherchais en Arabie, le chef qui dresserait la Révolte arabe en pleine gloire […]. Faysal était semblable à une colonne très haute et très mince. Il gardait les paupières baissées; sa barbe noire et son visage sans expression surmontaient, d'une sorte de masque, l'étrange vigilance immobile de son corps.» Lawrence est impressionné par ses longues et belles mains de femme, sa tenue, une longue robe de soie blanche, un voile brun, tenu par une cordelette de pourpre et d'or, le poignard sur lequel les mains sont croisées : «Infiniment plus imposant de sa personne qu'aucun de ses frères, le sachant et se servant de cet avantage [...]. Idole populaire et ambitieux; plein de rêves, il a le pouvoir de les réaliser; perspicacité personnelle aiguë, et très efficace. » Faysal lui demande comment il a supporté le voyage et comment il trouve leur camp. «Bien mais loin de Damas», répond Lawrence. Les deux hommes se sont compris. La Révolte arabe aura réussi le jour où Faysal entrera à Damas. Faysal est ce «prophète» qui incarnera «un jour puissamment dans son œuvre l'idée de la Révolte arabe».

L'armée de Faysal est faite de plusieurs milliers d'hommes des tribus du désert, des collines, une armée tribale, mélange de tireurs isolés, de barbares bédouins, forts au sabre également, un peu peureux tout de même. Dont la moitié sont à dos de chameau. Partisans hétéroclites. Des notables et des nomades parmi eux, des transfuges de l'armée turque, des officiers chenapans, des vagabonds, des méharistes, des rois de la razzia, sournois, redoutables et lâches dans le même mouvement. Des «derviches [...] romantiques», des «durs, à peau sombre, parfois négroïdes : leurs corps minces, exquisément bien faits, avaient des mouvements huilés – un délice pour l'observateur», note Lawrence. Le moindre coup de canon, dit-on, les pousse aux abris. Mais Thomas Edward sort rassuré de l'inspection de ces hommes : «Ils croient qu'en libérant le Hedjaz ils font l'apologie des droits de tous les Arabes à une existence politique nationale et, sans envisager un seul État, ou même une fédération, ils tournent catégoriquement leurs regards vers le Nord, vers la Syrie et Bagdad», écrit-il dans un rapport avant de rentrer à Yambo – une bourgade qui est une excellente base d'opérations –, puis de rejoindre Djedda et de prendre un bateau pour Port-Soudan. Il a déjà abandonné l'uniforme et le casque colonial qu'il déteste plus que tout. À la place, il porte un keffieh arabe... Une voiture le conduit à Khartoum pour y rencontrer Reginald Wingate, gouverneur général du Soudan qui vient d'être nommé haut-commissaire au Caire afin d'y succéder à Henry MacMahon... Lawrence défend l'idée qu'il faut armer les Bédouins et ne pas envoyer de troupes européennes ou non musulmanes, se méfier des Français qui veulent occuper avec leurs régiments le Hedjaz, puis la Syrie... La situation est déjà compliquée avec ces deux armées, celle d'Abdallah et celle de Faysal qui se coordonnent mal... La Révolte arabe doit être le fait des Arabes et de personne d'autre. Tout juste a-t-il envie d'ajouter : et je veux rester seul avec mon rêve. Il saura être convaincant. Par la suite également, ce sont des dizaines de millions de livres sterling qu'il va obtenir directement pendant toutes ces années pour entretenir la Révolte arabe ! Pas étonnant, alors, parce qu'il distribue généreusement des « souverains », à l'effigie équestre de saint Georges, qu'on le surnomme tantôt Abou Khayal, l'homme au cavalier, ou Abou Giné, l'homme aux guinées.

Le Bureau arabe du Caire où il est affecté l'envoie une nouvelle fois en mission à Yambo, Rabegh et Djedda, de fin novembre à la fin janvier. Comme subordonné du colonel Wilson, qui ne mâche pas ses mots : « Lawrence a besoin qu'on lui botte le derrière et qu'on le lui botte fort, et cela lui ferait le plus grand bien. En ce moment, je le considère comme un jeune âne vaniteux en train de gâcher son indiscutable connaissance des Arabes de Syrie, en se faisant passer pour la seule autorité sur la guerre, sur la technique, sur le génie civil, sur la marche des navires de Sa Majesté et presque sur tout au monde. Il rebrousse les poils de tous ceux que j'ai rencontrés, depuis l'amiral jusqu'au plus jeune officier subalterne de la mer Rouge.» Lawrence s'en fiche. Ce qui compte, c'est la réalité d'une mission. Et lui qui est fait officier de liaison! À titre temporaire auprès de Faysal. «Le monde m'apporte de plus en plus ce pour quoi je suis né», a-t-il déjà envie de dire.

L'émir Faysal, futur roi d'Irak.

Entre Faysal et lui, une véritable amitié est née. Dès le deuxième séjour au Hedjaz, le fils de l'émir Hussein place sa confiance en Thomas Edward. Le représentant de Sa Majesté veut le mettre en avant, se contenter d'être à ses côtés, d'être son conseiller, son éminence grise. Tout au plus. «Brusquement, Faysal me demanda si je consentirais à porter des habits arabes comme les siens pendant mon séjour au camp. Je m'en trouverais mieux, dit-il : c'était un costume adapté à la vie arabe telle que nous devions la mener [...].» Lawrence accepte de bon gré le costume de La Mecque, celui de l'aristocratie chérifienne, qui lui permet d'être reconnu comme chef. D'autant plus qu'il a appris, avant la guerre, à Karkemish, à porter ces vêtements arabes qu'il trouve à la fois «plus décents et plus propres» et certainement plus pratiques que les abominables uniformes de l'armée britannique dès lors qu'il faut s'asseoir par terre ou monter un chameau. «Dans le désert, je me rasais très régulièrement. Ma figure brûlée par le soleil, rasée, mes yeux bleus faisaient un contraste assez surprenant avec ma coiffure et mes robes blanches. Elle était bien connue de tous. Les nomades et les paysans qui ne m'avaient jamais vu m'identifiaient sans hésiter, au premier coup d'œil. Mon "déguisement" arabe ne servait donc qu'à me faire reconnaître. Et, quatre-vingt-dix-neuf fois sur cent, reconnu, je ne risquais rien. Restait le centième cas, que je pouvais craindre. Je n'avais alors qu'à mettre chemise et "short", écarter ou ramener sur mes yeux mon turban, et payer d'audace.» Faysal, à la plus grande satisfaction de Lawrence, vient d'être nommé chef de l'armée chérifienne, tandis que Hussein, incohérent, parfois tenté par un compromis avec les Turcs, se fait proclamer à la grande mosquée de La Mecque roi des Arabes, ce qui n'est pas sans rendre nerveux les diplomates occidentaux, qui craignent une surenchère régionale et ne lui reconnaîtront que le titre de «roi du Hedjaz». Faysal est installé à Yambo, où Lawrence le retrouve et plaide pour que la marine anglaise leur apporte du secours dans l'hypothèse d'une attaque des Ottomans. Faysal vient de perdre Nakhl Moubarak. Il rêve d'installer son pouvoir ou celui des chefs chérifiens à El Ouedj, petit port à trois cents kilomètres au nord de Yambo.

Son frère Zeïd a failli être pris par l'ennemi et a fini par se réfugier à Yambo. Quant à Ali, très malade, rongé par la tuberculose, il s'est replié à Rabegh, et pense abandonner la lutte. Les Bédouins ne semblent pas capables de défendre la route de Médine à la mer. Lawrence est pessimiste : «Notre guerre semblait toucher à sa fin, le rideau se levait sur le dernier acte. Je pris mon appareil photographique et, juché sur la porte de Médine, je fis un instantané de l'entrée de Faysal et de Zeïd […].»

Deux mille Bédouins défendent tout de même la ville de Yambo, très menacée. Derrière le vieux mur d'enceinte de la ville, on place mitrailleuses et canons égyptiens. À la mi-décembre, le *HMS Raven* permet à ses hydravions de bombarder les positions turques. Mais les Turcs semblent si déterminés que, le 12 décembre, de nombreux notables arabes et occidentaux se réfugient, aux côtés de Faysal lui-même, sur le *HMS Hardinge*. Quelques jours plus tard, enfin conscients de la force de la Royal Navy, les Turcs se retirent et Faysal peut même reconquérir Nakhl Moubarak, qui devient la base arrière de son camp de Yambo. De là, Lawrence s'attaquera à un campement turc dans les premiers jours de l'année 1917. Et Faysal lancera son offensive sur El Ouedj, qu'il veut prendre aux Turcs, où il compte s'installer et, de là, harceler la ligne de chemin de fer. À tous, cette solution apparaît comme le meilleur moyen d'éviter que les Turcs ne remontent vers La Mecque.

Lawrence commence à se passionner pour l'aventure et partage avec Faysal le sens romantique de la révolte qu'ils ont lancée ensemble. Thomas Edward se remet à parler arabe couramment, se dit être prêt bientôt à être «un Arabe bon teint» et n'a aucune envie de rentrer en Égypte : «La situation est tellement passionnante que je crois que je vais me dispenser de revenir. Je veux me dépouiller de mes habitudes anglaises et m'en aller un peu avec Faysal. Boulot rigolo et pays entièrement nouveau […].» L'armée de Faysal, vêtu de blanc, est «splendide et barbare» lorsqu'elle s'avance, avec ses hommes habillés de keffiehs rouges, de gandouras et de caftans teints au henné, avec ses bannières de soie pourpre, ses hampes dorées, des tambours et «la masse sauvage et bondissante de mille deux cents chevaux de la garde du corps». «On aurait dit un fleuve de chameaux, car nous remplissions l'oued jusqu'au bord de ses rives, et nous nous déversions en un courant de plusieurs centaines de mètres.» Lawrence sait pourtant que sa mission auprès de Faysal va bientôt se terminer, que Newcombe va prendre son relais dans le Hedjaz. Il lui laisse un message : «Nous gagnerons les mains dans les poches si nous maintenons les Arabes dans leur simplicité […]. Les doter d'un superflu pesant ne fera que casser leur numéro, et c'est la guérilla qui fonctionne. C'est une sorte de guerre de course où les courses sont entièrement inversées. »

Le Hedjaz est un paradis pour les francs-tireurs, le royaume des mitrailleuses légères! Le capitaine Garland, un instructeur britannique de l'armée égyptienne, expert en dynamite, se propose d'ailleurs d'initier les Bédouins à l'art des explosifs, lourds ou légers. Newcombe rejoint finalement Lawrence à Oum Lejj, le 18 janvier, et lui propose, pour assurer la transmission des pouvoirs, de marcher avec lui une semaine vers El Ouedj. Pendant ce temps, l'armée arabe de Faysal et celle d'Abdallah prennent un peu de retard, à trop fêter le succès de leurs avancées et ne sont pas au rendez-vous devant le port. Comme cinq cents Arabes se trouvaient au large sur un bateau britannique, la mission militaire britannique les débarque et c'est avec eux, en attendant que les milliers d'hommes des fils de Hussein les rejoignent, que l'armée arabe prend avec une relative facilité El Ouedj aux Turcs, le 23 janvier.

Entre-temps, un télégramme de Djedda arrive au Bureau arabe du Caire : « Faysal écrit au chérif pour lui demander de vous télégraphier qu'il désire très vivement que Lawrence ne retourne pas au Caire, tant l'aide qu'il a apportée a été grande. » Pareille demande émanant d'un prince ne se conteste pas. Lawrence reviendra quelques jours au Caire, mais il repart presque aussitôt, pour une affectation de liaison indéterminée, dans le désert du

Hedjaz. 27 janvier 1917. « C'est très chouette de ne plus être dans un bureau [...]. Et puis ma position est tellement inhabituelle – je ne pense pas qu'un seul Anglais en ait jamais occupé de pareille dans le passé. » Lawrence appartient en effet à la maison du chérif Faysal, « ce sont les moments les plus merveilleux que j'aie vécus », dit-il : que lui importe d'être capitaine d'état-major, tout le monde se fiche de son grade et il ne porte pas l'uniforme !

Très vite, Thomas Edward se sent coupable de double jeu. Entre les visées de Londres et du Caire et ce que les révoltés ont entendu dire, il y a un monde. De mensonges. Lawrence passe et passera son temps à orienter les plans des uns et des autres, ceux des chérifiens qui ne sont pas toujours d'accord entre eux, ceux des Britanniques, avec toutes leurs nuances, voire leurs oppositions, ceux de Brémond et des Français, évidemment, qui sont souvent aux antipodes, pour ce qu'il pense être le bien de la cause arabe : il vit désormais sous la tente de Faysal, sa nourriture et ses vêtements sont les meilleurs, il ne peut continuer à se taire. L'idée de la révolte se répand partout « sans front et sans arrière, comme un gaz ». En février, il évoque à Faysal ce qu'il sait des accords Sykes-Picot. Le chérif en apprend un peu plus de la bouche d'officiers syriens. Faysal, fort justement, se sent complètement trahi et veut conquérir désormais, et avant la fin de la guerre, sur-le-champ si possible, Damas, Homs, Alep... Son armée, il le sait, n'est pas prête à défendre la route de Médine à la mer, quatre à cinq mille Turcs circulent encore en ses abords, les chefs de tribus n'obéissent à personne, quelques Bédouins se révoltent, les rivalités doivent être réglées directement par les cheikhs. Comment, dans ces conditions, occuper la Grande Syrie, comprenant la Palestine, la Transjordanie et le Liban? Faysal tente de fédérer toutes les initiatives, parfois en vain. Pour déloger les Turcs de Médine, il faudrait une armée régulière arabe. Toutes les forces en présence sont épuisées. Lawrence lui-même est allé à l'extrême de ses forces, brûlant ses pieds à marcher, mangeant, vivant et dormant comme un Bédouin à même le sol, le corps harassé par ces longues traversées à dos de chameau.

Il faut renoncer à toute bataille sérieuse en Arabie et plus encore à Médine! Les Turcs y immobilisent des troupes importantes, près de quinze mille hommes, qui ne servent pas dans d'autres positions. Un message intercepté en Égypte laisse d'ailleurs entendre que Fakri Pacha pourrait, à la demande des Allemands et d'Enver Pacha, évacuer ses troupes et les replier vers la Syrie... « Notre règle serait de ne jamais accepter d'engagement, de ne jamais offrir de cible [...]. Il nous fallait jouer de la vitesse et du temps, et non de la force de frappe [...]. Une province était gagnée quand nous avions appris aux civils à mourir pour notre cause : pour la liberté. La présence de l'ennemi était secondaire. La victoire finale paraissait certaine si la guerre durait assez longtemps pour nous permettre de la remporter. » Une guérilla est une guérilla, pas une guerre en réalité : il faut savoir et oser couper les fils du téléphone, poser des mines sur la voie ferrée, dynamiter, attaquer avec canon de montagne et obusier des cibles bien déterminées. Les premiers raids commencent et Lawrence apprend à enfouir les mécanismes de détente à la bonne profondeur... Mais également à fouiller des mètres et des mètres de ballast, si un train au passage n'a pas déclenché la mine comme cela arrive encore trop souvent. Chercher un système de déclenchement relié à deux puissantes charges au petit bonheur la chance en grattant la terre demande une certaine inconscience! Le train de Médine, censé passer trois fois la semaine, se fait désormais invisible, sachant la menace. Mais le terrain de chasse est vaste : construite entre 1901 et 1908 par l'Allemand Meissner, des ingénieurs et des milliers de soldats, la ligne de chemin de fer turque compte près de deux mille ponts, une cinquantaine de gares. « Notre rôle était de détruire, non pas l'armée turque, mais son matériel. La mort d'un pont ou d'un rail turc, d'une machine, d'un canon ou d'une charge d'explosif nous était plus rentable que celle d'un Turc [...]. » Lawrence multiplie donc les raids pour poser des mines automatiques, souvent dans des conditions atmosphériques terribles : tornades de sable, ouragans, chaleurs accablantes suivies d'averses glaciales. On le voit à la tête de troupes limitées en nombre, mais très fiables : chameliers et chameaux de bât portant les explosifs, mules, servants tirant les mitraillettes lourdes Maxim... Parfois, un homme meurt, glissant sur une paroi montagneuse, des méharistes isolés leur tirent dessus, un détonateur ultrasensible fait sauter l'un d'entre eux au même titre que la ferraille...

Lawrence se veut optimiste, toujours positif dès qu'il parle de l'armée de Faysal, insistant dans ses correspondances avec Le Caire sur les potentialités stratégiques et militaires des chérifiens : il propose qu'on développe les raids sur la voie ferrée, contre le télégraphe, les gares, les ponts : la technique des «petits dégâts» finira bien par payer... Médine ne sert plus à rien et, depuis l'avance qu'ils ont prise sur El Ouedj, la guerre du Hedjaz paraît en quelque sorte déjà gagnée. Clayton partage son point de vue sur la nécessité de couper de manière durable la voie de chemin de fer du Hedjaz. Lors d'une longue étape de dix jours pour se reposer d'une fièvre terrible, d'une furonculose et d'une dysenterie dans le campement d'Abdallah, Lawrence réfléchit à la stratégie à développer pour l'armée chérifienne : la guérilla, contre les lignes de ravitaillement, le chemin de fer particulièrement, lui convient parfaitement.

Sur son grabat, trempé de sueur, recouvert de mouches, buvant de temps à autre une écuelle de lait de chamelle, il prend la mesure de ce qui l'attend. Les hommes sont des tireurs, mais indisciplinés, et ils contrôlent déjà largement la péninsule arabique. Il suffit maintenant d'épuiser l'ennemi. Ce n'est pas la guerre qu'il faut opposer à la guerre, une armée à une autre armée. «Pas de fronts, rien que des flancs.» La guerre qu'il doit mener n'est pas une guerre de contact, mais une guerre dans l'espace : «Notre guerre à nous serait une guerre d'éloignement. Nous devions contenir les Turcs par la menace silencieuse d'un vaste désert inconnu qui ne révélerait notre présence qu'au moment de l'attaque.» Lawrence développe chaque jour la technique de pose de mines, devient un expert en obusiers et canons de montagne. Sa première attaque contre la gare d'Abou el-Naam et un convoi est un succès.

Le 13 mars, bien qu'alité par une dysenterie au camp de Oued Kitan, Lawrence doit exécuter lui-même, sous peine d'émeute, en tirant par trois fois avec son revolver, un Maure qui vient de tuer un autre homme à la suite d'une querelle. Thomas Edward n'est pas près d'oublier le visage suppliant de l'homme, se tordant dans son sang à ses pieds, les coups de feu à bout portant derrière ce rocher sordide où il donne la mort pour la première fois.

Et si Aqaba était la solution ? Priver les Turcs de leur unique port sur la mer Rouge ? Lawrence se souvient de s'être perdu autour d'Aqaba avec Dahoum, alors qu'il était chargé du relevé topographique du Sinaï. Entre le Wadi Araba et le port, des défilés et des falaises se succèdent. Aqaba reste une cible majeure. Malgré de nombreux bombardements alliés, les Ottomans tiennent toujours ce port qui pourrait constituer, depuis que les Britanniques contrôlent le Sinaï, un excellent point de liaison entre les combattants du Hedjaz et ceux de Palestine. Aqaba, de la mer, semble imprenable, même si elle est à portée des canons de la flotte britannique. Le colonel Brémond proposait pourtant d'y faire débarquer les troupes sénégalaises. Plutôt que de couper la route de La Mecque, le Français veut éviter la progression de la Révolte arabe vers la Syrie. Les officiers anglais et Faysal sont également favorables à un débarquement. Lawrence plaide pour une attaque par l'intérieur des terres. Un détour de mille kilomètres… Que personne ne peut imaginer, évidemment. Une attaque surprise, dans le dos des Turcs. Se jeter dans le désert, traverser des dizaines d'oasis et de pâturages entre l'Arabie péninsulaire et la Syrie du Sud, gagner le nord-est jusqu'au Wadi Sirhan, enrôler des hommes en route. Faysal finit par se rendre à l'avis de Lawrence. Mais après Aqaba, il veut s'en prendre à Maan, couper la voie qui relie Deraa à Damas. Lawrence est prêt à accompagner ce plan, mais en commençant par la prise d'Aqaba. De crainte de ne pas avoir le feu vert de son gouvernement, il décidera donc d'agir par lui-même, sans solliciter l'accord de sa hiérarchie. Il porte seul l'entière responsabilité de cette action qui sera certainement la plus spectaculaire de toute la Révolte arabe. Le général Allenby, son futur chef au Caire, sera bon prince en commentant ce qui va suivre, ce conte de fées : « Il est rare que l'on puisse attribuer aussi nettement la direction d'événements mondiaux à la puissance et au dynamisme d'un seul individu. »

Thomas Edward s'improvise meneur de bande et guerrier arabe. Le 9 mai 1917, il lance l'expédition d'El Ouedj vers le nord, en compagnie d'une cinquantaine d'hommes menés par deux héros, à commencer par le meilleur lieutenant de Faysal, le chérif Nacer, frère de l'émir de Médine, et par l'un des hommes de guerre les plus réputés de Transjordanie, le chef des Howeitats, Aouda Abou Tayi, cheikh du clan du même nom. Aouda est un pillard fameux de l'Arabie du Nord, un grand bandit amateur d'or : ses exploits, ses razzias, ses attaques d'autres Bédouins nomades d'Aqaba jusqu'à l'Euphrate, ses centaines de raids dont il dépense les bénéfices par trop de générosité, ses massacres humains, plusieurs centaines de Turcs, soixante-quinze Arabes, ses vols de troupeaux, son âge trafiqué – il a cinquante ans mais n'en avoue que quarante –, ses conquêtes féminines, ses vingt-huit mariages et ses dizaines d'enfants forment un récit extraordinaire qu'on se raconte, chaque soir, sous la tente, avec mille détails, commentaires et ajouts de circonstance. Lawrence est séduit par cet homme à la barbe noire taillée en pointe et striée de blanc, dégingandé et grand, au visage creusé de rides, aux yeux brun-vert : « Il voit la vie comme une saga,

Lawrence en costume arabe, photographié à Aqaba par le capitaine Raymond Goslett vers 1917.

toutes ses péripéties ont un sens et tous ses personnages sont héroïques. Son esprit est encombré (et en général il déborde) de récits de raids d'autrefois et de poèmes épiques de combats. S'il n'a pas d'auditeurs, il chante pour son propre compte de sa voix effrayante qui est également grave et musicale [...]. Il parle de lui à la troisième personne et il est si sûr de sa renommée qu'il adore hurler des histoires à son désavantage.» Avec ces Arabes, il se sait en compagnie d'un peuple des beaux départs! «Un peuple [...]. Entraîné le plus follement par le concept le plus abstrait, déployant dans la lutte un courage et une invention sans limites, et indifférent à la fin; peuple aussi instable que l'eau, mais précisément comme l'eau, assuré peut-être de la victoire finale.»

Deux jeunes Bédouins lui ont proposé de travailler à son service : Daoud et Faradj sont un «exemple de ces affections que l'absence de femmes rend inévitables dans la vie du désert». Deux jeunes éphèbes, l'un viril et très puissant, l'autre avec «un corps de jeune fille, un visage innocent et lisse et des yeux noyés». «De telles amitiés conduisent souvent à des amours viriles d'une profondeur et d'une force qui vont bien au-delà de nos conceptions vaniteuses et satisfaites. Innocentes, ces passions sont ardentes, mais nullement honteuses. Si la sexualité s'en mêle, elles deviennent un simple échange charnel de bons procédés – comme un mariage.» Ces deux jumeaux célestes, selon l'expression de Lawrence, vont avoir des fins tragiques : Daoud va mourir de froid dans les mois à venir, quant à Faradj, blessé, Lawrence va devoir le tuer afin qu'il ne soit pas victime des tortures des Turcs.

Ici, dans le désert, Lawrence va admirer chez les Bédouins cette capacité de renoncer, y compris aux désirs les plus ardents. Daoud et Faradj, comme Ali, comme Dahoum, l'impressionnent par la maîtrise qu'ils ont de leurs corps, par cet orgueil et ce mépris de soi en même temps, ce besoin de gloire et d'humilité : « L'Arabe du désert n'éprouve aucune joie supérieure à celle que lui procurent les privations volontaires. Son luxe, il le puise dans son abnégation, dans son renoncement, dans son autorestriction. Sa vie se déroule dans un dur égoïsme. Son désert engendre un temple de glace où se trouve préservée, intacte mais sans nulle possibilité de perfectionnement, une idée de l'unité divine. »

Quelques années après la guerre, tandis que Bruce le flagelle, Lawrence se souviendra de Daoud et de Faradj, comme il se souvient du fouet administré par sa mère ou de la nuit qu'il s'apprête à vivre à Deraa. « Dans notre vie errante, c'étaient les seules punitions possibles. Mais ils les avaient reçues si souvent et si inutilement que je finis par en avoir assez. La douleur superficielle, au-delà de la cruauté, n'avait guère pour effet que d'exciter leurs muscles à commettre de nouveaux méfaits, pis encore. Ils n'étaient coupables que d'espièglerie, d'insouciance juvénile et d'être heureux quand nous ne l'étions pas. Les frapper sans pitié comme des criminels, leur faire abdiquer leur dignité humaine et leur maîtrise de soi dans la détresse animale de leurs corps, un pareil traitement me paraissait dégradant, presque impie, envers deux êtres ensoleillés que le monde n'avait pas encore touchés de son ombre : les créatures les plus nobles, les plus enviables que j'aie jamais connues. »

Lawrence est sensible à la beauté de ces jeunes hommes du désert, à leurs cheveux souvent longs, sans tresse, tombant voluptueusement sur leurs épaules. Il n'a pas oublié Dahoum, certes, ni le jeune chérif Ali Ibn el-Hussein, de la tribu des Harith, compagnon de l'émir Faysal, rencontré aux premiers jours de sa mission dans le Hedjaz. Ali est «physiquement splendide», et Lawrence admire ce «corps parfait, d'une grâce extraordinaire […] aux grands yeux noirs […] et dont le rire et la jeunesse, garçonnière ou féminine, déchiraient la nuit comme un soleil». Plus tard, après la guerre, Lawrence écrira : «Parfois, mes yeux sont soudain comme branchés sur mon cerveau, et je vois […] toujours des hommes. Je ne prends aucun plaisir avec les femmes. Je n'ai jamais pensé à une forme féminine, mais les corps masculins, au repos ou en mouvement, surtout les premiers, m'attirent directement et très généralement.» Lui et Ali seront très liés. Frères d'armes. Dix ans les séparent.

Les Sept Piliers de la sagesse rendent une fois encore hommage à celui qui était «la carte maîtresse de Faysal pour sa marche vers le Nord» : «On ne pouvait le voir sans désirer le revoir encore, surtout quand – ce qui était rare – il souriait à la fois des lèvres et des yeux. Il se servait consciemment de sa beauté, comme d'une arme. Impeccablement vêtu de robes toutes blanches ou toutes noires, chacun de ses gestes était étudié. Doué par la fortune d'un corps parfait et d'une grâce extraordinaire, il jouait de ces deux atouts pour mieux exprimer son pouvoir, son audace inflexible : plutôt que de céder, il se serait fait hacher sur place.»

La route, d'El Ouedj à la voie ferrée de Dizad, à trois cents kilomètres au nord de Médine, est très longue. Personne n'a encore jamais songé à rejoindre Aqaba en traversant le désert. Les tribus bédouines de Transjordanie pourront ainsi croiser celles des chérifiens. Elles coupent la ligne de chemin de fer du Hedjaz sur plusieurs centaines de mètres, abattent quelques rails, des poteaux télégraphiques, puis la caravane se développe vers les régions du Nord au gré des camps croisés et des tribus rencontrées. Le désert y est sans pitié, trois cents kilomètres de solitude et de sable qu'Aouda connaît bien et à travers lesquels il les mène à marche forcée. Jusqu'à l'objectif où il faut arriver vivant, le Wadi Sirhan. L'eau manque comme la nourriture, tandis que la fièvre, la dysenterie, les mouches, les serpents noirs, les cobras, les vipères, les scorpions sont partout, qui les guettent, les épuisent. Ils sont éreintés, à chaque étape un peu plus, la soif est permanente, on ne trouve les puits que tous les deux jours dans cet endroit le plus chaud de la planète, en cet été de folie. Les vents de sable sont meurtriers, un vent brûlant, sec, qui coupe le souffle, chargé de poussière, un vent qui crevasse la peau, fend les lèvres. La chaleur est particulièrement implacable sur le dernier parcours, les yeux deviennent noirs dans ce désert : « Le soleil s'y réfléchit comme dans un miroir – flammes jaune orangé, blessant nos yeux, comme un reflet qui brûle nos paupières closes. » On perd un homme en bout de caravane, son chameau marche seul, la selle désertée ; Lawrence retrouve l'animal quelques heures plus tard, rendu à moitié fou par le soleil.

À la mi-juin, Lawrence, assez largement déprimé par sa découverte des accords Sykes-Picot, quitte la troupe quelques jours, disparaît et entre dans Damas pour y comprendre l'état des forces en présence, dissuader les Syriens de se révolter pour le moment afin de leur épargner des représailles turques. Il écrit à Clayton : « J'ai décidé de me rendre seul à Damas, dans l'espoir de me faire tuer en cours de route ; dans l'intérêt de tous, essayez d'éclaircir cette affaire avant qu'elle n'aille trop loin. C'est au nom d'un mensonge que nous les appelons à se battre pour nous, et je ne peux le supporter. » Aurait-il inventé cette destination pour retrouver, à Damas, Dahoum, à qui une mission de renseignements aurait été en réalité proposée depuis le début de la guerre ? Le jeune ânier, tout en gardant les fouilles de Karkemish, serait employé par les services de renseignements anglais en Syrie, sur le conseil de Lawrence. Quelques jours plus tard, Lawrence rejoint Nacer et Aouda : ensemble, ils recrutent de nouveaux combattants et méharistes dans des camps où ils sont accueillis avec force cérémonial. Des gigots de mouton sont bouillis dans le lait puis rôtis dans le beurre liquide, on les découpe avec une dague dont la poignée est en argent, on les sert avec la tête bouillie au milieu, « le cou enfoui dans le riz jusqu'aux oreilles, qui faisaient saillie comme des feuilles flétries [...]. Les mâchoires étaient ouvertes au point de se décrocher ; elles bâillaient vers le ciel en révélant la gorge ouverte, la langue collée aux dents, les poils des narines hérissés, les incisives dégagées et les lèvres demeurées entières ». On boit du thé et du café, jour comme nuit, tandis qu'on entonne des chants de guerre pour se donner du courage.

Le 1ᵉʳ juillet, leur colonne passe à travers le Djebel Schtar, un groupe de montagnes noircies entre le golfe d'Aqaba et la plaine du désert. Ils savent qu'à l'entrée du canyon, à Aba el-Lissan, un point d'eau, les Turcs disposent d'un avant-poste fortifié qu'on ne peut éviter si l'on veut gagner Aqaba. Aouda prend la tête de l'armée chérifienne et entonne des chants de guerre : « Tous reprenaient à l'unisson avec la grandeur émouvante, le pincement au cœur d'une troupe qui marche à la bataille. » Les Bédouins encerclent le campement turc dans le cirque des montagnes et commencent à tirer. L'ennemi riposte au canon, la bataille est rude et occupe toute la journée. Mais maintenant qu'ils sont enfin arrivés aux portes d'Aqaba, les Bédouins ne peuvent plus perdre. Aouda rassemble ses cavaliers et ses méharistes en haut d'une colline. On entend « un flot de hurlements et de détonations ». Le vieil Aouda lance lui-même la charge, en moulinant son sabre en tous sens, tandis que Lawrence tire à la carabine sans arrêt. Jusqu'à tuer par maladresse sa propre chamelle d'une balle dans le crâne, emporté par la forte pente qui mène à la ville : Lawrence reste à terre, assommé, pendant la fin du combat. Les Turcs n'arrivent pas à viser les Arabes, dont le galop effréné les mène vite à l'assaut. Aouda, dont les vêtements seront transpercés six fois, est héroïque. Des centaines de Turcs sont tués, le double est fait prisonnier. Deux Bédouins seulement sont morts. La route est désormais libre pour les deux mille Bédouins qui forment l'armée de Nacer, d'Aouda et de

Lawrence. Les trois cents Turcs qui gardent la ville sont pris par surprise, toutes leurs défenses étant orientées vers la mer. Quelques heures de négociation suffisent à obtenir une reddition sans condition, le 6 juillet 1917, soit deux mois après le départ des assaillants d'El Ouedj et quelque mille kilomètres de pistes de désert.

Sur d'autres fronts, notamment celui de la Palestine, la situation est plus périlleuse et la résistance ottomane, malgré la prise de Bagdad le 11 mars, a de quoi inquiéter les Alliés. À Gaza, lors de deux batailles, les Britanniques perdent des milliers d'hommes. Après la révolution russe, les forces ottomanes du Caucase rejoignent la Palestine et la Mésopotamie. L'arrivée de France du général Allenby au Caire, le 28 juin, augure d'un sursaut britannique. L'homme qu'on surnomme «le Taureau» et qui s'est distingué dans la guerre des Boers est puissant, un véritable colosse un peu rougeoyant, mais également cultivé et raffiné. Il adore tailler ses rosiers dans son jardin et observer les oiseaux, migrateurs de préférence. Lloyd George, le Premier ministre, lui a demandé de prendre «Jérusalem comme cadeau de Noël pour la nation britannique». Mais Allenby sait qu'il ne peut gagner seul. En lui, une blessure profonde : cette désastreuse bataille d'Arras, en avril de cette année, où son autorité a été plus que contestée à la tête de la IIIe Armée... Cet échec, durablement installé en lui, l'a éloigné du champ principal de la guerre. En étant nommé commandant en chef de la force expéditionnaire égyptienne au Moyen-Orient, il sait qu'il ne peut faillir une seconde fois. D'autant plus qu'il succède à sir Archibald Murray, qui vient par deux fois d'échouer dans ses attaques contre Gaza...

Lawrence a rejoint Le Caire avec huit hommes et les meilleures bêtes et, en moins de cinquante heures franchi les deux cent cinquante kilomètres qui séparent le port de la capitale égyptienne. La nouvelle de son incroyable victoire est arrivée jusqu'aux généraux de l'armée d'Égypte. Suez est désormais protégé, tout comme se trouve libéré le flanc droit du corps expéditionnaire. Edmund Henry Hynman Allenby reçoit le vainqueur d'Aqaba venu plaider l'envoi de munitions et de vivres dans le port libéré des Turcs, comprend que ce simple officier de liaison est en réalité le meneur des révoltés du Hedjaz autant que l'instigateur de la politique britannique sur cette question, le promeut commandant, major, le propose pour l'ordre du Bain. Toutes les conditions fixées par Lawrence sont acceptées : le rôle central, désormais, d'Aqaba à la place d'El Ouedj, pour Faysal le titre de commandant d'armée auprès de l'état-major d'Égypte et donc la distinction d'avec les forces du chérif Hussein, la mise à disposition de moyens financiers non négligeables pour faire de la propagande, le rattachement direct de Thomas Edward au haut commandement au Caire... Allenby y trouve son compte. Cet officier qui se tient face à lui, pieds nus, en robe de soie, ce petit homme ne manque pas de le surprendre. Lawrence se souvient avec humour de cette entrevue : « Il avait au moral une telle stature qu'il lui fallait du temps pour comprendre que nous étions des nains. De sa chaise, il me regardait, non pas en face, comme à son habitude, mais de biais, intrigué [...]. Allenby ne pouvait distinguer dans ce personnage l'homme d'action authentique du charlatan. Il débattait le problème dans les arcanes de son cerveau, mais je le laissais le résoudre tout seul [...]. »

Allenby lui soumet immédiatement l'idée d'une alliance pour s'attaquer à la Palestine : l'armée chérifienne de Faysal qui s'est installée à Aqaba occupera le flanc droit de l'armée britannique dans sa remontée vers le nord. De là, il sera facile de harceler les Turcs sur leur flanc oriental, tout en surveillant la voie ferrée du Hedjaz.

Lawrence est désormais le plus jeune chef de toutes les opérations de la Première Guerre mondiale à arriver à un pareil niveau de commandement. Il conseille les uns comme les autres, improvise des plans de bataille, organise la guérilla, se renseigne sur le mouvement des troupes ottomanes, recrute les tribus nomades, fait le lien entre les autorités britanniques et les chefs arabes, négocie des armes, des vivres, des fonds pour les autochtones. Aux chameaux des Bédouins, très mobiles, les voitures blindées, les camions et les avions des Alliés vont ajouter une force considérable. Allenby est convaincu que la méthode de Lawrence est la bonne : « Manipuler les Arabes du Hedjaz est un art et non une science [...]. Nous avons là une grande chance ; le chérif a confiance en nous [...]. Si nous agissons avec tact, nous pouvons, à la fois, continuer de bénéficier de sa bonne volonté et mener à bien notre tâche. » Afin de garder cet avantage, Lawrence se décide à rédiger les vingt-huit articles d'un manuel pour ses compatriotes servant dans l'armée chérifienne. Ne jamais donner d'ordres, mais des conseils, à des chefs arabes. Se faire le plus discret, le plus modeste possible, ne jamais revendiquer une victoire, laisser l'avantage et la reconnaissance aux tribus, et principalement aux chérifs, qui sont les seuls à pouvoir exercer une autorité sur tous les clans en présence. Ne jamais cesser d'étudier les Arabes, ne jamais croire qu'on les a compris, qu'ils nous ont compris. Plusieurs articles de sa main insistent sur l'importance de l'habillement, lui qui ne déteste rien de plus que l'uniforme et la discipline. Mais qui est capable de porter un tchador pour aller reconnaître incognito la ville d'Amman en compagnie de son jeune serviteur, Faradj, lui aussi habillé en femme?... Quelques articles de ce manuel retiennent particulièrement l'attention du général Allenby.

Article 17 : «Quand vous êtes avec une tribu, portez la coiffure arabe. Les Bédouins ont un préjugé malveillant contre le chapeau, et croient que notre obstination à le porter se fonde sur quelque principe immoral ou irréligieux [...].»

Article 18 : «Si vous pouvez porter des effets arabes quand vous êtes avec eux dans les tribus, vous gagnerez leur confiance et leur intimité à un point qu'il vous sera impossible d'obtenir en uniforme.»

Articles 19 et 20 : «Si vous portez des vêtements arabes, que ce soient les meilleurs. Les vêtements ont de l'importance dans les tribus [...] habillez-vous comme un chérif s'ils sont d'accord [...]. Si vous portez des vêtements arabes, continuez jusqu'au bout. Laissez de côté vos amis et vos habitudes anglaises.»

« Les Arabes m'ont dit qu'ils n'accepteraient jamais de maître qui ne mange pas comme les plus humbles, qui ne porte pas les mêmes étoffes, qui ne vive pas avec eux sur le pied d'égalité, tout en étant meilleur », confiera un jour Lawrence au capitaine Liddell Hart. Même avec sa petite taille, sa minceur, ses yeux bleus éclatants et ses mèches blondes, le costume indigène lui va bien. Seuls quelques Européens se gaussent de lui, de son caméléonisme qu'ils prennent pour de l'opportunisme. Quand on lui rapporte ces critiques, Lawrence secoue sa forte tête, fait bouger sa lourde mâchoire et part d'un grand éclat de rire. Mais derrière le rire, une interrogation le traverse. « L'homme qui accepte d'être possédé par des étrangers mène la pire vie d'esclave parce qu'il a vendu son âme à une brute. » Il sent en lui la folie, la folie du dédoublement, celle de « tout homme qui peut voir simultanément l'univers à travers les voiles de deux costumes, de deux éducations, de deux milieux ».

Fin juillet 1917, Clayton annonce à Lawrence qu'il a la preuve, par un de ses correspondants, qu'Aouda a des contacts réguliers avec les Turcs. Et qu'il serait prêt à trahir... Aouda nie, mais ne convainc pas complètement Thomas Edward. Qui préfère se souvenir d'une autre histoire, celle d'un Aouda déjeunant avec Faysal, se levant brusquement parce qu'il vient de comprendre qu'il mange de la nourriture de l'émir avec des dents turques ! En l'occurrence un dentier, fabriqué à Istanbul et offert par Jamel Pacha. Il le casse théâtralement entre deux pierres. Et attendra des semaines que

Lawrence d'Arabie en territoire ennemi, probablement à Damas en 1918, portant un costume de femme.

le haut-commissaire britannique lui envoie un dentiste pour lui refaire un nouvel appareil... Parallèlement, on apprend qu'une négociation existe entre le Foreign Office et les émissaires turcs... Quant à l'armée chérifienne, elle laisse toujours à désirer, particulièrement dès qu'elle sort des montagnes arides du Hedjaz ; Faysal s'en étant quelque peu désintéressé, depuis qu'un ex-colonel de l'armée turque, un curieux mélange arabo-circassien, en est devenu le général en chef. Abdulaziz el-Masri fait pourtant tout son possible pour discipliner ces quelques milliers de nomades qui relèvent de lui, mais sans engagement de temps ou de lieu. Il nomme Djafar Pacha, lui-même un ancien de l'armée turque et originaire de Bagdad, commandant des unités régulières. Il y intègre deux groupes musulmans, des mitrailleurs indiens d'une part, des soldats égyptiens du Soudan d'autre part. Et de manière très épisodique, quelques soldats français sous le commandement du capitaine Pisani ou des méharistes du colonel Buxton... Face aux divisions claniques, Faysal fait jurer sur le Coran à tous les cheikhs qu'ils favoriseront toujours la paix. Mais personne ne peut empêcher un Bédouin de quitter une unité en plein combat s'il le veut, y compris pour aller boire du café. Quant à la peur du bruit des canons ou du survol des avions, elle prendra du temps à être domestiquée. Tout comme il faudra de la patience pour initier les Bédouins au maniement des explosifs, chers à l'Émir Dynamite, comme on surnomme déjà Lawrence. Lawrence qui, ce 28 juillet, rencontre pour la première fois, à Djedda, Hussein, le chérif de La Mecque.

Le vieux chérif semble insatisfait de la conduite de son fils Faysal. Qu'importe! Thomas Edward préfère se concentrer sur la transformation d'Aqaba en véritable base militaire : des milliers de soldats chérifiens sont transportés sur les navires de la Royal Navy qui mouillent dans le port, le *HMS Humber* leur servant de quartier général et le Royal Flying Corps les protégeant des avions turcs qui ne cessent de survoler la cité afin de tenter de la reprendre. Faysal et Nacer ne manquent pas de volontaires depuis qu'ils sont installés à Aqaba. Recruter n'est plus un problème, il faut maintenant trouver à nourrir tous ces nouveaux arrivants, à commencer par leurs cheikhs, qu'il faut recevoir... Lawrence tente quelques raids sur la voie ferrée, fait sauter des trains, des ponts et des locomotives, mais passe trop de temps à son goût à régler des problèmes internes : impréparations diverses, vols de chameaux, vendettas, agressions, défections des hommes... Les Turcs se sont repris, ont amené à Maan plus de six mille fantassins et des canons, et pourraient menacer, si l'on n'y prend garde, le camp de Faysal. Lawrence dirige un nouveau raid qui part le 7 septembre vers un point d'eau, situé au sud de Maan, à quatre-vingts kilomètres, la gare d'Al M'Dawra. Ses compagnons de route l'émeuvent. «Le plus jeune, Rahail, éveilla surtout mon attention [...]. Sa bouche était petite et gonflée en bouton, son menton très pointu. Ceci ajouté à un front haut et fort et à des yeux agrandis par le khôl lui donnait un air mélangé de pétulance, d'artifice et de soumission lasse, volontairement imposée à un orgueil fondamental [...]. Épuisé ou chagrin, il fondait en larmes aisément séchées par le moindre réconfort [...]. » Ils passent par le camp d'Aouda : le vieux cheikh ne peut les rejoindre, tout occupé qu'il est à compter son or.

Lawrence poursuit sa route avec cent cinquante hommes, sous un soleil brûlant, cinquante degrés à l'ombre : « Et cette ombre n'était qu'une houle de mouches [...]. » Une nuit, il est réveillé par le jeune chérif Aïd, qui lui dit qu'il « n'a plus de vue dans ses yeux ». Brûlés par le soleil de la journée. L'eau manque et ils doivent boire dans des points d'eau dans lesquels les Turcs ont jeté, pour les empoisonner, des chameaux crevés : « À la surface était répandue une couche épaisse de boue verdâtre où nageaient de curieux îlots boursouflés, d'un rose graisseux. » Arrivés à la gare d'Al M'Dawra, ils hésitent à l'attaquer frontalement, préfèrent poser des explosifs sur la voie. Ils attendent le passage d'un long train, tiré par deux locomotives, chargé d'hommes et de femmes, de soldats : la mine explose sous la seconde machine, une colonne de poussière et de fumée noire, haute de cent pieds, s'élève, une pluie de ferraille, de roues vole au-dessus d'eux et retombe dans le désert. Déjà les Bédouins se sont jetés sur le convoi, mitraillent les derniers survivants tandis que le mortier de campagne des assistants de Lawrence décime tout ce qui bouge encore, par grappes entières. Un carnage, un bain de sang dans lequel des centaines de victimes innocentes périssent. Une boucherie : « Le choc qui les avait tous tués sauf trois ou quatre avait fait rouler morts et mourants en une seule masse, contre l'extrémité du wagon défoncé [...]. » Des officiers et sous-officiers autrichiens sont mis en pièces par les Bédouins avant même que Lawrence ne puisse intervenir. Le pillage commence, avec sauvagerie, sans aucun discernement, et les hommes, y compris ceux de la garde personnelle de Lawrence, butent sur les cadavres, filent dans les montagnes, les mains rougies de sang et embarrassées de butins, leurs chameaux portant de lourds ballots. Le retour à Aqaba sera épique. « La victoire a toujours désorganisé une force arabe », se dit Lawrence.

Nombre de Bédouins ont en effet disparu dans le désert. Lawrence traîne des jours entiers une caravane de prisonniers, de femmes, de chameaux. Sa réputation, si elle n'était déjà faite, est consacrée. Quelques jours plus tard, en compagnie du capitaine Pisani, le chef du groupe français d'Aqaba, il retourne au sud de Maan, accroche un groupe de Bédouins à son escadre, fait sauter un train, survit à une balle de revolver qui le touche à la hanche. Un nouveau pillage s'ensuit, tandis que les deux Européens sont, une fois encore, abandonnés par leurs hommes. Pisani, qui avait remis la croix de guerre française à Lawrence après l'attaque d'Aqaba, reçoit de son côté la Military Cross, qui salue sa détermination exemplaire. La série des raids et des attaques de trains ne fait que commencer : grâce à de bonnes routes dans le désert et aux Rolls-Royce, Lawrence et les siens s'approchent de plus en plus rapidement des objectifs à faire sauter. Les mitrailleuses et les canons de l'armée chérifienne déciment un grand nombre de convois touchés par les explosifs, de plus en plus d'Arabes deviennent d'excellents artificiers, les butins s'accumulent, faits de pièces d'or, de vêtements et de bijoux, les pillages deviennent des orgies et les assaillants sont victorieux, sains et saufs. Les Bédouins sont si déchaînés pendant ces razzias qu'ils en oublient parfois de reconnaître leur chef et s'en prennent à lui pour le dépouiller de ses biens... Lawrence devient un héros dans toute la région. Ses barouds frappent l'imagination, nourrissent un peuple entier, enrichissent des tribus, libèrent un pays. Et font rêver : on se raconte de village en village les pérégrinations de cet homme magique à qui cent kilomètres par jour à dos de chameau ne font pas peur. Récits enthousiasmants. Thomas Edward ne se contente pas d'apporter des subsides ou de l'or aux cheikhs nomades, de recruter leurs hommes ou d'enrôler des volontaires sous la bannière du prince Faysal, il leur redonne un sentiment de fierté, de légende, de gloire. Il n'est jamais économe d'un exploit, d'une reconnaissance de terrain, d'un sabotage de télégraphe, de matériel roulant, d'une gare, d'un pont ou d'un morceau de voie ferrée. À son retour au camp, des fantasias se déchaînent. On entend de très loin les cris de joie qui saluent le retour du héros : «Aurens, Aurens, Aurens!»

Pendant ce temps, Allenby a décidé de conquérir Jaffa et Jérusalem, et Lawrence est mis dans la confidence. Le général le fait venir au Caire, il témoigne d'un amusement modéré quant aux raids et aux explosions répétées sur la voie ferrée et demande tout de go à Lawrence «ce que signifiaient ses efforts sur la ligne ou, plutôt, s'ils signifiaient autre chose que la réclame mélodramatique faite à la cause de Faysal». Lawrence sent qu'il doit s'exécuter. Pour lui, la Révolte arabe est une fin en soi, alors que pour Allenby, il s'agit d'un épisode. Lawrence s'explique :

Hussein est trop âgé pour mener la guerre, Abdallah sur une autre planète. Quant à Faysal, terré à Aqaba, il ne se déplace pas et joue son rôle de porte-drapeau de manière très abstraite. Il n'aime pas le champ de bataille et manifeste son anxiété en fumant comme un sapeur. Lawrence a donc l'obligation d'incarner à ses côtés cette révolte qu'il a placée dans leurs têtes et qu'ils ont, en échange, déposée sur ses épaules... Et il doit en permanence convaincre du bien-fondé les différents états-majors, l'intendance du Caire, toutes les autorités britanniques ! Mais qu'Allenby se rassure, il peut, croit-il, mobiliser douze mille hommes, prendre Deraa et même Damas... Mais il ne veut pas risquer la vie des rebelles pour faire plaisir à la seule armée britannique. Est-il capable de provoquer cette insurrection générale ? Allenby attend en fait de lui qu'il paralyse les Ottomans juste après le départ de sa propre offensive, au moment où les Turcs auront besoin de recevoir du nord des renforts et des munitions.

Thomas Edward reconnaît que le maquis syrien est encore peu organisé et propose un raid, avec une compagnie d'Européens, d'hindous et de Bédouins contre le seul point de passage entre le nord et le devant de la Palestine : les viaducs du Yarmouk sont réputés inattaquables et leur reconstruction demandera des mois et des mois. Allenby acquiesce. Il donne même à Lawrence deux sergents instructeurs, Yells et Brooke, chargés d'apprendre le maniement d'armes sophistiquées aux Arabes : Yells, l'Anglais, est aussitôt surnommé « Lewis », du nom de sa mitrailleuse légère, et Brooke, l'Australien, prend celui de « Stokes », le canon de petit calibre dont il est un expert. Lawrence constitue un groupe de méharistes sobres et réservés, montés sur leurs «vaisseaux du désert», des animaux exigeants, endurants et véloces qui ont été choisis parmi les meilleurs chameaux de la région. Il se met en route le 24 octobre, direction la voie ferrée au sud de Maan et, après une grande traversée du désert, le puits de Baïr et Azrak, une oasis non loin de la mer Morte. À plus de cent kilomètres de la voie du Hedjaz, d'où partira l'attaque. Cinquante hommes, dont Wood, un officier de génie spécialisé dans les explosifs, suffiront à faire sauter les édifices. La chance n'est pas au rendez-vous, cependant : Aouda, une fois encore, décline la proposition. Un des hommes, l'émir Abd el-Kader, se révèle probablement être un espion turc, un rezzou de Beni-Sakhrs les attaque et à Azrak, les Bédouins serahins refusent majoritairement de se joindre à eux. Quant au raid lui-même, lancé le 6 novembre, avec pour objectif la destruction des grands viaducs, il échoue lamentablement devant l'objectif par la maladresse d'un des leurs. Sur le chemin du retour, Lawrence s'attaque à un train sur la ligne du Hedjaz, est blessé par une mine et reste au sol dans une posture dangereuse. Cinq balles l'atteignent, tandis que sept de ses camarades meurent en tentant de le sauver. Le train dans lequel circule Ddjemal Kouchkouk, commandant du VIIIe ottoman, continue sa route.

Lawrence est découragé. Sa crise est profonde. «Je leur expliquai que je m'étais mis tout entier dans cette affaire arabe, et que j'avais fait naufrage. Je n'avais plus rien dans mon sac qui eût la moindre valeur sur le marché arabe et je demandais la sécurité à des choses coutumières, le droit de suivre, l'oreiller du devoir et de l'obéissance, l'irresponsabilité […]. Je me plaignis […]. J'étais las à en mourir […]. J'avais été blessé dans les cinq derniers engagements […]. J'avais toujours eu faim ces derniers temps, je n'avais pas cessé d'avoir froid […]. J'avais peur d'être seul et d'offrir aux vents du hasard, du pouvoir et de la luxure, une âme vide qu'ils emporteraient […]. » Il avait d'abord promis un soulèvement général à Allenby, était revenu sur ses prétentions et avait proposé ce raid, et cette action avait été un échec.

L'armée de Faysal est désormais installée à Azrak, qui peut devenir à la fois une bonne base de prédication, un excellent centre de renseignements et un quartier général commode : on se doit de garder ses positions dans cette oasis durant l'hiver. Lawrence retrouve un peu de bonne humeur quand il apprend que son petit frère, Arnold, âgé de dix-sept ans, aimerait le rejoindre pour participer à cette campagne du désert.

Le 7 novembre, Allenby prend Gaza. Il porte maintenant son effort sur Beersheba. Il avance peu à peu vers Jérusalem, laissant derrière lui des centaines de morts. Newcombe et soixante-dix méharistes anglais vont se placer sur la route entre Beersheba et Hébron : ils interrompent le passage de l'armée turque, retardent leurs renforts et ne se rendent qu'après avoir perdu la moitié des leurs. Le 16 novembre, Allenby va s'emparer de Jaffa. Quant à Lawrence, il s'est définitivement replié dans le fort d'Azrak en raison des pluies très violentes qui, en ce mois de novembre, interdisent tout mouvement. L'attaque d'un pont a échoué. Azrak lui plaît comme cette forteresse

Campement près d'Aqaba.

franque, puis arabe, avait plu à une canaille de croisé, un certain Renault de Châtillon, il y a quelques siècles. Lawrence médite ses échecs, sombrement. Peu à peu, il reconstitue avec son allié Ali Ibn el-Hussein l'esprit de la révolte, il se livre à des opérations de propagande auprès des chefs locaux, des cheiks bédouins ou de révolutionnaires syriens. Il se dit que tout ce qu'il a fait depuis des mois n'a peut-être pas été inutile, qu'en ne s'attaquant pas à Médine, il a privé les armées turques de Palestine des hommes du front arabe de Transjordanie, qu'Allenby peut lui en être reconnaissant. Il faut imaginer d'autres rezzous, s'attaquer à des cibles stratégiques. Mais il devra bientôt quitter Ali Ibn el-Hussein, «ce grand seigneur racé du désert», après avoir fait avec lui sauter tant de locomotives, de wagons et de ponts. Déjà Lawrence se languit de sa beauté : « L'éclair de ses pieds blancs luit sous les plis mouvants de ses robes en cachemire. Nous autres, Occidentaux, avons perdu de vue cette beauté supplémentaire d'un corps en équilibre sur ses pieds nus. Alors, le rythme et la grâce des mouvements se révèlent, le jeu des muscles met en valeur chaque foulée, chaque repos. »

Le 20 de ce même mois, Lawrence se rend avec deux Bédouins dans la ville de Deraa, nœud ferroviaire stratégique, habillé en Arabe. À la nuit, ils croient pouvoir entrer dans la ville, qui paraît bien gardée malgré le froid, la pluie, l'obscurité. Lawrence souhaite en étudier les défenses, les hangars d'aviation, les casernes, la voie ferrée. Une patrouille turque les arrête, croyant avoir affaire à des déserteurs circassiens. Les deux compagnons de Lawrence sont relâchés, mais lui, dont la couleur de la peau intrigue, est présenté le soir même au gouverneur de la ville, Hadjim Bey, fameux pour son appétit sans limites de personnes de son propre sexe. « C'était un homme énorme, assis sur son lit en pyjama. Il tremblait et suait comme dans un accès de fièvre [...]. » Le bey l'attire à lui, le caresse, lui fait des compliments sur sa blancheur et sa fraîcheur, ses mains et ses pieds délicats, lui promet de l'exempter de corvées, de lui payer des gages s'il veut bien l'aimer. Il essaie de le prendre, appelle ses hommes pour ligoter et déshabiller l'étranger rebelle. Lawrence se débat, donne un coup de genou dans le ventre du gros homme qui ne cesse de le tripoter. Le bey lui crache dessus, le gifle violemment avec sa pantoufle. « Il se pencha alors en avant, me planta ses dents dans le cou et me mordit jusqu'au sang. Puis il m'embrassa. Après quoi, il prit la baïonnette d'un des hommes. Je crus qu'il allait me tuer et j'en fus désolé ; mais il se contenta de tirer sur mes côtes un pli de chair, y enfonça non sans mal la pointe de la baïonnette et fit faire à la lame un demi-tour. Cela faisait mal et je tressaillis, tandis que le sang ruisselait sur mon côté pour venir dégoutter sur ma cuisse. Il parut ravi et m'en tamponna le ventre avec le bout de ses doigts. » Puis le bey l'abandonne à ses hommes. Une partie de la nuit, les soldats en font le jouet de leurs fantasmes. Ils l'attachent de nouveau. Font siffler à son oreille un fouet circassien avec des lanières très effilées, font cingler des dizaines de fois ce fil rougi autour de son corps. « Le fouet tombait de plus en plus souvent sur les marques toutes fraîches, qu'il rendait plus sombres ou plus humides, jusqu'au moment où ma chair frémissait de souffrance accumulée et de terreur dans l'attente du prochain coup. » Thomas Edward crie, se garde bien de le faire en arabe, reçoit du caporal un coup de botte cloutée dans le côté droit avec le sentiment d'avoir reçu un coup de poignard. « Je me souvins lui avoir souri vaguement, car une délicieuse chaleur, sans doute sexuelle, se gonflait en moi [...]. Je ne repris conscience que lorsque je fus tiré par deux hommes, chacun se disputant une jambe comme pour m'écarteler, tandis qu'un troisième me chevauchait. Cela me parut sur le moment moins pénible que d'être fouetté. » Le lendemain matin, grâce à la complicité d'un infirmier arménien, Lawrence s'enfuit, est jeté sur une carriole qui part immédiatement pour Azrak.

Lawrence écrira ses sentiments d'alors. Dans la version dite d'Oxford, la première des *Sept Piliers de la sagesse*. Un passage supprimé plus tard. « Je me sentais très mal, comme si une part de moi-même était morte cette nuit à Deraa, me laissant estropié, imparfait, à moitié coupé de moi-même. Ce n'était sûrement pas dû à la souillure, car personne plus que moi n'honorait moins le corps. C'était sans doute la rupture spirituelle, causée par la douleur frénétique qui ébranla mes nerfs, c'est elle qui me dégrada au niveau de la bête et me fit ramper devant elle. Elle ne m'a pas quitté depuis : c'est un mélange de fascination, de terreur et de désir morbide – peut-être même lascif et vicieux –, comme la lutte du papillon de nuit qui se consume dans la flamme. » À Charlotte Shaw, il confesse en mars 1924 : « J'ai perdu la seule chose que nous possédions en venant au monde : notre intégrité physique. C'est une affaire impardonnable, une perte irréparable. Et c'est cela qui m'a fait renoncer à une vie décente et à l'emploi de talents et de dons qui ne sont pas méprisables. Vous pouvez me trouver morbide, mais pensez donc à l'outrage, sachez que j'ai ressassé cette humiliation intensément depuis toutes ces années. Ce souvenir pèsera sur moi tant que je vivrai – et même après ma mort, s'il y a une autre vie personnelle. Imaginez-moi, errant au milieu des fantômes bien convenables et criant : "Immonde, immonde." »

Pourtant, pourtant… Malgré la douleur lancinante de l'aveu, malgré la précision des descriptions, nombre de ses biographes remettront plus tard en cause la véracité de l'épisode de Deraa. Lawrence ne l'aurait-il pas inventé pour se fustiger davantage encore, pour s'excuser auprès de ses amis arabes de les avoir trahis au nom de l'hypocrite couronne britannique ? Après tout, il était coutumier de ces jeux de masques…

À Azrak, il est temps de dire au revoir à Ali Ibn el-Hussein. « Nous avons affectueusement pris congé l'un de l'autre ; Ali me donna la moitié de sa garde-robe : chemises, voiles de tête, ceintures et tuniques, et je lui donnai la moitié de la mienne. Nous nous sommes embrassés comme David et Jonathan, chacun de nous portant les vêtements de l'autre. » Lawrence reprend quelques forces avant de descendre à Aqaba. Une folle traversée de quatre jours pendant laquelle il marche comme un somnambule. À un moment donné, il a une vision, lorsque son chameau s'engage dans une gorge étroite, entre deux falaises… Une masse de nuages se déchire brusquement et une montagne se dresse devant lui, en pleine lumière, une montagne dont le profil dessine celui de ses traits! Le pauvre Lawrence, fouetté, déchiré, violé de toutes parts, le petit Lawrence voit apparaître devant lui une image immense, un Lawrence gigantesque! À peine arrivé, un avion vient le chercher pour le conduire au grand quartier général provisoire britannique, au nord de Gaza, où l'attend de pied ferme le général Allenby.

Lawrence, l'émir Abdallah et le général Allenby en 1919.

Le 11 décembre, les Britanniques entrent solennellement dans Jérusalem. La ville s'est rendue deux jours plus tôt. Allenby, le dernier Paladin de l'Occident, a permis à des troupes chrétiennes de camper – une première depuis des siècles! – au pied du tombeau du Christ. Lawrence est présent, invité par Allenby à être aux avant-loges. «Je ressemblais à un commandant de l'armée britannique. Pour une fois, je portais toutes les babioles de la maison.» Il a troqué sa robe de Bédouin pour un uniforme de commandant d'état-major. Une casquette, des insignes rouges pour le col, l'uniforme de son grade. Allenby renonce à une entrée spectaculaire à cheval ou en voiture par la porte de Jaffa. Le Christ, plus modestement, marchait... C'est donc à pied que Louis Massignon, François Georges-Picot, Mark Sykes, Gilbert Clayton, Thomas Edward Lawrence, le général Allenby et les siens entreront dans Jérusalem. Par la porte de Jaffa. Sir Ronald Storrs est là, également, qui s'apprête à devenir le premier gouverneur de Jérusalem. Lawrence sait, ce jour-là, qu'il ne pourra surmonter son échec que par une «entrée triomphale dans Damas libéré». Pour un passionné des croisades, baigné de culture biblique, Thomas Edward Lawrence a le sentiment de vivre le «moment le plus magique de la guerre». Il sait pourtant que le chérif Hussein est floué et qu'il ne pourra tenir la parole donnée à ses amis arabes. Il sait qu'après la nuit de Deraa il ne sera jamais plus le même homme. «Je cherchais mes plaisirs et aventures vers le bas. Il me semblait y avoir une certitude dans la dégradation, une sécurité définitive. L'homme peut s'élever à n'importe quelle hauteur, mais il y a un niveau animal en dessous duquel il ne peut pas tomber. » Ce niveau, il l'avait atteint.

Avec Aouda comme chevalier errant et Faysal comme prophète, il a rêvé le mouvement, cette insurrection nationale, la liberté des partisans, leur goût de la rébellion et de l'individu qui s'oppose si bien à l'esprit de l'armée. Il a aimé commander, aimé trahir sa race et son gouvernement pour que les soldats arabes les contraignent à tenir leur parole. Mais il a honte devant eux, honte de tant de déguisements, de tant de trahisons. Il sait qu'en trahissant tant et tous, c'est lui qu'il trahit. En libérant Jérusalem, il participe au mensonge, à la première partie du mensonge fait aux Arabes. Quand il passe au quartier général, sous les yeux des officiers britanniques, il fait semblant d'ouvrir son pantalon pour pisser devant l'état-major. Sir Thomas More, à la Tour de Londres, n'avait pas fait autre chose. Mais plus gaiement.

Le colonel Lawrence à Aqaba, vers 1918.

El Aurens, le libérateur

VIII • 1918

Je voulais faire une nouvelle nation, restaurer dans le monde une influence perdue, donner à vingt millions de sémites les fondations sur lesquelles leur inspiration pourrait bâtir l'édifice rêvé de leur pensée nationale. Un but si haut faisait appel à la noblesse inhérente à leur esprit et leur faisait prendre une part généreuse des événements : mais lors de notre victoire, on me rendit responsable de l'incertitude des dividendes provenant du pétrole de Mésopotamie et de la ruine de la politique française dans le Levant. C'est en effet mon désir, j'en ai bien peur. Ces choses nous coûtent trop cher en honneur et en vies innocentes.

L'année 1917 se termine curieusement. Après l'épisode de Deraa, Lawrence se sent menacé. Les Turcs proposent plus de vingt mille livres à qui s'emparera de lui vivant. Dix mille s'il est mort! Il entretient désormais une garde personnelle d'une centaine d'hommes, conduite par un certain Abdallah el-Nahabi, dit «le Voleur». Tradition des *Mille et Une Nuits* oblige, qui veut toujours placer un brigand comme chef de garde. Cette compagnie de coupe-jarrets, d'hommes de sac et de corde, cavaliers infatigables, agents de renseignements, valeureux guerriers, gais, bons

Lawrence pendant la Révolte arabe vers 1918.

compagnons de route a de l'allure, avec ses Lewis ou Hotchkiss, ses mitrailleuses à ailettes, débarrassées de leur radiateur, tirant en selle ses pistolets automatiques, ses fusils, avec ses troupeaux de chamelles parées de toutes sortes d'étoffes, de pièces de cuir, de cuivre et d'argent. La troupe en marche «semblait un parterre de tulipes. On y voyait toutes les couleurs, sauf le blanc, que je portais constamment et que les hommes évitaient, par déférence pour moi». Lawrence se distingue aussi par la beauté de la dague courbe, au manche d'or, précieusement sculpté, qu'il porte à la ceinture. Cet ornement est en général réservé aux descendants du Prophète... Il n'est pas près d'avouer qu'un chien de chrétien comme lui a été, grâce à Faysal, admis dans la ville sainte de La Mecque. Il préfère exhiber son fusil incrusté d'or, un cadeau de Faysal, qui l'avait lui-même reçu d'Enver. Ses gardes du corps sont d'élégants garçons qui «dépensaient leur salaire en beaux habits et parures. Ils passaient leur temps à tresser leurs nattes luisantes et beurrées [...]».

Lawrence et ses mercenaires perfectionnent leur technique du sabotage des installations ferroviaires ou portuaires, la confection d'explosifs, allant jusqu'à baptiser du nom de «Tulipe» une mine munie d'un détonateur souple. Plus de la moitié de ces hommes allaient mourir au service de Lawrence... Cette escorte ne laisse personne indifférent. Le prestige de ce chef de tribu grandit évidemment aux yeux des populations, tandis que les officiers britanniques le jalousent encore un peu plus.

Mais il y a plus étrange encore que les complots, les menaces d'assassinat ou les querelles de clans : ce mouvement qui devient lassant de journalistes occidentaux en mal d'émotions. Sykes est le premier à vouloir donner à ce conflit la publicité qu'il mérite en vantant «la noblesse des conquérants». Il trouve la propagande officielle trop convenue, trop prudente. Depuis Aqaba, la tension s'est relâchée, l'information n'est plus une question de vie ou de mort, on doit pouvoir intéresser un large public, les journaux illustrés avec un peu de vulgarisation. Sykes râle : «Laissez tomber le genre intellectuel. Ici, il faut un style accessible à tous, pour les paroissiens britanniques de tout poil, pour les Irlandais de New York, les paysans orthodoxes des Balkans et les moujiks, les catholiques de France et d'Italie, et les juifs de tous les pays – les musulmans de l'Inde et de l'Algérie. Que les articles fassent la une de l'actualité, décrivent du vécu, avec des détails pittoresques [...].» De Londres, un journaliste anglais, Pirie-Gordon, se propose pour une série d'articles mettant en valeur la guerre en Palestine. Lawrence n'est pas indifférent à la presse, mais il sait bien que ce n'est pas la Grande-Bretagne qu'il faut convaincre du bien-fondé de ce conflit. C'est aux États-Unis que se trouvent les sceptiques. C'est pourquoi, négligeant Pirie-Gordon, il prête une attention toute particulière à un journaliste américain, mandaté par dix-huit hommes d'affaires de Chicago, que lui présente, fin février, Ronald Storrs, gouverneur militaire de Jérusalem : Lowell Thomas, flanqué du photographe et cameraman Harry Chase. Lowell Thomas sait que ses compatriotes aimeront la vision de cet homme héroïque, au milieu du désert, sur fond de cavaliers chargeant sabre au clair. Les accords Sykes-Picot étant largement remis en cause, la révolte chérifienne redevient à la mode, même si Allenby se voit retirer une partie de ses hommes, renvoyés en Europe pour résister aux offensives allemandes, principalement en France.

C'est avec un mois de retard que Lawrence apprend l'existence de la déclaration Balfour, qui date du 29 novembre et qui engage le gouvernement britannique dans la reconnaissance d'un Foyer national juif en Palestine : assez largement favorable au mouvement sioniste, tout comme les révoltés du Hedjaz ont de bons rapports avec les Juifs arabes de Galilée, Lawrence exprime sa satisfaction. Il fera de même lorsqu'il apprend que le colonel Brémond, son adversaire français, a enfin quitté sa mission de Djedda et est retourné dans son pays. Les Français ne cessent d'agacer Lawrence : rapportées à leurs ridicules contributions dans la campagne de Palestine, leurs demandes territoriales sont invraisemblables !

Lawrence sait que les Turcs n'ont pas dit leur dernier mot et qu'il faut compter sur leur endurance, leur exceptionnelle combativité. « J'avais foi dans la Révolte arabe pourvu qu'elle fût convenablement menée, et cela me justifiait à mes yeux. J'avais mis en elle mon espoir, j'avais aidé le mouvement à naître», dira-t-il. Il sait que les Turcs ont peut-être perdu leur pari : vouloir opposer une guerre à une révolte nationale est aussi voué à l'échec que de manger sa soupe avec un couteau, pense-t-il.

Allenby et Lawrence se sont mis d'accord à Jérusalem, puis au quartier général du Caire. Le plan prévoit, au départ, une offensive sur Damas et Alep, au début mai. Plusieurs fois, cette date sera repoussée... Lawrence fait des allers-retours incessants entre Faysal, à Aqaba, et Allenby et le Bureau arabe au Caire, pour y dessiner des cartes. L'armée régulière arabe – trois bons milliers de soldats – s'organise, elle aussi. À Aqaba, des avions, des Rolls-Royce blindées, des Ford équipées pour le désert et des Talbot armées de canons de montagne donnent à la base militaire une nouvelle configuration. L'armée arabe jouera un rôle important dans la phase ultime, la libération et la prise de Damas. Que les troupes de Faysal prennent donc place au sud de la mer Morte : elles protégeront l'armée régulière britannique, occuperont l'ennemi à son extrême droite avec l'attaque de Maan, et entraveront le trafic de grain de cette région à blé. Plus de mille hommes, conduits par le chérif Nacer, ont déjà quitté Aqaba pour filer sur Deraa, Maan, puis Tafileh. Lawrence et sa garde passent par Aba el-Lissan, apprennent que le chérif Nacer a coupé la voie ferrée, agiront pareillement à Tell el-Cham, grâce à des véhicules blindés, rejoignent Tafileh, à plus de mille cinq cents mètres d'altitude. C'est dans ce village que Zeïd, le fils cadet de Hussein, s'est installé après qu'Aouda en eut chassé les occupants turcs. 25 janvier 1918. Un froid glacial. Un escadron de cavalerie turc, des mitrailleuses et des obusiers, le tout commandé par le général Fakri Pacha, tentent de les en déloger avec mille hommes. Lawrence conseille Zeïd, ses cavaliers et ses fantassins, qui triomphent : quatre cents morts du côté turc, dont le général, deux cent cinquante prisonniers, plus de deux cents blessés qui agoniseront la nuit dans le froid, dépouillés de leurs vêtements par les Bédouins, autant d'animaux de bât... Allenby félicite Lawrence : cette victoire est «l'un des plus beaux fleurons de sa couronne». Ce sera la seule bataille rangée de sa carrière militaire.

Au même moment, les forces arabes s'emparent du port d'el-Mezraa, un terminus stratégique sur la mer Morte. Zeïd entre en conflit le 13 février avec Lawrence, qui refuse de lui donner de l'argent : il va lui servir à rembourser des dettes et non à faire la guerre. Détournement de fonds! Le fils de Hussein, en dispersant aussitôt la garde personnelle de Lawrence, lui fait savoir qu'il est «congédié». Thomas Edward pense à réintégrer l'état-major britannique. Il se sent le premier coupable d'une tromperie impardonnable : «Cette prétention de diriger le mouvement national d'une autre race, cette pose quotidienne dans des vêtements étrangers, ces prêches en une langue étrangère : avec derrière tout cela le sentiment que les "promesses" en fonction desquelles s'activaient les Arabes ne valaient que ce que vaudrait leur force armée quand viendrait le moment de l'accomplissement.» Dans le même mouvement, il reconnaît que si tromperie il y a, elle est partagée par Faysal en toute connaissance de cause.

Il regrette à peine Tafileh : « Nous étions parqués dans des maisons grouillantes de vermine, manquant de bois et de vivres, coincés par la tempête, dans des ruelles comme des égouts, sous les blizzards de grésil [...]. Nous étions sales et misérables, filandreux comme des chats pelés [...]. » Mais avec l'aide du colonel Dawnay, désormais chargé d'assurer la liaison et l'intendance entre les révoltés et Allenby, Lawrence reprend espoir. L'armée arabe, plus de quatre mille hommes, qui dispose de canons, de voitures blindées, de camions et d'avions du Royal Flying Corps, peut s'attaquer à la garnison de Maan. Le 21 février, Jéricho est prise par les Britanniques. De Mésopotamie, l'état-major fait venir le major Hubert Young pour assister Lawrence – dont le lien avec Faysal et les tribus locales est essentiel –, et le remplacer en cas d'indisponibilité. Thomas Edward, soucieux du bien de son installation, a la fâcheuse habitude de voleter d'un point à un autre, au gré de sa fantaisie.

Mais Lawrence veut aller plus loin, libérer l'armée chérifienne de sa base d'Aqaba, afin d'aller plus au nord et d'assurer à Faysal le soin d'entrer à Damas en même temps que ses compatriotes. Sans quoi, les Français ne manqueront pas de s'inviter aux premières loges... Allenby attend le printemps. Des rumeurs inquiétantes font état d'une négociation entre Britanniques et Ottomans qui se tiendrait en Suisse, et de pourparlers avec les Turcs, qui se déclareraient soudainement favorables à une autonomie arabe.

Lawrence, de son côté, avance. Il sait qu'il ne peut pas encore lancer le grand soulèvement des populations du

Nord contre Damas, bien qu'elles soient largement favorables à la cause arabe. Lors de la bataille de Maan, les troupes arabes s'opposent aux Turcs avec efficacité, mais elles ne s'emparent pas de la ville. Pendant quelques semaines, une sorte de *statu quo* s'installe. Le général Allenby attend des troupes des Indes et se prépare à l'attaque finale, prévue pour le mois de septembre.

Lawrence n'abandonne pas ses raids contre les bâtiments militaires, les voies ferrées et tous les objectifs plus ou moins stratégiques. Des milliers de soldats chérifiens et autant de Bédouins occupent le terrain. Ces raids à travers la Transjordanie sont censés persuader les Turcs que l'offensive anglo-arabe se tient, et se tiendra, principalement là. Ces rezzous lancés à partir de refuges bien gardés sont d'autant plus efficaces qu'il s'agit d'attaques éclairs. Lawrence sait pouvoir parcourir jusqu'à cent soixante-dix kilomètres par jour avec ses chameaux, dont il est l'un des rares étrangers à connaître le maniement à ce degré d'habileté. Avec le perfectionnement des mines, placées sur des batteries et des fils électriques, celui de détonateurs plus souples et, enfin, celui des artificiers de Lawrence, passés maîtres dans l'art de provoquer des explosions dévastatrices, les rezzous sont de plus en plus redoutés. Quant aux automobiles blindées, dont le développement accompagne celui des pistes carrossables, elles restent conduites par des Anglais et posent des problèmes de ravitaillement en carburant : des avions Handley-Page, des chameaux de bât sont réquisitionnés. Mais les premiers raids qui les utilisent ont montré leur efficacité : cette guerre mécanisée amuse Lawrence... «Opérer en voiture blindée paraissait du combat de luxe, car nos troupes, recouvertes d'acier, étaient à l'abri des blessures […]. »

Lawrence vient d'être promu, le 12 mars, lieutenant-colonel. La bataille de Tafileh lui vaut également le « Distinguished Service Order ». Thomas Edward sait que la Révolte arabe a besoin de soutien en Europe et aux États-Unis, et il se prête de bonne grâce à des interviews, des séances de pose. Les nouvelles ne sont pas excellentes : Zeïd a perdu Tafileh, la ville de Salt est de plus en plus difficile à tenir face à la pression turque. Il faut s'attaquer à Maan et à Amman, maintenant… Et Lawrence apprend que Daoud, son fidèle serviteur, est mort de froid quelques jours plus tôt. Lowell Thomas et Harry Chase n'ont pas oublié Lawrence. Lawrence d'Arabie! Allenby autorise les deux reporters à se rendre à Aqaba, où ils veulent continuer leur enquête. Quelques jours avant la bataille de Maan, Lawrence posera pour Harry Chase avec les principaux chefs arabes.

Car le général en chef sait qu'il doit convaincre Londres : neuf bataillons lui sont retirés pour aller combattre en France sur le front de l'Ouest. Ludendorff et les Allemands poussent leur avantage et Paris est bombardé ce 26 mars. Foch demande qu'on attende l'arrivée des Américains pour renforcer les troupes en Palestine. Allenby s'est fait promettre des hommes en provenance des Indes. En attendant, il perd Salt le 2 avril, sous la pluie, le froid, sans avoir eu le temps de fortifier la ville. Lawrence, qui a reconstitué sa garde personnelle, redescend le même jour sur l'oasis d'Aba el-Lissan. Son second serviteur, Faradj, l'ami de Daoud, va au-devant de quelques soldats ottomans. On le retrouve un peu après, allongé sur le sol. Il agonise, une balle fichée dans la colonne vertébrale. Intransportable. Lui-même s'y refuse. Victime de cette «solitude qui s'abat sur les hommes blessés qui croient la mort proche». Tandis que les Turcs reviennent à la charge, il dit à Lawrence qu'il est heureux de mourir, car il ne tenait plus à la vie. «En fait, il y avait longtemps qu'il en était ainsi, et les hommes très las et très tristes tombent souvent amoureux de la mort [...].» Ses amis savent qu'ils doivent se décider : «Impossible de le laisser tomber vivant entre les mains des Turcs qui, nous le savions, avaient brûlé vifs certains de nos blessés. C'est pourquoi nous nous étions toujours promis les uns aux autres, avant l'action, de nous achever en cas de blessure fatale. Mais je n'avais jamais imaginé qu'il pût m'incomber de tuer Faradj. Je m'agenouillai auprès de lui, tenant mon pistolet contre le sol, près de sa tête, pour qu'il ne devinât pas mon dessein. Mais il dut le deviner, car il ouvrit les yeux et me saisit de sa main rêche et calleuse, la petite main de ces adolescents du Nedjed. J'attendis un instant. Il dit : "Daoud ne sera pas content de vous", tandis que le vieux sourire revenait étrangement sur son visage gris et crispé. "Saluez-le de ma part", répondis-je. Il me rendit la réponse consacrée : "Dieu vous donnera la Paix", et ferma enfin les yeux avec fatigue [...].»

La bataille de Maan, lancée par Djafar Pacha et Faysal, durera plus de deux semaines. Les colonnes des forces arabes ont détruit des kilomètres de rails, la gare, toute proche, de Gadhir el-Hadj, celle de Djerdoun... Mais au moment d'attaquer la ville, les plans échouent sous le feu croisé des mitrailleuses turques et les pertes arabes sont très élevées. Quelques jours plus tard, les Arabes prennent la gare de Tell Shahm et se livrent, sous le regard révolté de Dawnay, à un pillage en règle… Dawnay fait détruire des centaines de kilomètres de voie ferrée entre M'Dawra et Maan. À Salt, une nouvelle offensive britannique est un désastre : plus de mille six cents hommes périssent.

Allenby est d'autant plus inquiet que l'offensive déclenchée sur le front de l'Ouest, dans les Flandres, va lui retirer soixante mille hommes, soit quatorze bataillons. L'offensive espérée ne pourra pas avoir lieu avant la fin de l'été, le temps de former les régiments de l'armée des Indes. Le Turc Djamal Pacha savoure sa victoire, qu'il dédie au Prophète, et adresse une missive à Faysal dans laquelle il lui enjoint de l'accompagner dans cette lutte juste contre les infidèles. Lawrence, réduit à une certaine inactivité et ayant le sentiment de ne pas servir utilement Allenby, tente de récupérer pour quelques mois les centaines de chameaux du Camel Corps de l'armée d'Égypte, qui va être transformé en bataillon de cavalerie. Plus de trois mille chameaux de selle et de bât dont Faysal pense qu'ils peuvent l'aider à rejoindre Damas plus vite… En passant d'abord par Deraa. Mais il s'agit de chameaux pour lesquels il faut recruter des hommes, principalement dans les armées d'Ali et d'Abdallah. Les seuls trois cents méharistes anglais ne suffiraient pas. Il faut également assouplir leurs selles, faites à Manchester en bois et en acier, et leurs énormes bottes de cuir ferrées… Et qui plus est, alors que les chamelles familières à Lawrence sont silencieuses et faciles, les chameaux d'Égypte sont très bruyants.

Lawrence et sa garde rapprochée, à Aqaba pendant l'été 1918.

Le 4 juin, à Aqaba, Faysal et le docteur Chaïm Weizmann, leader sioniste installé à Londres et chargé d'organiser une communauté juive en Palestine, se rencontrent et entament de premières négociations sur l'utilisation respective des terres. Quelques jours plus tard, Lawrence découvre la réponse de Faysal à Djamal Pacha. Le chérif, qui commence à douter de la capacité des Britanniques à gagner cette guerre, propose une alliance efficace entre les deux armées, un commandement séparé en cas de combat commun et un accord de coopération entre les deux pays. Parallèlement, à la suite du mémo-

randum dit des Sept de Damas sur l'avenir de la Syrie, Londres fait de nouvelles offres. Mark Sykes propose à François Georges-Picot la renégociation de leurs accords à la lumière de la situation d'aujourd'hui. Paris – qui n'apprécie pas de voir les Anglais s'intéresser d'aussi près à la Syrie – s'y refuse catégoriquement. Dawnay demande à Lawrence et à Faysal de renoncer à prendre Damas dans ces conditions. Ce sont les Britanniques, avec bien entendu le soutien de l'armée arabe, qui se chargeront de l'expédition sur Damas et, en cas de réussite, confieront l'administration de la ville aux officiers français. Faysal fait savoir le 8 août à Aqaba qu'il sera, quoi qu'il en soit, à Damas cet automne et qu'il signera, s'il le faut, une paix séparée avec les Turcs.

Tandis que Lawrence porte secours à Nouri Chaala, le chef des Rouallas qui s'est déclaré en faveur de la Révolte arabe, et lui assure que les accords Sykes-Picot ne seront pas appliqués, le Camel Corps arrive à Aqaba le 31 juillet. Sous le commandement de Robert Buxton, un sympathique soldat du Soudan, et avec l'appui de soldats anglais parfaitement exercés depuis des années dans le Sinaï, il fait des merveilles à M'Dawra, dont la gare tombe le 8 août. Le Camel Corps allège son équipement, s'adapte à la vie des Bédouins et sa marche devient plus rapide, prend l'allure d'un vrai rezzou du désert. Muaggar sera atteint le 20 août. En quarante-quatre jours, plus de mille cinq cents kilomètres seront ainsi parcourus par les méharistes, sous la chaleur accablante de l'été...

Mais entre-temps, Lawrence, qui pressent un drame, tombe malade, le 16 août. Le jour de son anniversaire. «Le mal du pays lui serrait le cœur, accentuant encore sa fatigue de vivre en proscrit parmi ces Arabes dont il exploitait le plus haut idéal [...]. Pour la victoire de l'Angleterre.» À Baïr, au bord d'un point d'eau, quelque part entre Wadi Sirhan et Wadi Anab. Il fête, seul, dans le désert, ses trente ans, en proie à de grands doutes : «Je me souvins avec un sentiment d'étrange bizarrerie, que quatre années auparavant je m'étais promis d'être à trente ans général et anobli. Ces dignités temporelles étaient désormais à la portée de ma main – mais mon sentiment de culpabilité envers les Arabes m'avait délivré d'ambitions trop crues [...]. » La réalité est moins glorieuse : lieutenant-colonel, meneur d'un mouvement national «susceptible de forcer l'Orient à prendre la forme nouvelle qu'inexorablement le temps poussait vers lui». Tout juste avait-il réussi à faire lever par des musulmans l'étendard de la révolte contre les Turcs, à faire partager à des tribus souvent éloignées les unes des autres un idéal commun, celui de la libération : les Arabes posséderaient le terrain qu'ils sauraient conquérir par leur courage et leurs armes. Hélas, le bruit de l'artifice britannique était parvenu à certaines oreilles arabes. La promesse ne serait qu'un chiffon de papier! Lawrence, des mois durant, a remâché «une amère honte». Une fraude qui a duré deux ans et qui fait de lui le responsable des embarras qu'elle cause à ses inventeurs. Alors qu'il a été le jouet de ses supérieurs, qui se sont servis de lui pour cautionner leurs intérêts. L'Occident, ce monde pourri! «J'ai été en Orient. De là, j'ai pu considérer l'Occident et ses conventions avec des yeux neufs – et en fait cesser d'y croire», écrit-il. Et aujourd'hui, il se sent aussi vide que le légendaire cercueil de Mahomet : «Ayant dépouillé une forme sans en acquérir une autre.»

Le chérif Hussein, soudainement, ouvre une crise grave. Une crise double. Ses troupes se frottent au prince Ibn Séoud, chef des wahhabites du Nedjd. Mais surtout, le 26 août au matin, dans *La Kibla*, le journal de La Mecque, Hussein récuse Djamal Pacha comme commandant en chef des armées du nord. C'est une manière de dire à Faysal qu'il lui retire sa confiance, le trouve trop libre de ses mouvements et par là même trop favorable aux intérêts britanniques. Les officiers mésopotamiens, Djamal Pacha en tête, dont Hussein conteste les nominations, démissionnent en bloc. Faysal, ainsi désavoué devant ses hommes, ne peut que s'aligner sur cette position. Le chérif refuse de recevoir Lawrence, qui sait pourtant que la prise de Deraa, souhaitée par Allenby, ne pourra pas avoir lieu si les troupes arabes ne quittent pas Aba el-Lissan pour Azrak maintenant. Hussein nomme, le 3 septembre, son autre fils, Zeïd, à la tête de l'armée du nord. Faysal, tant qu'il n'aura pas reçu d'excuses, refuse toute autre négociation avec son père. La situation paraît grandement figée des deux côtés de cette famille de Hachémites. Lawrence n'hésite pas à remettre, le 12 septembre, un message tronqué de Hussein à son fils Faysal, ne gardant que la partie flatteuse et ne lui adressant pas les remarques plus fielleuses. Le jeu, miraculeusement, se calme entre les deux hommes. À temps pour que, le 19 septembre, Allenby puisse s'attaquer avec succès au front turc installé dans la grande plaine côtière et le fasse reculer vers le nord-est. Faysal a repris le commandement, est parti avec Lawrence à Azrak, où Aouda les attend.

L'oasis sera le point de départ de la grande offensive arabe. Des sapeurs égyptiens – spécialistes de la destruction des ponts et des routes – et une section des Gurkhas de l'armée des Indes sont au rendez-vous, comme un autre bon millier d'hommes, des chérifiens du Hedjaz, les Nord-Africains du capitaine Pisani, sans parler des avions, des Rolls-Royce blindées, des canons de montagne à tir rapide, et d'un grand nombre de mitrailleuses Hotchkiss et Vickers. « Une guerre arabe, livrée et menée par des Arabes pour un objectif arabe, sur le territoire arabe.» La caravane prend la route, portant en elle les munitions, le fourrage, l'essence, les toiles de tentes, les mines et autres explosifs et l'alimentation, bien entendu... Le major Young est surnommé «la Navette», parce qu'il n'arrête pas, en vrai chien de berger, de faire l'aller-retour entre les différents campements, les Anglais et les Arabes, les groupes de ce désert qui «n'était pas normal, qui était hideusement peuplé». Quant à Lawrence, il a quitté l'univers des mules et des chameliers pour celui des mécanos et des chauffeurs : il ne se déplace plus qu'avec sa Rolls de commandement, dite *Blue Mist*, le Brouillard Bleu... Ses chamelles favorites ne sont cependant jamais loin : Baha, «sa grande rebelle», et la belle Ghazala, «la Gazelle», «cette vieille grand-mère, en forme magnifique», qui va accoucher d'un chamelon...

Lawrence est exténué. Ses nerfs le lâchent : «La foule avait détruit mon bonheur d'être à Azrak, je descendis la vallée [...] et restai couché tout le jour dans ma vieille tanière au milieu des tamaris [...]. Le vent me dit que j'étais fatigué à mourir de ces Arabes [...]. Ce jour-là m'apparut de façon définitive que ma patience à supporter cette simulation était à bout.» Les mines Tulipes détruisent pourtant rapidement des kilomètres de voie ferrée, des ponts, des gares, des lignes téléphoniques sont également détruits : les Turcs ripostent par des bombardements et des mitraillages aériens mais finissent par manquer de munitions dans Deraa, face à quatre mille hommes qui encerclent la ville et qui savent désormais, comme Faysal, par un message arrivé de Londres, que les Britanniques, en cas de victoire à Deraa et à Damas, ne s'opposeront pas à une administration arabe de cette dernière ville. Le pont de Tell el-Chebab tombe. Les Turcs évacuent Deraa puis se replient sur Damas. Lawrence arrive à Deraa avant les Anglais, Deraa, le lieu d'une terrible revanche contre le viol de lui-même. « On se serait cru à l'aube du monde. » Lawrence s'attaque à la gare, réquisitionne plusieurs wagons d'approvisionnement, détruit de nombreuses lignes et nomme Nacer commandant de cette place très stratégique, située à l'embranchement d'une voie de chemin de fer qui conduit à Haïfa et d'une autre qui mène à Damas.

Entrés le 26 septembre sur le chemin de la fuite dans le village de Tafas, les Turcs paniquent, tuent tous les adultes et les enfants, violent les femmes et leur font subir des atrocités. Tallal, le cheikh de Tafas, est avec Lawrence : il entre dans son village le premier, découvre le charnier, les corps des siens suppliciés, et se précipite, fou de rage, sur les derniers assaillants, qui le fauchent d'une rafale de mitraillette. Aouda décide d'une vengeance sans égale, en détruisant une colonne ennemie sans faire aucun prisonnier. Pisani bombarde d'obus les fuyards. Un groupe qui est arrêté est finalement abattu à la mitrailleuse. Un paquet sanglant de deux cents hommes... Une orgie de meurtre dans laquelle les blessés sont achevés en même temps que les bêtes de somme. Lawrence sent naître en lui une bestialité qu'il ne cherche plus à contrôler et qu'il formule ouvertement : « Le meilleur d'entre vous m'apportera le plus de cadavres turcs. » La cruauté répond à la cruauté et la vengeance n'a plus de limite. « Saisis d'une folie que l'horreur de Tafas avait fait naître, nous tuions sans arrêt, donnant le coup de grâce à tout ce qui était à terre ; comme si leur mort et leur sang ne pouvaient éteindre notre souffrance [...]. Par mon ordre, et la seule fois dans cette guerre, on ne fit pas de prisonniers. » Ni de dentelle. « Nous allions jusqu'à faire sauter la cervelle des soldats à terre et des animaux, comme si leur mort, leur sang répandu pouvait étancher notre poignante douleur. » La nuit de Deraa répond à une autre nuit, lors de laquelle Lawrence a été mortellement blessé dans son intégrité physique. « Une de ces nuits où les hommes deviennent fous, où la mort paraît impossible quel que soit le nombre de mourants à droite et à gauche, et où la vie d'autrui n'est plus qu'un jouet qu'on brise et qu'on rejette. » Rêve tragique, exaltant, folie jusqu'à l'épuisement : « Les morts avaient une beauté merveilleuse. La nuit qui luisait mollement sur eux leur donnait la douceur de l'ivoire nouveau [...]. Autour des corps se reployait l'absinthe sombre, lourde de rosée, où l'effleurement des rayons de lune éveillait des scintillements d'écume. C'était dommage, seulement, que les cadavres fussent ainsi entassés au hasard. Rajustés, ils trouveraient enfin le repos. Je les disposai donc en ordre, un à un ; si fatigué moi-même que mon seul désir était de quitter, pour leur paix, la populace inquiète, bruyante, douloureuse de ceux qui là-haut se disputaient encore le butin [...]. »

Damas est donc à une portée de méharée. Dans la foulée de la prise de Deraa, Lawrence procède vraisemblablement à l'interrogatoire de Mustafa Kemal, commandant turc de la VIIe armée. Si tel est le cas, si Kemal a été fait prisonnier, puis a été interrogé, il aura été rapidement relâché, sur intervention de Faysal, qui le connaît bien. Les renforts d'Inde et de Mésopotamie ont donné aux Britanniques une assurance nouvelle. Les soixante-dix mille hommes et six cents canons de l'armée d'Allenby ainsi que l'aviation dominent les Turcs, qui n'ont guère plus de la moitié d'hommes et seulement quatre cents canons avec eux. À quoi il faut ajouter les dix mille hommes de l'armée arabe…

Damas est gagnée! Ce sont des cavaliers australiens qui y pénètrent les premiers, suivis de peu par les soldats chérifiens. La ville est désertée. Le 1er octobre, au nom de Faysal, les nationalistes arabes occupent la ville : Lawrence assurera le gouvernement de Damas trois jours et trois nuits. Accompagné par le colonel Stirling, il entre en effet dans la ville à neuf heures du matin. Jardins silencieux, une fumée noire au-dessus de la gare de Kadem, terminus de la ligne du chemin de fer du Hedjaz. Pétales de fleurs, drapeaux. L'arrivée est triomphale, les noms d'Aouda, de Nouri Chaalan, de Nacer et d'El Aurens sont scandés par une foule présente dès l'aube. Lawrence porte le costume arabe, tandis que le conducteur de sa Rolls, la *Blue Mist*, est habillé d'un short et d'une tunique en lambeaux. « Les trottoirs, la route, les fenêtres, les balcons, les toits grouillaient d'une foule solide. Beaucoup pleuraient; quelques-uns poussaient de faibles acclamations ; les plus hardis crièrent nos noms ; mais la plupart regardaient, les yeux frémissants de joie [...]. À l'hôtel de ville, le spectacle changea. Sur le perron, dans l'escalier, s'entassait une foule oscillante : hurlements, danses, chants, embrassements. » Des dizaines de milliers de personnes : « Damas devint folle de joie. Les hommes lançaient en l'air leurs turbans, les femmes déchiraient leurs voiles. Les notables, aux fenêtres, jetaient devant nous des fleurs, des tentures, des tapis ; et leurs épouses, se penchant avec des éclats de rire derrière les grillages, nous éclaboussaient de parfums. » Le drapeau chérifien flotte sur l'hôtel de ville. Faysal arrive le lendemain et retrouve Allenby à l'hôtel Victoria, pour régler avec lui la question de l'administration de la ville par les Arabes. Damas est sinistrée, des centaines de blessés se meurent dans des hôpitaux sans équipement, de dysenterie, de typhoïde... Sans un seul officier de santé, sans aucun infirmier. Des patrouilles de Druzes tentent de mettre de l'ordre dans les rues, alors qu'on ne compte plus les cadavres en putréfaction, les hommes en armes, les agressions de nuit, les explosions suspectes dans une ville sans éclairage... Des troupes de nettoyeurs passeront des jours à ramasser débris humains et matériels... Il faut tout remettre sur pied : le télégraphe, l'éclairage, la monnaie, la poste, le chemin de fer, la police, tous les services publics, la santé au premier chef... Éloigner les risques d'épidémies dues aux cadavres d'hommes et d'animaux pris dans les canalisations d'eau, trouver de quoi nourrir tout le monde, y compris le Camel Corps. Le 3 octobre, les Arabes, sans combattre, occupent Beyrouth, dans laquelle les troupes britanniques entrent le 8 octobre.

« Parmi les Arabes, j'étais le désillusionné, le sceptique ; j'enviais leur foi à bon marché. L'imposture inaperçue habillait si juste, si bien la camelote humaine [...]. Ils étaient nos dupes, et ils combattaient l'ennemi de tout leur cœur. Ils volaient au vent de notre volonté comme de la paille, et pourtant ils n'étaient pas de la paille, mais les plus braves, les plus simples, les plus joyeux des hommes. »

Lawrence obtient la permission qu'il demande immédiatement à Allenby : il veut aller plaider à Londres la cause de la révolte et de son prophète armé. La cause de la libération des tribus arabes descendantes des Omeyyades. Il sait que dans quelques jours, quelques semaines ou quelques mois, l'avenir de la région se discutera autour de la table des diplomates. Le Foreign Office est désormais défavorable aux accords Sykes-Picot, que Lawrence veut également torpiller mais dont les Français réclament l'application. « Je n'oublierai pas la fraîcheur des chemins de Damas, qui voltigeait sur mes sandales et poudrait mes pieds. Ces chemins si blancs, sous les arbres, à l'ombre des maisons, étaient d'une douceur, d'un calme ineffables. » Du 8 au 14 octobre, Lawrence séjourne au Caire. Il file à Londres. Il ne reviendra jamais à Damas, « frissonnante et plus belle que jamais, comme une perle dans le soleil levant », ni en Syrie. Il sait une chose, plus importante que toutes. C'est que, en débarquant en Arabie, Damas, certes, « ne semblait pas un fourreau pour mon épée ». Mais que depuis, il avait changé, appris, aimé. Un motif puissant l'avait animé, toutes ces années durant. Il voulait tenir promesse, tenir la promesse faite à Dahoum, l'ami perdu. Avec la prise de Damas, le motif de toute cette révolte, de toute cette passion, cet enthousiasme presque mystique était, hélas, bel et bien mort. Adieu à toi, Dahoum.

Lawrence au bureau des officiers, au Caire, avec Hogarth (au centre) et le colonel Dawnay (à droite).

Il a si peu dormi, ces dernières nuits. Après Le Caire, il est passé à Rome, où il a croisé François Georges-Picot, qui ne lui a fait aucun mystère de la place que la France veut occuper à Damas et en Syrie. Dans le fond, Lawrence a hâte que cette guerre se termine, comme elle se termine sur le front occidental. Tant de chairs meurtries! «Chaque mine qu'il pose explose aussi en lui-même, il est lui-même la bombe qu'il fait éclater», dit justement Gilles Deleuze. Il déteste la guerre. Que lui importe donc d'avoir été un héros, d'avoir inventé mieux que personne l'art de la guérilla, à qui on prédit un grand avenir dans les guerres de libération et d'indépendance. Lawrence mesure, plus que quiconque, le prix du sang, lui qui a été si économe de ses troupes, lui le chef de guerre, vêtu de blanc, allant au bout de lui-même, de son propre épuisement. «Aucune cause ne valait qu'on se battît pour elle, et la bataille elle-même, l'acte de bataille ne contenait aucune part de vertu intrinsèque. La vie était une affaire privée, absolument; et rien ne justifiait la mainmise violente d'un homme sur un autre.» Il se reproche encore de n'avoir pas passé la nuit de Deraa à sauver des Turcs. Carnage infect, gratuit. Cette bataille lui fait honte, la seule qu'il ait jamais livrée directement, ce sang gratuit qui a souillé à jamais la beauté de son désert, mais ce sang dont il avait besoin. L'homme est fort de ses dilemmes, de ses conflits intérieurs, mais en même temps, il meurt de ne savoir décider. «Nous avions toujours du sang sur les mains: on nous en avait donné licence. Blesser, tuer semblaient des douleurs éphémères, si brève et si meurtrie était la vie que nous possédions. La peine d'exister était si grande que la peine de punir devait être impitoyable.»

Avec la fin de cette guerre prendra fin également ce rôle qu'il joue avec tant de difficulté maintenant, tiraillé si douloureusement entre sa fidélité aux chefs arabes et celle due à sa patrie. Les choses avancent et vite, désormais. Alep a été prise enfin, ses magnifiques murailles n'ont pas été détruites par les Turcs qui avaient pensé transformer la forteresse en un quartier à l'anglaise : Nacer est entré dans la plus grande et la plus belle ville de Syrie. Et l'armistice vient d'être signé à Moudros, ce 30 octobre, entre le Royaume-Uni et la Turquie. Le texte en a été lu à Bagdad par le général Marshall. Les dirigeants Jeunes-Turcs ont pris la fuite. Dans un wagon, à Rethondes, ce matin du 11 novembre, Français et Allemands signent l'armistice tant espéré. La république est proclamée à Berlin comme à Vienne, l'Allemagne est largement occupée par les Américains, les Français et les Britanniques, l'Alsace et la Lorraine redeviennent françaises. Thomas Edward Lawrence a retrouvé Londres sans déplaisir. Ce soir du 11 novembre, il dîne ainsi fort agréablement au restaurant de l'Union Club, près de Trafalgar Square, en compagnie d'Edward Marsh, secrétaire et homme de confiance de Winston Churchill, et de E. T. Leeds, un vieil ami rencontré à l'Ashmolean et aujourd'hui agent des renseignements militaires. La guerre est finie. Sa guerre est finie.

*L'émir Abdallah, futur roi de Jordanie,
passant ses troupes en revue en présence de lord Allenby.
Au centre, au fond, le colonel Lawrence en tenue arabe.*

Le renoncement ou la paix :

Trahisons et désenchantement

IX • 1918-1922

Expliquez clairement à vos garçons que mon but était de sauver l'Angleterre et aussi la France des folies impérialistes qui voudraient nous faire répéter, en 1920, les exploits de Clive ou de Rhodes. Le monde a dépassé cette étape. Je pense, cependant, qu'il y a un grand avenir pour l'Empire britannique dans une association volontaire […]. Nous sommes une si grande firme que nous pouvons offrir des avantages uniques aux entreprises plus petites si elles s'associent avec nous : le tout est de trouver des conditions séduisantes pour cette association.

Les diplomates réduisent tout à des minutes. Ce penchant est si fort, chez eux, qu'en présence d'une œuvre essentielle, ils ne tardent pas à la transformer en futilité.

On lui prédit le pire ! Le *scoop*, une fois encore, est à sa charge. La reine est, paraît-il, choquée, très choquée ! Refuser, en pleine cérémonie à Buckingham Palace, la décoration qui doit lui être remise. Par le roi en personne! Mais George V, ce 30 novembre 1918, a plutôt apprécié le tempérament de ce colonel, fraîchement promu, et ce cran qui manque à bien des hommes de l'Empire. L'entrevue a été montée par Allenby. Une longue procession de décorés attend son tour... Lawrence s'y trouve. Le roi se saisit de la décoration sur le coussin de velours, se prépare à accrocher la médaille à la petite agrafe cousue sur l'uniforme. Lawrence s'approche, interrompt doucement le geste du souverain, et, à voix basse, explique qu'aussi longtemps que la Grande-Bretagne ne tiendra pas ses engagements envers les Arabes il ne pourra accepter d'être distingué. La reine se serait encore plus offusquée si elle avait appris que Lawrence n'avait accepté sa récente promotion au titre de colonel « plein, spécial, en activité à titre temporaire » que pour pouvoir voyager plus agréablement d'Italie et user du train spécial de Tarente où il avait débarqué, il y a quelques jours. Seuls les colonels et les officiers à un grade supérieur pouvaient en effet accéder aux wagons-lits. Il se surnomme depuis le « colonel de Tarente » : « J'aime le confort! Les trains militaires mettaient huit jours pour effectuer le trajet que l'express de la Compagnie des wagons-lits couvrait en trois jours. »

La veille, devant le comité oriental au cabinet de guerre, Lawrence a déjà fait un peu scandale en coupant la parole à lord Curzon, autrefois vice-roi des Indes et aujourd'hui ministre, qui débite un long discours sur la politique britannique au Moyen-Orient, alors même que Thomas Edward a été invité pour présenter la revendication arabe sur les territoires conquis. À la fin de l'exposé du jeune héros de la Révolte arabe, George Nathaniel Curzon fond en larmes! S'il savait, lui, le vice-chancelier du collège de Lawrence à Oxford, que Thomas Edward a failli offrir à l'université un paon surnommé Nathaniel... L'exercice devant le cabinet est une excellente répétition générale. Devant le roi, Lawrence dénonce avec allure la trahison britannique des promesses faites aux dirigeants arabes et réitère sa proposition de trois États chérifiens confiés à Faysal, Abdallah et Zeïd, la Syrie, la basse Mésopotamie et la haute Mésopotamie.

Lawrence et Faysal photographiés à bord du navire de guerre HMS Orion, *en partance pour l'Angleterre, en décembre 1918.*

Une autre guerre, diplomatique et nerveuse, attend désormais Thomas Edward. L'homme agace ses contemporains, quand il ne les fascine pas. Son ricanement, sa différence, ce besoin de distinction permanent. Il ne croyait pas si bien dire en confiant à Liddell Hart, à son retour à Londres : « J'avais tiré du Levant tout ce que je pouvais en tirer ; c'était un citron pressé jusqu'à la dernière goutte. Je voulais aller sur le front occidental et y apprendre une autre guerre. »

Lawrence a déjà pris la liberté, le 8 novembre, avec la complicité d'Allenby qui met à sa disposition un bateau de la Royale, d'inviter Faysal en France, pour ne pas manquer les discussions qui doivent s'engager à Paris sur la carte du monde et, plus modestement, sur l'avenir de la Syrie et le sort des Hachémites. La conférence de la paix est prévue pour le début janvier 1919 et les invitations aux chefs arabes ne pleuvent guère. Hussein donne aussitôt son accord et en prévient les représentants français, britanniques, américains et italiens. Faysal, accompagné de son secrétaire Nouri es-Saïd – qui n'apprécie guère Lawrence – et de dignitaires syriens, arrive au port de Marseille le 26 novembre : il y est accueilli par un fonctionnaire français du Quai d'Orsay à la retraite. Il est reçu, non comme un représentant diplomatique, mais comme un chef de guerre, fils d'un roi ami de la France. Service très réservé, sinon minimal. La consigne est de ne parler de rien d'important. Lawrence est présent, mais sans la bénédiction du gouvernement français, qui se méfie de lui, trouve choquant qu'il préfère une tenue arabe à l'uniforme britannique et a plutôt mal pris l'invitation non concertée faite à Faysal. «Avec Lawrence, il faut être très net et lui montrer qu'il fait fausse route. S'il vient comme colonel britannique, en uniforme anglais, nous lui souhaiterons la bienvenue. Mais nous ne l'acceptons pas comme Arabe et s'il reste déguisé.» Culot de Lawrence! Au nom de quoi? Il est évincé de la partie française du voyage. Faysal commence son programme: rencontre à Lyon avec le colonel Brémond, déplacement à Strasbourg, la ville libérée, visite des principaux sites de Verdun et du Chemin des Dames, remise de la croix de grand officier de la Légion d'honneur, puis transfert de Bar-le-Duc à Paris dans l'ancien wagon personnel du Kaiser, rencontre avec le président Poincaré. «Sec, courtois, pressé». Lawrence, qui a été prié de rentrer en Angleterre, attend tout de même Faysal à Paris pour le conduire à Londres, où l'accueil plus chaleureux réconforte le chérif, qui ignore que le ministre français des Affaires étrangères a pourtant demandé à son homologue britannique, lord Balfour, de ne pas aborder les sujets moyen-orientaux sans l'accord exprès de la France! Même si Balfour n'entend pas rediscuter les accords Sykes-Picot, tout dans ses propos laisse cependant à penser qu'il veut trouver une solution favorable à Faysal. Les Américains contestent d'ailleurs ce genre de traité qui ne respecte pas le droit des peuples à disposer d'eux-mêmes. Faysal rencontre George V à Westminster. Lawrence est présent, vêtu de sa désormais fameuse robe orientale, ce qui ne manquera pas, en pareille enceinte, de lui être reproché.

Lors d'une longue rencontre avec Chaïm Weizmann, le 12 décembre, ce dernier assure la délégation arabe qu'il appuiera ce point de vue auprès des Américains qui l'écoutent et peuvent jouer un rôle. Weizmann et Faysal, conscients de faire partie de la même famille sémitique et du rôle que les juifs sionistes peuvent jouer dans le redressement de la Palestine sous protection anglaise, signeront, le 3 janvier à Londres, un accord préparé par Lawrence sur un Foyer national juif en Palestine aux côtés d'un État arabe à Damas. Accord sur la coexistence des deux peuples, aux droits égaux, que Faysal édulcore assez fortement et qu'il se réserve de dénoncer si la politique britannique en Palestine évoluait dans un sens qui lui soit défavorable. Les choses ne sont pas aussi faciles que Lawrence le souhaiterait. Dans une interview au *Matin*, Faysal dit son hostilité au sionisme : Thomas Edward lui fait signer un démenti peu de temps après. Lawrence et Faysal préparent un mémorandum favorable aux dirigeants arabes, qui soit acceptable par le président Wilson et que le fils de Hussein présenterait à Paris.

Faysal veut toujours y croire. Et Lawrence le soutient. Contre ses compatriotes, le plus souvent. « Je jurai de faire de la Révolte arabe l'instrument de sa propre fortune, autant que la servante de notre armée d'Égypte. Je me promis de la conduire si follement à la victoire que l'opportunisme des grandes puissances devait leur conseiller de satisfaire ses revendications. Cela supposait que je fusse encore vivant lors du traité de paix, pour gagner la dernière bataille dans la salle du Conseil. » Les services de renseignements du Foreign Office ont dit tout le mal qu'ils pensent des accords Sykes-Picot. Et malgré l'existence de ces accords, la déclaration franco-britannique du 9 novembre 1918 est très claire : « Le but qu'envisagent la France et la Grande-Bretagne en poursuivant en Orient la guerre déchaînée par l'ambition allemande, c'est l'affranchissement complet et définitif des peuples très longtemps opprimés par les Turcs et l'établissement de gouvernements et administrations nationaux, puisant leur autorité dans l'initiative et le libre choix des populations indigènes. » Un peu plus tard, le jour de l'ouverture de la conférence de la paix, à Paris, le 19 janvier, Lawrence déclare à Radio Lyon que « les Arabes se tournent vers l'Amérique, qu'ils estiment la protectrice la plus puissante de la liberté de l'homme ». Le Hedjaz, après que Lawrence eut insisté, est reconnu en tant que délégation avec deux représentants pour la conférence de la paix. Quatre jours plus tard, Lawrence présente Faysal au président Wilson. Tout le monde est un peu pressé. La conférence de Paris a, il est vrai, d'autres sujets que l'Orient à traiter : vingt-quatre séances seront consacrées à cette question sur un total de mille six cent quarante-six...

Lawrence séjourne à l'hôtel Continental, non loin du Majestic et de l'Astoria, où se trouvent les délégués britanniques, tandis que Faysal est installé avenue du Bois, en plein bois de Boulogne. Vingt-sept délégations se proposent de régler le sort de la région dans cette conférence qui doit se tenir jusqu'à la fin juillet 1919. Faysal, à la demande des Britanniques, représente donc majestueusement le chérif Hussein de La Mecque, il fait son effet à l'ouverture de la conférence, dans le grand salon de l'Horloge du Quai d'Orsay, avec son turban en soie rose, constellé de diamants. Lawrence porte l'uniforme britannique et une coiffure arabe. Le 6 février, Faysal, traduit par Lawrence, conseiller technique officiel de la délégation britannique, fait une intervention brillante devant le Conseil des dix. Il impressionne l'auditoire. On commence déjà beaucoup à parler de lui à Paris, à Londres... Son tandem avec Lawrence est fascinant. Lawrence interprète de l'arabe en anglais, puis en français, un argumentaire sur la cause arabe en Syrie, Palestine, Mésopotamie. Un traducteur marocain, engagé par la France, est chargé de vérifier l'exactitude de la version de Lawrence. Mais les négociations traînent, un membre de la délégation britannique, le colonel Meinertzhagen, dénonce cette conférence qui « a pondu deux œufs : le nationalisme juif et le nationalisme arabe. Ces œufs vont devenir des volailles ennuyeuses », prophétise-t-il. Lawrence joue un rôle plus qu'ambigu. Membre de la délégation britannique, il défend la cause arabe contre les représentants de l'India Office, qui veulent une Mésopotamie « britannique ». Gertrude Bell, qui représente l'administration de Bagdad, soutient, tout comme le Foreign Office, la position de Lawrence. Ce dernier se démène pour faire entendre le point de vue de Faysal, rencontre ministres et chefs d'État dans les couloirs, publie entre mai et octobre onze articles dans la presse anglaise, parle à chacun dans sa langue : Clemenceau, Lloyd George, Wilson... Sa notoriété grandissante, due aux conférences de Lowell Thomas, lui permet d'ouvrir de nombreuses portes, principalement celles des grands journaux et des hommes politiques.

Lawrence a à peine le temps de faire un aller-retour à Oxford pour se recueillir le 8 avril sur la dépouille de son père, qui vient de mourir à la suite de la terrible épidémie de grippe espagnole. Il doit rester avec Faysal pour assurer un certain nombre d'entretiens, dont celui, un peu tendu, avec Clemenceau, le 13 avril. Le 15 avril, la conférence de la paix entérine le protectorat britannique sur l'Égypte.

La veille au soir, Faysal écrit dans son journal tout le bien qu'il pense de Lawrence et parle de «l'honnêteté d'un tel dévouement et d'une telle fidélité». Le matin même, en effet, Lawrence a appris à Faysal que son père étant mort, il doit se rendre à ses funérailles. Thomas Edward est très affecté. Faysal, quelques jours plus tard, retourne en Syrie à bord d'un bateau français.

La mort de sir Thomas Chapman, grand propriétaire foncier en Irlande, ayant abandonné femme et filles pour aimer Sarah Junner et lui faire cinq fils, dont deux morts à la guerre, est un choc pour Ned. Plus tard, Lawrence reconnaît en parlant de ses parents : «Ils ne cessaient de penser qu'ils vivaient dans le péché, et qu'un jour nous l'apprendrions. Alors que je l'ai su avant d'atteindre mes dix ans, et ils ne me l'ont jamais dit. C'est seulement après la mort de mon père que, en disant je ne sais quoi, j'ai permis à Mère de se rendre compte que j'étais au courant.»

Dès lors, Lawrence prend un peu de distance avec la conférence de la paix. Il sait qu'il n'a pas que des amis, loin de là, dans la délégation britannique, qui l'accuse assez largement de faire de la propagande nationaliste arabe en Mésopotamie. En son absence comme en celle de Faysal, l'indépendance de la Syrie n'est plus à l'ordre du jour. Lawrence échappe de peu à la mort le 18 mai.

Depuis quelques semaines, en fait, il ne pense qu'à écrire, il ne fait qu'écrire. Sa Révolte arabe, son épopée. Alors qu'il se rend au Caire, pour chercher au Bureau arabe des matériaux susceptibles de l'aider à rédiger son livre et récupérer ses papiers personnels, son avion, un bombardier Handley-Page, s'écrase à l'atterrissage, à Rome. Le pilote et le copilote meurent et lui s'en tire avec une omoplate cassée. Une côte fracturée heurte le poumon, ce qui lui vaudra une faiblesse chronique. Et on le plâtre... Mais la chance est avec lui, qui, dans l'avion, a refusé de s'asseoir à l'avant... Ce n'est pas la première fois que la baraka voyage avec lui. Il confessera à Liddell Hart que, avant Rome, il était déjà tombé sept fois au cours de ses quelque deux mille heures de vol... Pendant quelques jours, Lawrence disparaît... Déjà, on le croit en Égypte. Allenby veut lui interdire de gagner la Syrie, où il craint que Lawrence ne souhaite régler des comptes... Avec les Français, probablement, ses meilleurs ennemis! Il réclame qu'on amène Lawrence, mort ou vif, à la Résidence du Caire. Londres le cherche également pour une mission, finalement confiée à un diplomate, Philby, afin de négocier une trêve entre Hussein et Ibn Séoud. Mais Lawrence a traîné à Athènes, à Cnossos, en Crète où il attend le premier avion britannique pouvant le conduire en Égypte. Ce sera donc Philby le plénipotentiaire de l'Arabie. Lawrence finit par être déniché dans les salons de l'hôtel Shepheard... Des bords du Nil, Thomas Edward apprend ainsi avec plaisir qu'All Souls College lui a attribué, ce 10 juin, grâce à des soutiens divers, dont celui de Hogarth et celui du nouveau rédacteur en chef du *Times*, une bourse annuelle, fort confortable, de deux cents livres pour un travail en archéologie, histoire et ethnologie du Proche-Orient. Chargé de recherches. Il est nommé *fellow* pour sept ans.

L'été 1919 passe, le traité de Versailles est signé le 28 juin, Lawrence, entre deux crises de neurasthénie profonde, tente d'influencer le destin de cette région du monde par des articles qui paraissent dans le *Daily Telegraph* ou le *Times*, le *Sunday Times* ou l'*Observer*. Le reste du temps, dans son refuge d'Oxford, il est assis, fait peu de chose. Prostré. Il ne supporte pas ce qui se dit sur lui, ces articles, ce spectacle qui lui est consacré. Il écrit. Vit et travaille à All Souls, dans une belle pièce, très sombre, toute en boiseries, avec un grand portrait de Faysal, fait par Augustus John, au beau milieu d'un mur. Autre élément de décor : une cloche en bronze, dérobée à Damas. À la gare terminus du train du Hedjaz... Le retour à Oxford de cette mère privée de compagnon, privée de ses fils est difficile. Arnie fait ses études à Athènes et à Rome et veut vivre, en tant qu'archéologue, à l'étranger. Sur les traces de Ned... Seul Bob, médecin, reste attaché à Sarah... Qui ne le quitte pas du regard, d'un souffle. Le fils aîné, le vrai fidèle, parle déjà de partir avec sa mère comme missionnaire bénévole en Chine... Ils pourraient quitter Polstead Road. Rien ne les retient plus à Oxford.

Dès la mi-septembre, le retrait décidé des troupes anglaises de Syrie rend Faysal furieux contre le Premier ministre Lloyd George. L'occupation militaire coûte cher à Londres et les troupes britanniques, exténuées, réclament leur démobilisation. Sachant par ailleurs le président Wilson malade, le chérif débarque à Londres le 19 septembre et s'entend dire que son intérêt est de négocier avec les Français. Peu de temps après, Faysal, très en colère, rejette l'idée d'un État juif en Palestine : « Les Arabes se battront jusqu'au dernier pour garder la Palestine dans le royaume et pour la suprématie des Arabes sur leurs terres. » Un accord, négocié par Louis Massignon, paraît trouvé entre lui et Clemenceau, mais les positions se radicalisent très vite. Faysal retourne à Damas, se fait proclamer roi d'une « Syrie indépendante et intégrale », Palestine comprise, en mars 1920 et Abdallah, roi d'Irak. En avril, la conférence de San Remo, trivialement appelée « comité interallié de distribution des prix », tranche et partage le Proche-Orient en un double mandat français (Liban et Syrie) et britannique (Palestine et Irak). Au début de l'année, Winston Churchill, dont le point de vue sur la politique britannique extérieure est de plus en plus écouté, rappelle qu'il est favorable, conformément à la déclaration Balfour, à la création de cet État juif, sous la protection britannique. Lawrence s'agite, essaie de convaincre le Foreign Office de créer un département du Moyen-Orient, écrit de plus en plus souvent dans la presse, pour redire sa honte que les Britanniques aient quitté la Syrie, faire la démonstration que la Royal Air Force devrait s'y déployer ou pour dénoncer le fait que Faysal ait été chassé, lui et ses partisans nationalistes arabes, de Syrie le 25 juillet 1920. Ou encore pour appeler Faysal à jouer un rôle en Mésopotamie en attendant de rentrer à Damas… Pour critiquer, plus globalement, la gestion des colonies, comme le fait également Churchill, qui est pressenti en ce début d'hiver pour devenir le prochain ministre des Colonies.

Depuis que Lowell Thomas a lancé sa série de conférences illustrées sur lui, Lawrence est extraordinairement populaire. Lui le modeste excentrique, l'incroyable génie, l'Oriental assimilé... Les journaux se l'arrachent et il n'a pas de difficulté à faire passer ses tribunes sur la cause arabe là où il le souhaite. Le *Daily Express* lui ouvre ses colonnes. Le *Sunday Times* aussi. Il y écrit, le 20 août 1920 : « Nous avons dit que nous allions en Mésopotamie pour battre la Turquie. Nous avons dit que nous y restions pour délivrer les Arabes de l'oppression du gouvernement turc, et pour rendre accessibles au monde ses ressources en pétrole et en blé [...]. Notre système est plus mauvais que le vieux système turc. Eux gardaient incorporés quatorze mille conscrits du pays et tuaient en moyenne deux cents Arabes par an pour maintenir la paix. Nous avons quatre-vingt-dix mille hommes, avec avions, automobiles blindées, canonnières et trains blindés. Nous avons tué dix mille Arabes dans le soulèvement cet été [...]. On ne nous a pas dit ce que les gens de là-bas demandent [...]. Combien de temps permettrons-nous que des millions de livres, des milliers d'hommes de troupe de l'Empire et des dizaines de milliers d'Arabes soient sacrifiés au nom d'une certaine forme d'administration coloniale qui ne peut profiter à personne qu'à ses administrateurs ? »

Alors que la première assemblée générale de la Société des Nations s'ouvre à Genève, le 15 novembre, un accord franco-britannique se prépare pour délimiter les frontières de la Syrie et de la Palestine. Nommé en février 1921, à la demande de Churchill, conseiller aux Affaires arabes dans le Colonial Office, Lawrence se fixe un but : d'abord, aider Faysal à occuper une place dans la région, de préférence en Mésopotamie, le convaincre, subsidiairement, d'aban-

Les participants de la conférence du Caire posant devant les pyramides et le Sphinx :

donner son idée de vouloir soulever les Arabes contre les Français. À la conférence du Caire, décidée par Churchill et dont Lawrence est un artisan essentiel, les Britanniques font une proposition, le 22 mars 1921. Tout d'abord, transformer les mandats en «alliances». Faysal pourrait

de gauche à droite, Clementine Churchill, Winston Churchill, Gertrude Bell, Lawrence.

ensuite prendre la tête de Bagdad et briguer le trône d'Irak, un État beaucoup plus peuplé et plus riche que ne l'est la Syrie, et dont la sécurité serait assurée par la Royal Air Force, commandée par sir Hugh Trenchard. Reste à décider Abdallah, l'autre fils de Hussein, de prendre la tête de la Transjordanie, un nouvel État soutenu par les Britanniques et qui sera créé le 1er avril. Pour le convaincre, Lawrence file à Jérusalem, où se trouve Abdallah et où il va également rencontrer Herbert Samuel, le haut-commissaire en Palestine, réputé très favorable à la cause sioniste. Le 1er avril, Thomas Edward est à Amman. La RAF fait un ballet aérien magnifique au-dessus d'Amman et Abdallah, rassuré de savoir le ciel gardé, offre une grande fête aux officiers britanniques ainsi qu'à Lawrence. Faysal retrouve Lawrence à Port-Saïd le 15 avril et dit accepter les conditions proposées lors de la conférence du Caire. Y compris négocier avec l'ennemi de toujours, Ibn Séoud.

Quelques semaines plus tard, Lawrence, avec les pleins pouvoirs – il est nommé plénipotentiaire, sous le Grand Sceau –, va négocier à Djedda un traité de paix historique entre Hussein et son concurrent de toujours dans la région. Mais Hussein, plus borné que jamais, partagé entre l'arthrose et la fureur, tout à ses crises d'autant plus fortes qu'elles ont un public occidental, n'accepte pas les termes du traité du Hedjaz retenus à la conférence du Caire, refuse le mandat sur la Palestine, l'existence d'un Foyer national juif. Va-et-vient incessants, jusqu'à ce que Hussein menace, devant Lawrence, de se suicider! Abdallah, de Transjordanie où il a rétabli le calme, propose, fin octobre, un nouveau projet de traité qu'il assure pouvoir faire signer à son père. Nommé émir de Jordanie, il en deviendra le roi en 1946. Quant à Faysal, il s'installe sur le trône d'Irak à la fin 1921, à Bagdad, l'ancienne capitale des Abbassides, qu'il ne quittera pas jusqu'à sa mort, en 1933.

Mais Lawrence est découragé : entre septembre et décembre 1921, il a fait une dernière mission de bons offices à Amman, où on l'a nommé représentant britannique en chef, chargé d'aider à la mise en place de l'administration du nouvel État. Il a pourtant « la conviction que l'Angleterre est sortie de la question arabe les mains propres ». Certes, le pouvoir des fils de Hussein est placé sous un étroit contrôle britannique, Faysal et lui ont tout de même échoué à Damas, l'ancienne capitale des Omeyyades où les Français font leur manège! Mais les accords Churchill « ont rempli honorablement l'ensemble des promesses que nous avions faites aux Arabes, du moins en ce qui concerne les "sphères d'influence" britanniques ». Avec Winston Churchill, il a « débrouillé cet imbroglio oriental, un devoir qui m'incombait, car j'avais été en partie responsable de l'imbroglio en question. Comme le Moyen-Orient s'en est bien tiré! C'est lui qui, plus qu'aucune autre partie du monde, a bénéficié de cette guerre [...] ». Et à tous les chicaneurs arabes, Lawrence répond, en jouant le rôle de l'insupportable invalide et en exhibant ses blessures, plus de soixante, « dont les cicatrices témoignent de mes souffrances au service des Arabes : elles sont la preuve que j'ai travaillé sincèrement dans leur camp. Ils m'ont trouvé démodé, et j'ai été heureux de me retirer d'un milieu politique qui n'avait jamais été vraiment le mien». Il ne pense plus qu'à quitter cette région, «ce cimetière des empires», la table des négociations avec Hussein qui n'en finissent plus. Il veut écrire son livre, le réécrire plutôt. La page des Arabes est tournée.

Depuis le 1er mars 1922, il s'est mis en réserve, tente d'entrer dans la Royal Air Force, en faisant de nombreuses démarches. Tout en étant censé travailler pour le Colonial Office, il ne dépense pas son salaire, qu'il fait verser à la caisse publique. De même, il a toujours refusé de toucher sa solde d'officier britannique pendant toute la campagne de la Révolte arabe, afin de rester «libre de toute allégeance à l'égard de son pays». La pauvreté, autre vœu après la chasteté. Lawrence a décidé de vivre pauvrement. Sans s'embarrasser de comptes en banque, de biens, de propriétés. Un Diogène qui ne posséderait même pas sa lanterne ou son tonneau. Le 15 du mois précédent, il avait écrit dans ce sens à sa mère : «J'ai décidé de me débarrasser de tous les objets qui m'encombrent : livres, tableaux surtout. Je voudrais pouvoir faire tenir tout ce que je possède dans mes poches, ou même dans mes mains […]. Je pense à l'armée de l'air. Bien sûr, je suis trop vieux pour m'engager, mais je crois pouvoir trouver dans le curieux esprit – ou l'absence d'esprit – de la RAF un sujet de livre. L'interminable combat que j'ai dû livrer pour raconter les campagnes de Faysal m'a donné la fièvre… de l'encrier. C'est tout de même bizarre qu'il soit impossible de rester seul. C'est l'unique expérience que l'humanité n'ait jamais entreprise, et je suis absolument certain qu'on ne peut la réussir qu'au milieu de la foule. Le problème, pour moi, c'est de rester "intouchable" : tant de gens veulent vous parler ou vous toucher [...]. »

Lawrence, entre deux sessions d'écriture de son livre, ne cesse d'envoyer des lettres de démission à Churchill, qu'il révère, et qui les lui refuse régulièrement. Thomas Edward a bon espoir dans le protectorat britannique en Irak et dans l'alliance que les deux pays s'apprêtent à signer. Mais il n'en peut plus du jeu politicien. « Quiconque est monté aussi haut et aussi vite que moi, quiconque a vu autant que moi les hautes sphères de ce monde aurait quelque sujet de perdre toutes ses ambitions et d'être dégoûté des mobiles ordinaires de toute action. » À la mi-juillet 1922, les deux hommes tombent d'accord. Lawrence est enfin libre. En Churchill qui perd les élections en novembre, il salue l'homme « qui place l'honnêteté avant la recherche de l'intérêt personnel ». Lawrence quittera à jamais la scène orientale. C'est à peine s'il suit les développements de la situation, l'abdication en 1925 de Hussein en faveur de son fils Ali, la prise de La Mecque par Ibn Séoud, puis celle de Djedda et de Médine, la fuite à Chypre du vieux chérif, ancien roi du Hedjaz, son assassinat en 1931 à Amman et son enterrement à Jérusalem... Ou encore le nouveau bombardement de Damas par les Français, en mai 1926, la découverte de puits de pétrole très importants en Irak par la Turkish Petroleum Company, les incidents entre juifs et musulmans en Palestine, la création de l'Arabie saoudite en 1932, la mort de Faysal, par suite d'une maladie de cœur, en

Suisse, le 11 septembre 1933... Lawrence ne le reverra qu'une seule fois, amical et plein de prévenances, lors d'un déjeuner, en septembre 1925, à Shillinglee Park, Chiddingfold, dans le Surrey, chez lord Winterton. Une maison qu'ils connaissent bien tous les trois parce qu'ils y ont passé une nuit, en 1921, pour convaincre Faysal d'oublier la Syrie et d'accepter de régner sur l'Irak... Avec la disparition de Faysal, Lawrence sait que leur aventure partagée est terminée : « Je pense à sa mort en éprouvant presque du soulagement – tout comme on verrait rentrer au port un bateau qui est beau mais tient mal la mer, alors que le baromètre est en train de chuter. Il en est sorti, intact. »

Faysal aurait dit, les dernières années, qu'il prenait Lawrence pour un aventurier, plus préoccupé de sa propre « réclame » que d'autre chose. Depuis qu'il a quitté le théâtre des opérations, Lawrence connaît en réalité l'insignifiance de sa mission, leur aspect très local, leur limitation. Il sait la naïveté qui a été la sienne en voulant à la fois servir l'Empire britannique, les peuples nomades et les peuples sédentaires de Syrie et d'Irak, cette naïveté qu'il y a à craindre ainsi le parjure comme il l'a craint si souvent ; il se souvient avec un peu d'amusement de cette lettre qu'il avait envoyée, il y a deux ou trois ans, à un fonctionnaire du Foreign Office en affirmant vouloir « former une nouvelle nation d'hommes conscients qui tous acclameraient notre liberté et demanderaient leur admission dans notre Empire ». Comme Jésus, Mahomet, comme Rimbaud ou Dante, il est un de ces héros dont la vie est coupée en deux.

Il s'apprête aujourd'hui à vivre son hégire, sa fuite, son exil. « J'en ai fini avec la politique, fini avec l'Orient, et fini avec l'intellectualité. Dieu, que je suis donc las! Je voudrais tant m'étendre pour dormir et mourir. Mourir est ce qu'il y a de mieux, parce qu'il n'y a point de diane. Je voudrais oublier mes péchés et l'écœurement de ce monde. »

Lawrence en 1918.

Le roi sans couronne ou la fabrication d'un héros

X •1919-1920

Je me rends compte avec tristesse de ce que fait M. Lowell Thomas. Il est arrivé en Égypte pour le compte du gouvernement américain, il a passé deux semaines en Arabie (au cours desquelles je l'ai vu deux fois) et c'est là qu'il a semblé renifler ma valeur marchande en tant que « star » pour ce film. De toute façon, depuis, il a donné des conférences en Amérique et à Londres, et il a écrit sur moi une série de six articles en Amérique et en Angleterre. Ils sont puants au possible et me rendent la vie très difficile, car je n'ai ni les moyens matériels ni le désir de jouer à jet continu ce personnage de saltimbanque dont il m'affuble.

Il possède quantité de renseignements exacts, et il les relie les uns aux autres avec des histoires glanées chez des officiers, ou qui sont le fruit de son imagination. Il m'a demandé de corriger ses épreuves : mais j'ai décidé que cela m'était impossible car je ne pouvais en laisser passer le dixième et c'était de là qu'il tirait ses moyens d'existence. Il m'a alors

Portrait de Lawrence à Aqaba.

demandé comment je réagirais à des affirmations erronées et j'ai répondu que je ne confirmerais ni ne nierais rien publiquement. Sa production semble trop évidemment journalistique pour avoir beaucoup de poids auprès de qui que ce soit de sérieux [...]. Je ne bronche pas alors qu'il me traite d'Irlandais, de prince de La Mecque, et autres imbécillités, et il semble difficile de rectifier tout cela [...].

Le jour et la nuit, l'ombre ou la lumière. Depuis longtemps, Lawrence joue à cache-cache avec lui-même. Comme enfermé dans un mensonge. Le vrai, le faux, deux faces d'une même pièce. À ses yeux, du mauvais théâtre, mais joué sincèrement. Le pire. Une farce. La vie, quoi! Sa vie comme une fraude. Une superproduction grotesque, le dernier avatar de l'orientalisme avant que cette page soit enfin tournée. Un comble, pour lui, Lawrence, qui a voulu donner la parole aux Arabes, faire entendre leur voix souvent peu indulgente, pour nous, les Occidentaux! Mais c'est ainsi, et c'est bien, l'Histoire sait où elle va, et surtout quand elle renverse les perspectives. Mais, aujourd'hui, avec cette comédie, la civilisation régresse. Et dire qu'il y a du public pour regarder, applaudir! Lawrence n'aime pas, il le reconnaît, cet ego qu'il peut voir et entendre en lui. Mais qui existe si fortement, si douloureusement. À lady Scott, il a dit l'essentiel : « Si vous voulez vraiment me sculpter, traitez-moi comme un modèle quelconque et non comme "la figure la plus romantique de la guerre". J'en ai assez des projecteurs, je ne suis pas un acteur et je ne redeviendrai jamais une personne publique. Ce n'était qu'un effort de guerre, imposé, involontaire. Ne me faites pas en colonel Lawrence : il est mort le 11 novembre 1918. » Thomas Edward entre à reculons dans la lumière. Besoin d'éblouissement. Comme dans le désert. Mais dos au mur. Il confie, en 1919, à Richard Meinertzhagen qu'enfant « il voulait devenir un héros, et qu'il passait son temps à combattre deux tendances opposées : se ruer sous les projecteurs, ou se cacher dans l'obscurité – mais qu'il avait toujours choisi les feux de la rampe ». Lawrence semble encore hésiter entre se dissimuler ou exposer sa légende en pleine lumière, lui le petit héros de la guerre. Merci, Hogarth, merci, Storrs, merci à vous d'avoir tant fait pour sa gloire, merci, Lowell Thomas surtout !

« En ce moment même, quelque part dans Londres, se dissimulant aux regards d'une armée d'admiratrices, de journalistes, d'éditeurs, de chasseurs d'autographes et de toutes sortes d'admirateurs de héros, se trouve un jeune homme dont le nom rejoindra dans les annales de l'Histoire ceux de sir Francis Drake, de sir Walter Raleigh, de lord Clive, de Charles Gordon, et de tous les autres héros célèbres du glorieux passé de la Grande-Bretagne. Sa première ligne de défense contre ces soi-disant visiteurs est une logeuse amazonienne qui se bat nuit et jour pour préserver son hôte illustre de ses admirateurs [...]. En ce moment même, ce jeune homme est en train de se précipiter d'un point de Londres à l'autre, en civil, un chapeau trop grand de trois tailles rabattu sur les yeux, à essayer d'échapper au beau sexe [...]. »

Lowell Thomas est lyrique, du début de son exorde à la fin du spectacle dans lequel il se produit, jouant lui-même le rôle du roi sans couronne. Avec un yatagan d'or à la ceinture, l'arme réservée aux descendants du prophète Mahomet. En tenue de Bédouin sur la scène de Covent Garden, à Londres. Lowell Thomas n'est pas beau, certes, bien plus grand que son modèle, mais sur scène, sous les projecteurs, il fait illusion et le public est captivé. Son vocabulaire est fiévreux, celui, un peu enflé, du grand génie charismatique. Et avec lui, les chiffres sont à la hausse, les adjectifs gonflés à l'hélium : la récompense pour la capture du héros, mort ou vif, est de cent mille livres, les nomades sont les farouches enfants d'Ismaël, Lawrence a plus fait pour unifier les peuples d'Arabie que tous les sultans et émirs depuis le siècle du Grand Calife, il y a six cents ans...

En rejoignant la guerre en Europe, les États-Unis avaient eu besoin qu'on encourage leur opinion publique. Les articles à sensation de Lowell Thomas dans le *Chicago Evening Standard* lui avaient valu d'être missionné, tant par des industriels que par l'administration Wilson, pour écrire en Europe et au Moyen-Orient, l'autre front, une série de papiers présentant sous un angle encourageant la guerre des Alliés. Avec Harry Chase, son cameraman, ils avaient rencontré le général Allenby, qui s'était distingué en faisant tomber l'axe germano-turc. Thomas voulait prononcer des conférences illustrées de voyage («travelogues») en Europe et aux États-Unis, et cela dès son retour du champ des opérations : un peu de littérature illustrée de plans fixes et de séquences filmées. Chase fabriquerait d'excellentes images, fixes, des photographies qu'on saurait coloriser à la mode fleurie du temps, et des images animées avec ses machines dernier cri. Lowell était connu pour être, par ailleurs, un orateur hors pair. Le Foreign Office, comme l'administration américaine, avait donc été très favorable à cette entreprise. Le front occidental, avec ses tranchées, n'offrant guère d'alternative séduisante, il ne restait plus qu'à organiser le séjour des deux hommes à Jérusalem, à Aqaba...

Lawrence avait rencontré Thomas à Jérusalem et, conscient de l'impact qu'une visite comme celle-ci pouvait apporter en publicité à la Révolte arabe, il avait posé sans tarder, en tenue de Bédouin. Y compris sur le balcon de la Résidence britannique. Thomas, après une première série de clichés, avait demandé à se rendre à Aqaba pour y visiter les forces arabes et en avait obtenu, fait très rare, l'autorisation. Le 27 mars 1918, Thomas et Chase étaient donc arrivés à Aqaba. Ils avaient convaincu Lawrence de leur donner une ultime série posée, et s'étaient engagés à prendre des photos auxquelles Lawrence tenait beaucoup, celles des chefs arabes.

Ce fieffé coquin de Lowell Thomas exagère largement. En de nombreux domaines. Mais d'abord en prétendant avoir passé de nombreuses journées avec Lawrence... Qui ne l'a vu que quatre à cinq jours à Aqaba, à un moment particulièrement monotone de la révolte. « Bien sûr, il n'a jamais mis les pieds sur la ligne de feu, il n'a jamais assisté à une seule opération ni monté un chameau à mes côtés [...]. Thomas vit un *scoop* dans notre théâtre secondaire,

Lawrence et Lowell Thomas à Aqaba, en 1919.

et vint passer dix jours à Aqaba. C'est là que je le vis pour la deuxième fois, mais j'eus à faire à l'intérieur et repartis. Il rasait les autres [...]. » L'ennuyeux Thomas, faute de passer beaucoup de temps avec son nouveau héros, avait interrogé de nombreux témoins et proches de Lawrence, qui s'obstinait à placer le mérite de la révolte sur les épaules des chefs arabes et de ses compagnons britanniques.

New York, mars 1919. Sur la scène du théâtre, les danseuses des sept voiles, un chanteur qui appelle à la prière, quelques petits chameaux qui se croisent, esquissent vaguement un galop avant de se prendre les pieds dans les tapis de coulisse. Même si l'affiche insiste sur le rôle d'Allenby en Palestine et place au second plan

Lawrence en Arabie, c'est le personnage du roi sans couronne, du prince de La Mecque qui retient l'attention du public. Lawrence, dans la robe blanche de l'acteur qui le joue, évoque au public américain Rudolph Valentino, également petit, mais grand séducteur d'Hollywood, qui sera plus tard aimé, adulé pour ses interprétations dans *Le Cheik* et *Le Fils du Cheik*.

En l'espace de quelques mois, plus d'un million de personnes ont assisté aux représentations autour du général Allenby et de Lawrence d'Arabie aux États-Unis. Le spectacle commencé en mars 1919 à New York, au Century Theatre, puis à Madison Square Garden, arrive mi-août à Londres, invité par l'agent Percy Burton. Burton paie le prix fort à Lowell, mais il sait, en bon homme d'affaires, qu'il y a un large public pour pareil spectacle au Royaume-Uni. Le *Times* propose ainsi à l'imprésario une somme considérable s'il obtient une interview de Lawrence, qui, bien entendu, s'y refuse. Les conférences illustrées sont données à Londres à guichets fermés, d'abord à Covent Garden, puis à l'Albert Hall. Deux séances par jour du 14 août 1919 à la fin janvier 1920. Sans relâche. Le *Daily Telegraph* est enthousiaste : « Maintenant, grâce à M. Lowell Thomas et à ses images animées, Lawrence porte définitivement l'estampille des élus. » Son nom restera, assure le journal, dans la postérité parmi une douzaine d'hommes qui ont dominé l'histoire de l'humanité depuis ses débuts. Lawrence, devenu l'idole des matinées, craint cependant que ses origines, sa bâtardise ne soient dévoilées dans ce portrait grossier. Sainte horreur de la révélation d'un pareil secret. Il transige donc avec

Thomas, qui, *de facto*, considère que, s'il en discute des détails, Lawrence bénit l'ensemble de son projet. Entre deux négociations avec Faysal et quelques journées et nuits passées à écrire son livre, Lawrence se démène pour qu'on l'oublie. Le *Strand Magazine* publie un reportage détaillé sur Lawrence et sa famille, numéro dans lequel le Premier ministre Lloyd George témoigne de ce que «tout ce que dit Lowell Thomas sur le colonel Lawrence est vrai. Selon moi, le colonel Lawrence est l'une des personnalités les plus remarquables et les plus romantiques des temps modernes». Il est temps que Lawrence fasse entendre sa voix, ses mots… Et ce livre qui n'en finit pas de s'écrire, de se perdre, de brûler, d'être repris, corrigé, réduit, développé, coupé, cicatrisé…

À Londres également, un million de spectateurs se présentent au théâtre pour connaître les aventures du chérif de La Mecque, du roi sans couronne… La Welsh Guard est réquisitionnée et fait un triomphe avec son inépuisable répertoire de musiques militaires. Sur la scène, un décor de clair de lune. Lawrence vient lui-même, en cachette, cinq fois, assister au «travelogue», et s'en excusera presque auprès de son éditeur, le 20 mars 1920 : «Ce n'est pas que je déteste être connu – j'adorerais ça –, mais je ne puis me le permettre.» Les têtes couronnées et les principaux politiciens du pays assistent tous aux conférences qui sont devenues un phénomène public. Le spectacle qui n'en finit pas de durer à l'affiche londonienne se déplace alors au Philharmonic Hall, puis au Queen's Hall.

Après quatre mois de franc succès à Londres, la production tourne dans un certain nombre de régions, puis dans plusieurs pays de l'Empire britannique, en Australie, en Asie du Sud-Est, en Inde, au Canada. Elle sera ainsi vue par plus de quatre millions de personnes.

De ce jour, la vie de Thomas Edward change. Son visage a fait le tour du monde ou presque, les unes de nombreux journaux et magazines. Certes, il porte dans «la dernière croisade» une robe et un keffieh blancs d'émir, un poignard d'or de La Mecque à la ceinture et un agal sur le front, mais des photographies de lui en civil ou en uniforme britannique ont été publiées. Malgré sa petite taille, son mètre soixante-six, et les premières histoires qui commencent à circuler sur lui, le beau célibataire du Hedjaz devient l'idole d'une importante partie de la gent féminine. Il ne peut plus sortir dans la rue sans être alpagué, embrassé, congratulé, interrogé sur tout et rien, reconnu bien entendu. Photographié, souvent. Contre son gré. Voleurs d'images, de vie privée. Il est l'homme le plus portraituré du moment, de la Grande-Bretagne certainement, de l'Europe peut-être. À son domicile, il reçoit des dizaines de lettres par jour, des demandes en mariage, des propositions de conférences aux quatre coins du monde, dans des universités, des théâtres, des music-halls, des sollicitations financières, des offres ou des demandes d'emploi, des lettres d'enfants, de fous, de prisonniers, de criminels, de militaires... Il entre ainsi, bien malgré lui, au *Who's Who*, en 1921, avec une notice accablante : «Thomas Edward Lawrence, archéologue, savant arabisant [...] sous-lieutenant en 1914, lieutenant-colonel, prince de La Mecque en 1917 [...].» Notice qui lui fait honte, et qui sera changée dans l'édition suivante.

Un jour, peut-être, on dira de lui qu'il était, avant toute chose, un grand écrivain, un de ces auteurs qui ont tant besoin de vivre pour produire une œuvre, mais dont la vie qui intéresse au début, de son temps, passe pour mineure, rapportée, plus tard, aux livres. Sa vie, avec Lowell Thomas, est devenue, il est vrai, un exécrable feuilleton. Lawrence, au début de toute cette cohue, fait preuve d'une patience d'ange. Avec un soupçon de cabotinage, un soupçon de vanité. « Il est très désagréable de voir son nom imprimé – et en dépit de la très agréable façon dont s'y prend Lowell Thomas, j'aurais vivement souhaité qu'il ne m'eût pas inclus dans son spectacle palestinien. Je suis navré de paraître aussi apathique. » Et il glousse. Ce gloussement caractéristique est un réflexe de défense dans un corps d'athlète, d'acrobate... Lawrence est tout simplement effrayé par « cette image stupide d'un fantôme, une sorte d'idole des femmes accoutrée comme un travesti ».

Printemps 1921. Lawrence vient d'apprendre que Lowell Thomas a l'intention de publier chez Hutchinson une biographie de lui. Un ouvrage probablement tiré d'une série d'articles de la revue américaine *Asia*. « À soixante-dix pour cent inexacts, précise Lawrence, insultants à dix pour cent pour les Anglais et les Arabes concernés : partiellement de l'impure imagination, et partiellement des citations perverties d'articles (de moi ou d'autres) imprimés dans le *Bulletin arabe*. » Thomas Edward suggère que le Foreign Office, éditeur du *Bulletin arabe*, exige la relecture du texte avant publication. Il considère cette affaire comme semi-officielle, en raison des négociations qui se tiennent alors avec Hussein et ses fils. La lettre aimablement intimidante du Foreign Office à l'éditeur fait son effet, semble-t-il, car plutôt que de passer par l'épreuve de la censure, Hutchinson retarde l'édition de la biographie de quatre bonnes années. Assez de temps gagné pour que Lawrence publie son propre livre !

Quand on lui demandera ce qu'il pense de l'ouvrage de Lowell Thomas, finalement édité en mai 1925, avec un fort tirage, Lawrence sera souvent très fair-play : « Il n'a passé que dix jours en Arabie, où il me vit seulement deux fois ; plus une fois à Jérusalem. Ensuite, j'ai déjeuné avec lui une ou deux fois à Londres. Son livre est stupide et inexact – parfois volontairement. Mais il avait de bonnes intentions. » Pourquoi s'en prendre davantage à ce caïman sympathique de la presse à sensation ? C'est que Lawrence a souvent le sentiment d'avoir échoué dans sa propre entreprise : le portrait flatteur que Thomas fait de lui, une sorte de quintessence d'Aladin, le touche en même temps qu'il l'agace. Il refuse donc de commenter en détail le livre du journaliste, qui prépare déjà une édition de *With Lawrence in Arabia* pour les enfants ! *The Boy's Life of Colonel Lawrence*. Et qui fera des émules, dans les années trente, avec les épouvantables *Lawrence's Bodyguard* et *Led by Lawrence*, de Stephen Slade... Mais quand Thomas Edward apprend que son ami E. M. Forster veut écrire une critique de la biographie, il en détaille tous les mensonges effrontés, les inventions délibérées, les commérages indélicats. Et

George Bernard Shaw de se moquer, comme toujours, en fidèle ami qu'il est : « Quand T.E. était au milieu de la scène, avec dix projecteurs braqués sur lui, tout le monde le montrait du doigt en disant : "Regardez! Il se cache! Il déteste la publicité!" En réalité, il était tellement voyant qu'il en était gêné et qu'il fit même quelques efforts, sans conviction, pour se dissimuler aux autres. Mais c'était inutile; il était le plus espiègle des comédiens et il faisait toujours quelque chose qui l'éclairait en plein. »

Lawrence en costume arabe, photographié par Harry Chase.

Et Lowell Thomas d'ajouter : « Il se cachait de l'admiration publique en se dissimulant sous les projecteurs. » La tolérance de Lawrence vis-à-vis de Lowell peut parfois étonner. Car du jour où le héros a été fabriqué, Thomas Edward ne va plus vivre. Il se contentera d'écrire, son dernier oxygène. Son moindre mouvement sera épié, on le traquera sans relâche, en Angleterre comme au bout du monde, dans une forteresse en Inde comme dans un camp de blindés dans le Dorset, dans sa cachette de Clouds Hill comme en plein Londres. Et sa fuite elle-même va écrire un nouvel épisode de cette légende qui demande tant à être documentée, filmée, photographiée, jetée en pâture aux marchands de papier. C'est probablement une première : jamais un homme ou une femme, fût-il un grand artiste, un souverain, n'a jusqu'alors été autant poursuivi, recherché par la presse du monde entier. Lawrence sait qu'il ne peut rien, ou si peu, contre Thomas : « Je ne le rémunère pas […] mais je pourrais faire s'écrouler son château de cartes d'un coup de pied si j'en avais assez, et il faut donc qu'il se montre poli. En fait, c'est un type très bien – mais un journaliste américain en mal de *scoop*. »

John Hume Ross en route vers l'effacement de soi

XI • 1922-1926

*La RAF, c'était, aux temps modernes, ce qui se rapprochait
le plus d'entrer dans un couvent du Moyen Âge.
C'était vrai à plus d'un sens. Le mécanicien est coupé
de toute communication réelle avec les femmes. Il n'y a point de
femmes dans les machines, dans quelque machine
que ce soit. Aucune femme, j'en suis convaincu,
ne peut comprendre le bonheur d'un mécanicien.*

*Ici, tous les hommes se sont engagés parce qu'ils étaient
hors combat. Nul ne parle d'avancement, de métier,
de prouesses. Nous sommes tous ici, en dernier ressort,
par la force des choses et nous présupposons les uns
chez les autres cet échec de la nature, de sorte que la moindre
prétention ne serait pas seulement un objet de dérision,
mais quelque chose d'à peu près aussi impossible que n'importe
quoi d'humain. Nous sommes socialement une sorte
de sédiment, formé de tous ceux qui sont inaptes à la lutte
pour la vie : et chacun de nous estime certain que le monde
serait plus propre si nous étions tous morts et privés de sentiment.*

Été 1922. Le héros de la Révolte arabe, déjà consacré légende sur les grands théâtres du monde, va brutalement redevenir poussière et mythe à la fois. Dans un tel mouvement inédit, avec une telle violente sincérité, une telle radicalité jamais encore atteinte, que le choix qu'il va faire – et tenir sur la durée – éclaire soudainement tout le

Lawrence à l'époque de son engagement dans la Royal Air Force.

reste, le passé comme l'à-venir ; et balaye magistralement toutes les critiques sur l'exhibitionnisme, les soupçons de fabulation. On ne met pas en scène sa solitude quand elle est aussi vertigineuse.

Thomas Edward choisit l'évangile du dénuement. Rien n'est religieux chez lui pourtant, nulle transcendance divine. De la métaphysique seulement. Du nihilisme, certainement. Nietzsche absolument. Il aurait pu vivre de sa bourse d'All Souls, mais il veut fuir sa mère, ce qu'il reste de sa famille à Oxford, il abandonne l'appartement de l'université et préfère rester dans sa mansarde du 14 Barton Street, à Londres. Lawrence erre des nuits entières dans la capitale, sur les bords de la Tamise. À la recherche de lui-même. Été de misère. Dans un costume misérable, élimé. Il dort une ou deux fois dehors, se dit que pour les visionnaires, seul l'échec est tolérable. Il ne supporte plus l'image de lui qui fait le tour du monde. Il a peur que, même sous le masque du mendiant, on ne le reconnaisse. Il veut écrire un livre.

Son livre sur la caserne. Après celui de la Révolte arabe qu'il n'a pas encore publié. Son *Odyssée* du désert, son *Iliade* intérieure. L'homme est schizophrénique. D'avoir été placé si haut, il veut maintenant s'abaisser complètement. « Le meilleur endroit pour voir quelque chose est au niveau du sol. Du niveau d'officier, ça ne parviendrait pas à "s'écrire". » Il a vraiment aimé, dans le désert d'Arabie, les sorties entre recrues dans les voitures blindées, les soirées dans les baraques des forces aériennes. À la frugalité de l'homme du désert, il a d'abord associé la pénitence du chevalier, du croisé. Aujourd'hui, c'est à la discipline de l'homme de troupe qu'il veut se plier. Il s'en persuade : « Nous sommes la lie de la société, les hommes inaptes à la lutte pour la vie. Chacun de nous n'a pas plus d'estime pour les autres qu'il n'en a eu pour lui-même. »

S'il n'écrit pas, il va mourir. Tout remonte. La publicité faite par le spectacle de Lowell Thomas a fait resurgir les vieilles lunes criminelles. Lui, l'homme le plus libre dans le désert le plus libre, l'homme le plus acclamé. Lui, l'enfant, l'adolescent le plus prisonnier du mensonge, de lui-même. Le père, mort maintenant, la fausse famille. Bâtard ! Cette honte qui l'habite depuis la naissance et dont il ne se guérit qu'à travers le fouet, celui de Sarah, le fouet de Deraa, celui de Bruce bientôt, la servitude contrainte et honteuse. La parole donnée à Dahoum, à Faysal et aux siens et l'incapacité d'être à la fois avec eux et Britannique en même temps. La mort gratuite et ignoble semée lors de la prise de Tafileh, celle, terrible, donnée à Faradj... « Les pires névroses sont celles dont on ignore la cause. Si ma réussite n'avait pas été aussi grande, aussi facile, j'aurais eu moins de mépris pour elle. Mais quand au bonheur de mes entreprises s'est ajoutée la fortune littéraire, elle aussi du premier coup, eh bien ! je me suis effondré et j'ai couru me cacher ici [...]. Je serais bien tenté de m'enfuir, si mes désirs l'emportaient sur ma volonté. Mais la conscience, chez les gens sains, n'est qu'une forme équilibrée du sadisme [...]. Ce que mes sens ont en horreur, ma volonté m'y contraint. Vivre confortablement serait pour moi, maintenant, un péché. » Besoin d'expiation, s'oublier, renoncer à soi, se détruire. Dégradation. Pénitence. Jouissance dans la douleur. Être un moine laïc. Il faut qu'il redevienne humain : « Cela va être une période de sommeil cérébral, et j'en sortirai moins singulier que je n'y suis entré ; moins singulier du moins aux yeux des autres hommes. » Il veut faire disparaître le colonel Lawrence : « Je n'aime pas ce que la rumeur a dessiné de lui – en rien la sorte d'homme que je voudrais être », écrit-il à Hogarth.

Dès le 22 juillet 1922, l'Air Chief Marshal Hugh Trenchard approuve donc l'engagement très discret de Lawrence dans la Royal Air Force. C'est l'aviation, voie de salut pour atteindre le ciel, technique de pointe, corps d'élite, que Thomas Edward choisit et aucune autre arme : « La conquête de l'air me paraît la seule tâche majeure de notre génération. » Le 16 août, Thomas Edward reçoit un courrier de l'Air Vice-Marshal sir Oliver Swann : « Présentez-vous vers 10 h 30, le 21 août, au Centre de recrutement de la RAF, Henrietta Street, à Covent Garden. Demandez le capitaine Dexter. Vous lui expliquerez nos arrangements, mais ne lui direz ni toute la vérité ni votre vrai nom. » Thomas Edward obtient de repousser le rendez-vous au 30 août et dort très mal la nuit qui précède. « Honnêtement, je ne pourrais vous dire exactement pourquoi je me suis engagé : bien que la nuit qui a précédé (une nuit très épatante, d'ailleurs : j'avais l'impression d'être un criminel attendant le jour), je me sois levé pour écrire toutes les raisons que je pouvais apercevoir ou éprouver en moi de le faire, mais elles ne se ramenaient pas à grand-chose de plus qu'une démarche nécessaire qui m'était imposée par le désir de m'abaisser au niveau du sol, et par un faible vœu de me rendre un peu plus humain [...] par une démangeaison de devenir ordinaire au milieu de la foule de mes semblables; et puis, pour ce qui est de l'argent, je suis fauché [...]. Toutes ces raisons ne sont rien de plus et, à moins de s'ajouter les unes aux autres, elles sont misérablement insuffisantes. Je voulais m'engager, c'est tout [...]. Cela va me mettre le cerveau en sommeil, et j'en sortirai moins bizarre que je n'y serai entré», écrit-il à Robert Graves. Dexter est au rendez-vous, récupère deux certificats de bonnes vie et mœurs, des attestations d'emploi, lui fait remplir quelques imprimés, note son nouveau nom : «John Hume Ross», une date de naissance (Lawrence se rajeunit : il a trente-quatre ans mais en déclare vingt-huit), une profession («commis d'architecte»). Ross prétend n'avoir jamais servi dans l'armée, avoir été à Smyrne au début de la guerre, y avoir été interné par les Ottomans parce que britannique. Quant à son plus proche parent, il cite le nom de Vyvyan Richards. Il a les nerfs en lambeaux et le cœur battant. Dexter lui fait subir un bref examen médical, Ross est mesuré, un mètre soixante-sept, un centimètre de plus qu'à l'habitude, ses cicatrices dans le dos attirent l'attention. Sa maigreur effraie : Ross est finalement rejeté pour le mauvais état de ses dents. Il repasse devant un autre médecin qui comprend enfin ce que Dexter veut, et le déclare apte. Laissant entendre qu'il est tout de même une sacrée épave... Dexter lui conseille de s'immatriculer dans telle spécialisation et lui donne un numéro de matricule, en l'occurrence 352087 A/c Ross. Puis Ross part avec un contingent de recrues faire trois mois de classes au dépôt d'entraînement d'Uxbridge, dans la banlieue de Londres, où il prête serment. Un contrat de treize ans. Comme deuxième classe, rampant, c'est-à-dire inapte à la navigation. Il fera de tout, sauf monter dans un avion : « J'ai été tour à tour garçon, livreur, boueux, employé, porcher, femme de chambre, plongeur. »

Ce matin-là, Thomas Edward Lawrence, alias John Hume Ross, puis Thomas Edward Shaw, a décidé qu'il resterait soldat de deuxième classe aussi longtemps qu'il servirait l'armée.

D'août 1922 à février 1935.

Treize ans plus tard, mi-février 1935, le soldat Shaw laisse une ultime note sur son dossier de la RAF qu'il vient de quitter à jamais : « Il y a peu à dire d'une période vouée à l'effacement de soi-même. »

Lawrence entre *en* Royal Air Force et non *à* la Royal Air Force. Religion des airs, pourrissement de la terre. Humaine, trop humaine. Avilissement, horreur, mépris... Trois obsessions pour Lawrence, désormais. Il avoue : «*L'avilissement* de ma personne est la fin que je poursuis. » Il craint «*l'horreur* qu'on connût son goût d'être connu ». Et il explique : «*Le mépris* que j'éprouvais pour ma passion d'être distingué m'a fait refuser tous les honneurs offerts. »

Les recrues de la Royal Air Force photographiées à Uxbridge en 1922. Craignant d'être reconnu et pour préserver son anonymat, Lawrence ne pose pas sur la photo, on le distingue cependant derrière la fenêtre, observant la scène.

Il note tout. Pour le fameux livre qu'il prévoit d'appeler *La Matrice*. La nuit, dans le dortoir. Sous la couverture. Veut écrire la vie des *erks*, les rampants. Le stage d'entraînement. Les exercices physiques exténuants. La promiscuité de la chambre, quelque chose de ses années d'enfance, de sa chambre avec ses frères, les corvées, corvées de char à merde, de vaisselle, pour lui le saint en salopette graisseuse, vidanges de latrines et autres nettoyages d'ordures, les brimades. L'auge, qui leur sert de bac de toilette. Aucune grandeur, de la servitude pure. Aucun masque porté, le choc de l'enrôlement. Être seul, face à soi-même. Soutenir la concurrence physique, nerveuse de la jeunesse des recrues de la Royal Air Force, lui le vieux. La masse impersonnelle des uniformes. Fraternité laïque. Tous pareils, même habit, même paie, même tambouille, même dortoir. L'épouvantable caporal-chef. Ses aboiements. La corvée de nourriture aux cochons. Les hommes qui lui font peur, leur animalité. La sodomie, pour quelques-uns d'entre eux. La chambrée, un Golgotha de l'amour. Les délicieux manœuvres et autres ajusteurs qui valent bien écrivains et peintres. Le sentiment de solidarité et de protection. Il observe peu à peu le phénomène de la vie communautaire. Prendre le pas sur les individualités : penser, décider, agir comme un seul homme! Une entité qui transcende les particularismes! «L'individu est mort pour que le groupe puisse se donner une âme.» Cette vie crasseuse, qu'il a choisi de vivre quelques mois, histoire d'écrire un livre, le passionne. «Je m'étais dépouillé de tout confort, de tout ce que je possédais pour plonger sans ménagement au milieu d'hommes qui ne me ménageaient pas, pour me découvrir moi-même.»

Il écrit. Noire mélancolie du travailleur volontairement subalterne.

Il écrit. Il passe des heures, des jours et des nuits, des semaines et des mois à imaginer ses livres, à jeter ses mots, à les reprendre cent fois, à rêver de n'avoir aucun lecteur, mais des lecteurs en même temps. Il a deux vies. La caserne avec les abrutis du monde. Les manuscrits avec la solitude pour témoin.

Une rencontre avec un autre rampant, un certain R. A. M. Guy, le distrait, l'occupe même. «Beau comme un dieu grec.» Surnommé par Lawrence ma poupée ou mon lapin. Guy, qui est son secrétaire, fait son lit, s'occupe de ses habits. En retour, il lui offre des cadeaux, des vêtements luxueux... Pour autant, la relation reste chaste, même si le sexe est omniprésent à la caserne, comme en témoignera cette lettre, en mars 1923, à Lionel Curtis : « Ce n'est pas l'obscénité qui me choque, car on ne peut appeler obscène le chien qui court après la chienne, ou les oiseaux qui s'apparient au printemps. Malheureusement, l'homme n'a pas de saison de rut : il étale toute l'année ses émois et ses ardeurs […]. Mais moi, chaque soir, quand je suis couché, la chambrée retentit des cris des chats en chaleur poussés par vingt bouches lubriques […]. » Pour Lawrence, l'acte même de toucher est une impossibilité. Des prédications d'Oxford, il a gardé la certitude que l'acte sexuel dure moins d'une minute trois quarts. Comme de nombreux engagés volontaires d'alors, il est vierge, craint les maladies vénériennes, veut rester physiquement en forme. D'ailleurs si « le plaisir pris avec un autre corps est aussi bref que l'acte solitaire, alors l'orgasme n'est, en vérité, rien qu'un spasme, une fine fraction sur le fil du rasoir du temps, lequel s'émousse par la récidive ».

En novembre 1922, Ross est envoyé à l'école de photographie de la RAF à Farnborough. Affecté aux ateliers de réparation des moteurs. Une fois encore, il regarde les autres voler, caresse les moteurs des avions, ne quitte pas l'atelier de photographie. Pour qu'il puisse justement intégrer un stage de photographie, Trenchard intervient : le lieutenant-colonel et le commandant de l'école comprennent qu'ils ont affaire à un cas particulier et finissent par reconnaître le colonel Lawrence derrière le soldat Ross. Jurent de n'en rien dire.

Mais la presse a décidé de s'intéresser à Lawrence, quoi qu'il en soit. Le prince sans couronne cher à Lowell Thomas et à ses millions de spectateurs fait vendre. Elle ne le lâchera pas, dès lors, c'est sûr. Mais il lui arrive de se tromper, comme le *Daily Mail* du 4 septembre 1922 qui prétend qu'il a «quitté Londres pour une destination inconnue à l'étranger. On pense que, étant donné la situation troublée entre les Arabes et les sionistes en Palestine, son départ revêt une signification particulière». En révélant son engagement dans la RAF au rédacteur en chef du *Daily Express* et en lui demandant de garder le secret, Lawrence fait également preuve d'une grande naïveté. La caserne le protège, croit-il. Lui qui déteste la vie d'ici, mais pense en même temps qu'elle est son meilleur remède attire les photographes. Des journalistes de l'*Express* et du *Mail* visitent le camp le 16 décembre, à la recherche de leur héros... Le commandant de Farnborough fait ce qu'il peut pour les dissuader de poursuivre leur enquête. Mais le 27 décembre, un gros titre éclate en première page du *Daily Express* : «Le roi sans couronne, simple soldat : Lawrence d'Arabie, le célèbre héros de guerre, sert comme simple soldat. Il cherche le calme et en profite pour écrire un livre.» Ainsi annoncé, le livre est mal parti. Le lendemain, un deuxième article identifie Farnborough et nomme Ross : «Il se lève à 6h30 tous les matins, se lave et se rase à l'eau froide, et fait des exercices de gymnastique jusqu'à l'heure du petit déjeuner. Ensuite, il défile avec fusil et baïonnette et commence alors une dure journée de travail.» Tout Fleet Street s'en mêle désormais. Le *Times*, l'*Observer*, le *Manchester Guardian* dépêchent des envoyés spéciaux. Sir Hugh Trenchard, patron de la RAF, est publiquement interpellé sur la présence de Lawrence comme simple soldat dans son arme. Lawrence, lors d'un entretien, confirme son refus de retrouver son grade d'officier et son désir de rester dans le rang. «J'aimais les choses inférieures, c'est vers le bas que je cherchais mes plaisirs et mes aventures. Il y avait apparemment dans la dégradation une certitude, une sécurité finale. L'homme peut s'élever à n'importe quelle hauteur, mais il ne peut tomber au-dessous d'un certain niveau animal. Je trouvais un certain repos dans cette satisfaction.» Le 23 janvier 1923, il est renvoyé de la Royal Air Force.

Lawrence ne peut se résoudre à son éviction de la RAF. L'odeur d'urine et de goudron des baraquements, de ce refuge des découragés, lui manque déjà. Il demande plus ample explication. Le ministre de l'Air se dit «horrifié par les révélations de la presse, comme le furent les officiers de l'aviation qui instruisaient la nouvelle recrue [...]. Comment traiter dans la cour de caserne un deuxième classe qui était colonel, DSO («Distinguished Service Order»), et l'un des héros de guerre les plus célèbres? demandent-ils bien naturellement. Cette situation, délicate, même entourée du secret, devenait intenable une fois dévoilée. La seule issue possible était de le renvoyer dans son foyer». Foyer? Quel foyer? La rue est son nouveau royaume. Lawrence ne supporte pas d'être libre, cette condition à laquelle il tenait tant dans le désert. Et sa gloire, son triomphe, quand il rentre à Londres, étalés dans les journaux! Il ne veut plus aujourd'hui que l'humiliation et la défaite. Adieu à l'exaltation, à la compagnie des hommes! Seules la solitude, la dégradation de soi sont acceptables... Il a besoin d'être l'enfant brûlé qui ne sent plus le feu, il a besoin de se couler dans le moule (*the mint*), la matrice de l'armée de l'air. Obéir, ne plus s'appartenir. Ne pas être responsable, enfin. N'avoir à rendre compte que de la propreté de son corps et de sa tenue militaire. Ne jamais avoir à choisir. Comme le rapporte Benoist-Méchin, George Bernard Shaw ne comprend pas la détresse incroyable de Lawrence, pour qui ce renvoi est si blessant. «Vous ne vous rendez pas compte de l'embarras dans lequel vous mettez le gouvernement. Nelson aurait bien moins embarrassé l'Amirauté si, légèrement timbré à la suite des coups qu'il avait reçus à la bataille d'Aboukir, il était rentré en Angleterre et avait insisté pour qu'on le mît à la barre d'une péniche et qu'on le traitât comme le premier venu.» Lawrence ne s'en trouve pas consolé, loin de là. «Pour pouvoir oublier le monde et se faire oublier de lui», il tente de trouver un emploi de gardien de phare! Mais tous les phares sont pourvus dans le pays!

Trenchard, cependant, est inflexible. Le ministère de la Guerre finit par lui proposer un emploi comme simple soldat – puisqu'il se refuse à être officier dans la RAF ou dans l'aéronavale et veut rester dans le rang – dans un corps de blindés. Celui de Bovington, dans le Dorset. Le Royal Tank Corps. «Les Esclaves des chars», comme les hommes s'appellent entre eux. Il doit simplement trouver un nouveau nom. «Alors, je me suis emparé de l'Annuaire de l'armée de terre, et l'ai ouvert d'un coup à l'index, et j'ai dit: "Ce sera le premier nom d'une syllabe qui y figure."» Thomas Edward Lawrence devient Thomas Edward Shaw. Matricule 7875698. Lui qui a été appelé de tant de noms pendant la guerre, El Aurens, Lurens, de surnoms comme l'Émir Dynamite ou le Diablotin du monde, gardera finalement ce nom, plus tard, dans l'aviation, dans sa vie et l'adoptera à l'état civil.

Le 12 mars 1923, le soldat Shaw fait donc son entrée au camp de Bovington. Dix-huit semaines d'entraînement pour les recrues dans une lande de silex et de sable, au milieu des pins et des chênes... «et de nombreux rhododendrons qui s'épanouissent lentement». Shaw espère l'éclosion des fleurs de bruyère. Histoire de compenser son dépit de servir dans l'armée de terre, qu'il «méprise de toute [son] âme». La vie dans les blindés est certes inintéressante, partagée entre des travaux d'entretien et des travaux de terrassement, mais elle lui laisse du temps. Et tout cela pour être payé exactement deux shillings et neuf pence par jour... Payé pour écrire ses livres, à peine en cachette, pour profiter des environs : il partage d'abord une chambre dans une maison de Moreton,

Thomas Edward Shaw, alias Lawrence, matricule 7875698, photographié vers 1924.

à quatre kilomètres du camp. Puis il entend parler d'un petit cottage à Clouds Hill, à un kilomètre et demi au nord de Bovington. En mauvais état et pas habité depuis des années. Pour dix shillings par mois et le règlement de réparations qui sont en cours, il loue la maison à l'année et dispose d'un lieu où il peut aller se reposer dans la journée, écrire, penser à la paix qu'apporte la mort et dont il a de plus en plus envie. L'endroit idéal pour relire ses textes, les corriger. L'armée l'a éloigné des manœuvres politicardes qu'il déteste, et avec ce nouveau nom, repartant au plus bas de l'échelle, il espère une vie plus heureuse. Il est employé au magasin d'habillement, marque et nettoie le linge. Les tankistes ne semblent connaître que le maniement de la brosse à astiquer. Lawrence a le sentiment de perdre son temps. Mais il y a la maison de Clouds Hill. Le refuge. Le toit est réparé en quelques jours ; pour payer les travaux, Lawrence vend à un ami le poignard en or porté pendant la Révolte arabe. Il a le temps d'exercer sa passion pour la moto. Celui de se lier avec Thomas Hardy et son épouse Florence…, à Max Gate, le nom de leur demeure de Dorchester, non loin de Bovington Camp. Il leur rend visite deux fois le mois.

Le manque de moyens l'amène parfois à remiser sa motocyclette, le temps de se renflouer. Privé de frissons, privé de sortie chez les Hardy ! Mais, en revanche, grand bénéficiaire des monstrueuses soirées alcoolisées du réveillon de Noël dans le camp. Charlotte Shaw passe, avec son mari, début janvier 1924 et inaugure une série ininterrompue, depuis. Des cadeaux. Un colis de livres cette fois.

Le ministre de l'Air propose alors à Lawrence de rédiger l'histoire des forces aériennes pendant la guerre. Celui-ci lie son accord à la possibilité d'intégrer, après rédaction, la RAF au grade de seconde classe. Une fois encore, c'est non. On l'imaginait fou, mais maintenant c'est de notoriété publique. La raison, chère aux militaires, ne peut comprendre l'obstination de Lawrence à se dégrader. Pas plus qu'il n'accepte le poste d'officier dans l'armée que le ministère lui propose régulièrement, il ne donnera donc suite à la proposition d'écriture d'un pareil livre. Il a mieux à faire, en matière de mots! De jour en jour, vivre à Bovington Camp lui pèse pourtant un peu plus. Le 27 février 1924, un journaliste du *Daily Express* publie un reportage, non sans avoir tenté de l'interviewer, après l'avoir abordé à la sortie du camp, fait fuir et vu filer à moto : «Il sert maintenant comme simple soldat sous le nom de Shaw. Il accomplit les tâches d'un soldat formé dans les corps de blindés. On dit qu'il écrit un livre. Il loue une maison basse située au nord du camp. Il se mélange couramment aux autres soldats. Il possède une motocyclette et accomplit de fréquents déplacements. Il reçoit aussi périodiquement des visites. Les hommes du bataillon connaissent son identité et son passé.» Un grand découragement s'empare de lui. Il se sent vidé de tout désir, guéri de tout désir de faire quoi que ce soit ou de rencontrer qui que ce soit, tout lui glisse dessus. Son illégitimité, une fois encore le rattrape lorsqu'il s'aperçoit que les propriétaires de Clouds Hill sont, par le plus grand des hasards, des parents du côté de son père! Il ne peut plus cacher son identité, même dans ce refuge.

Il voit partout ces «pancartes *verboten* qui se dressent dans les fourrés aux alentours de toutes les routes» qu'il emprunte. Il signe soit T.E.?, soit T.E. tout court. Une lettre à Harley Granville-Baker, à l'été 1924, résume bien l'état de confusion dans lequel il est alors plongé : «Mes initiales de naissance sont T.E. C. Le C. s'est transformé en L. lorsque j'étais très jeune, et avec mon L., je suis allé à Oxford et ai traversé la guerre. Après la guerre, tout cela est devenu une légende, et pour échapper au fardeau que faisaient peser sur moi les inexactitudes de cette légende, je l'ai changé en R. À la longue, R. est devenu embarrassant. Aussi, maintenant, je m'appelle Shaw : mais à mes yeux, il me semble qu'un nom en vaut un autre. On peut me donner n'importe lequel de ces noms.»

Début 1925, il écrit une nouvelle supplique à Trenchard pour réintégrer la Royal Air Force, il n'en peut plus de son emploi de magasinier à la réserve de vêtements pour les recrues, il suit, en attendant, une formation sur les blindés Rolls-Royce pour laquelle il a reçu des notes extraordinaires. Le nouveau ministre de l'Air, issu des récentes élections, Samuel Hoare, est une bonne connaissance. Mais Hoare lui signifie au printemps un refus renouvelé. Le désespoir de Lawrence est à son comble, il ne peut se sortir de la tête ce besoin de réintégrer la Royal Air Force, même pour une heure dans la journée, précise-t-il. Ce désir «ressemble au mal du pays : je peux l'éprouver à la simple vue du nom RAF écrit dans les journaux ou lorsque je rencontre quelqu'un qui porte son uniforme dans la rue […]». Il est prêt au grand saut, tant il se sent bon à rien. Dans plusieurs correspondances, il laisse entendre qu'il va se suicider. Le 1ᵉʳ juillet, lors d'un entretien, il apprend que l'armée révise son jugement et qu'il pourra réintégrer la RAF. Il semble qu'un certain nombre de ses amis soient intervenus auprès de Baldwin, le Premier ministre, devant la menace d'une disparition de Lawrence. Thomas Edward est sauvé : « Maintenant, je me sens l'envie de m'allonger et de me reposer, comme s'il n'y avait plus à prendre la mer. Je suis, j'imagine, comme un navire qui arrive enfin au port. »

Le 18 août 1925, à Uxbridge, il réintègre l'aviation pour sept ans de services actifs et cinq ans de réserve, comptés à partir de mars 1923. À la condition de ne pas fréquenter, pendant son engagement, des membres du gouvernement, ou ses amis influents comme Churchill, Chamberlain, lady Astor... Du Royal Tank Corps, il lui reste l'habitude d'obéir, il dit oui : « J'ai goûté du libre arbitre, et je n'en ai pas voulu ; de l'autorité, et je n'en ai pas voulu ; de l'action, et je n'en ai pas voulu, ni de la vie intellectuelle ni des batailles spirituelles ; mon effort, c'est de trouver l'égalité dans la subordination. » Très vite, il est placé à Cranwell, dans le Lincolnshire, à l'école des cadets de l'aviation. En qualité de manœuvre, mécanicien spécialisé, à l'escadrille où six appareils sont choyés par trois ou quatre instructeurs et une quinzaine de mécanos, monteurs, appareilleurs, manœuvres. Alors que tout semble aller de nouveau bien dans ce « foyer de chiens perdus », qu'il s'offre le dernier modèle des Brough, sa quatrième moto dans la série, une nouvelle crise s'empare de lui, qu'il confie longuement à Charlotte Shaw. Sa vie est par terre ! Lors d'un aller-retour à moto à Londres, il a retrouvé Faysal, de passage en Angleterre, ils sont allés déjeuner à la campagne chez Winterton, qui a parlé du bon vieux temps, de la route vers Damas. «Mais pendant tout ce temps, je savais que cela m'était impossible. J'ai changé et le Lawrence qui, autrefois, allait de-ci, de-là, se montrait amical et familier avec toute cette sorte de gens, est mort. Il est plus que mort. C'est un étranger que j'ai connu il y a longtemps. À partir de maintenant, ma voie se trouve ici avec ces gars, ma voie, c'est de m'abaisser [...] dans l'espoir de vraiment me sentir abaissé un jour, d'être abaissé à leur niveau. Je désire fortement que les gens me regardent de haut et me méprisent, mais je suis trop timoré pour passer à l'action et faire ces choses dégoûtantes qui me couvriraient de honte en public et me mériteraient leur dédain. Je veux me souiller et que cela se voie, pour que ma personne reflète la saleté qu'elle dissimule à l'intérieur [...]. Mais j'hésite à salir l'extérieur de mon être, alors que j'ai mangé, j'ai dévoré le moindre morceau dégoûtant que le hasard mettait sur ma route.» Lawrence confesse qu'il ne peut, par ignorance, par peur, aller traîner dans les bordels des soldats : «Je ne saurais pas quoi faire, comment me comporter, où m'arrêter.»

Les livres avancent bien, même s'ils ne sont pas encore sortis. Lawrence, de ces années, garde le souvenir de grandes balades à moto, filant dans le vent et la vitesse déraisonnable, «en poussant des *ha-ha*, tel un cheval de guerre». Il sait que bientôt il sera dans un pays sans route et que son *Boa*, le nom familier donné à la moto, sera juste bon à être remisé. Il ne cesse pas de caresser de la main sa moto, d'accélérer : « Cette machine est presque humaine, c'est vraiment un prolongement de ma propre personnalité ; et elle est si élégante, si performante. Je n'avais jamais rien possédé de tel. » Mais il sait qu'il ne peut plus rester en Angleterre maintenant, ses livres doivent sortir et il ne veut pas être là, à aucun prix. Il a fait, en Europe, ce qu'il avait à faire : « C'est en partie pour bouffer de la crotte jusqu'à ce que le goût m'en paraisse naturel que je suis venu ici. » Maintenant qu'il a appris à économiser une pensée en se réglant sur un ordre et qu'il a mis « en glacière sa volonté centrale », il sait qu'il est bon pour le départ. Loin, de grâce. Très loin.

T.E. Lawrence :

Un écrivain est né, malgré lui

XII • 1919-1930

L'écriture a, toute ma vie, correspondu à mon être le plus profond, et je ne puis jamais consacrer à autre chose toute mon énergie. Pourtant, cette même force, je le sais, mise au service de choses matérielles, les ferait bouger, me rendrait célèbre et efficace.

T.E. Lawrence, lettre à E. H. R. Altounyan, 9 janvier 1933

C'est le jour de Noël 1918 que Lawrence, écrivant à Charles Doughty, lui fait part de son désir d'écrire un ouvrage sur «ses années arabes». Ses écrits se limitent pour l'instant à sa thèse sur les châteaux des croisés, quelques bouts de journaux, le rapport sur le désert de Sin écrit avec Woolley, les articles du *Bulletin arabe*, des papiers et des textes sur la politique arabe… Il est temps de passer à plus substantiel. Ne serait-ce que pour traiter sa sacrée névrose de guerre, raconter ces nuits et ces jours de chair brûlée, ces vertiges de souffrance. Une sorte d'épopée, grandiose et étrange comme l'Orient vertigineux qui en sera le théâtre. Depuis longtemps, il rêve d'exprimer son être à travers une œuvre de l'imagination.

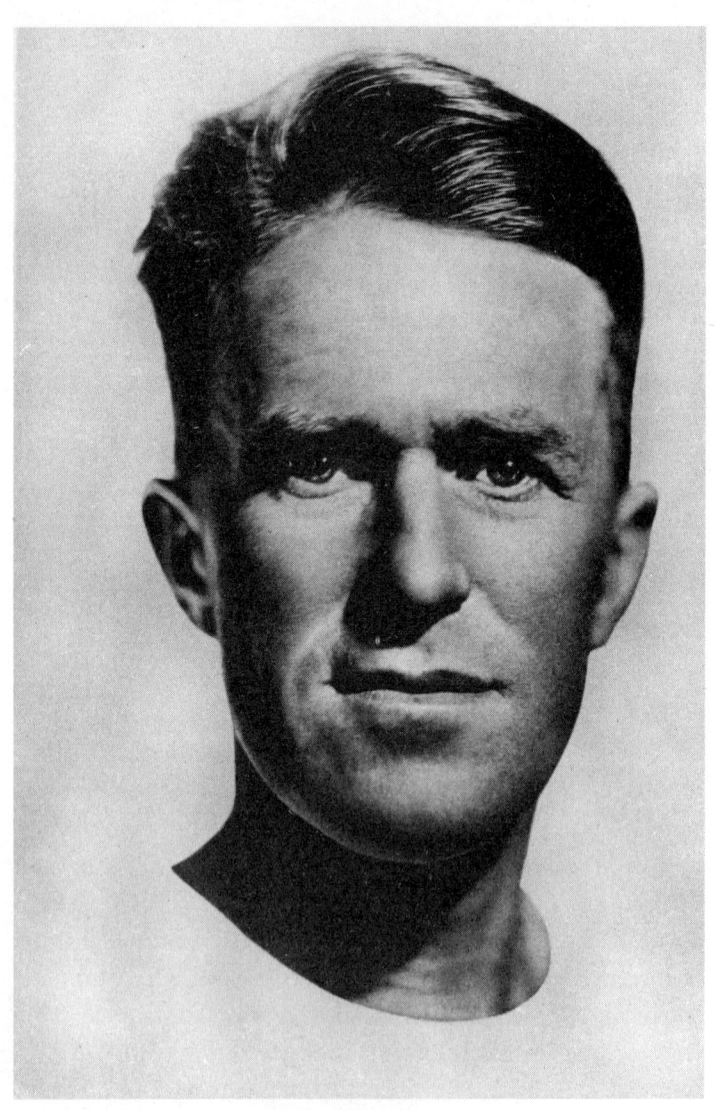

Lawrence photographié par Howard Coster.

Mais il craint de n'avoir pas la technique... «En fin de compte, le hasard, cet humoriste pervers, en me faisant jouer l'homme d'action, m'avait réservé une place dans la Révolte arabe. C'était un thème épique, prêt à guider le regard et la main, qui m'offrait ainsi un débouché dans la littérature, art qui ignore la technique.» Il avait écrit une première version d'un «livre plein de jeunesse et d'imprudence» en 1911, puis développée en 1913, dont il avait brûlé le manuscrit en août 1914. «Un drôle de livre sur les difficultés duquel je fais retour non sans agrément; et en souvenir de ce livre, j'ai donné le même nom au nouveau.» *Les Sept Piliers de la sagesse* dont parle le Livre des Proverbes dans la Bible : «La sagesse a bâti une maison, elle a taillé ses sept piliers.» Le Caire, Bagdad, Damas, Smyrne, Alep, Constantinople, Médine... Une symphonie morale.

La conférence de la paix, interminable, va lui donner l'occasion de mettre son projet à exécution dès le début 1919. Il rêve tout particulièrement de s'exercer à l'art du portrait. Mais il veut également produire de grandes images abstraites, qui habiteraient les corps et sauraient les faire vivre, selon leurs tailles. D'une autre beauté que celles que Lowell Thomas produit avec ses décors de carton-pâte... Dès le 10 janvier 1919, installé dans la résidence parisienne de Faysal, avenue du Bois, il s'attelle à la tâche et commence à rédiger une première version des *Sept Piliers de la sagesse*. Travaille nuit comme jour, parfois vingt-quatre heures d'affilée. Entre deux réunions ou rendez-vous pendant lesquels le sort des Arabes est âprement discuté. Trente mille mots d'une plume furieuse, obstinée. Mais il a besoin de documents. Part en chercher, avec ses premiers chapitres en main, en Égypte. Manque de tout perdre dans l'accident de son Handley-Page, à Rome. Texte maudit! L'avion est réduit en miettes, mais les feuillets sont intacts. À son retour du Caire, début juillet, Lawrence dispose des notes du Bureau arabe et de son journal personnel, rédigé sur des formulaires télégraphiques de l'armée. À All Souls College, il vit dans sa grande pièce assez sombre avec au mur l'œil de Faysal porté sur son texte mais n'arrive pas à bien y travailler… Il achève la rédaction de son manuscrit dans la résidence du bois de Boulogne. Deux cent quatre-vingt mille mots pour raconter une si magnifique épopée! En novembre, il prend le train, avec une mallette et le texte, change de convoi à Reading, commande un verre au buffet de la gare, oublie la mallette sous la table et prend le train pour Oxford. La mallette ne sera jamais retrouvée. Onze sections du livre sont perdues, sans compter une collection importante de notes de guerre, de photographies et de leurs négatifs. Hogarth le persuade qu'il doit réécrire le texte. Tout de suite. Dès le 2 décembre, Lawrence s'y met, s'installe à Londres, au 14 Barton Street, plutôt qu'à All Souls. Dans une grande mansarde, sans feu, ni confort, prêtée par un ami architecte, sir Herbert Baker. Il travaille emmitouflé dans une combinaison d'aviateur qui lui permet de ne pas geler complètement et, faute de disposer d'une cuisine, va acheter des sandwichs dans les gares avoisinantes. En l'absence d'une salle d'eau, il fréquente les bains publics. Mais son opium à lui reste la faim, le froid, les veilles… En trente jours, entre deux couchers de soleil, en reprenant de larges extraits du *Bulletin arabe*, une nouvelle version est reconstituée. Il en peaufine le style et arrive à plus de quatre cent mille mots au début de 1920.

Le livre est une réussite, quoi que fasse semblant d'en penser l'auteur. Pudeur bien placée. Comme le moi est haïssable pour lui, Thomas Edward part à la chasse méthodique au *je* et les remplace par des nous et des on. Gilles Deleuze montre bien «la disposition spéciale de Lawrence, le don de faire vivre passionnément les entités dans le désert, à côté des gens et des choses, au rythme saccadé du pas des chameaux. Peut-être ce don confère-t-il à la langue de Lawrence quelque chose d'unique, et qui sonne comme une langue étrangère, moins de l'arabe qu'un allemand fantôme qui s'inscrirait dans son style en dotant l'anglais de nouveaux pouvoirs ("un anglais qui ne coule pas", disait Forster, granuleux, heurté, changeant constamment de régime, plein d'abstractions, de processus stationnaires et de visions arrêtées)». Pour Deleuze, ces entités peuplent «un désert intime qui s'applique au désert extérieur, et y projette des images fabuleuses à travers les corps, hommes, bêtes et pierres».

En achetant la terre de Pole Hill, Essex, au bord de la forêt d'Epping, Lawrence veut également concrétiser avec son ami Vyvyan Richards leur rêve de jeunesse : construire une imprimerie pour des éditions de luxe... Avec son revenu d'All Souls et une somme donnée par son père, il espère pouvoir acheter un bâtiment adjacent qui pourrait héberger la presse comme les apprentis imprimeurs. Mais il lui faudrait un peu plus de liquidités. Il songe alors à publier un abrégé des *Sept Piliers* pour le grand public américain. Cent cinquante mille mots adressés à l'éditeur américain F. N. Doubleday, un livre pour boy-scouts, un livre ni bon ni mauvais, ni léger ni profond, un livre pourri, comme il l'appelle lui-même. Et qui ne sera pas diffusé au Royaume-Uni. Qui pourrait avoir des parutions ailleurs en feuilleton, susciter un film... Un livre dont «il se peut que ses défauts poussent à la vente, et comme je suis une personne à qui il a été fait beaucoup de publicité, il se peut qu'il me procure l'argent dont j'ai besoin». Avec une hantise : «Si le projet échoue, il faudra que je trouve un boulot, ce qui sera écœurant.»

Mi-juillet 1920, après de nombreuses séances de travail dans sa chambre d'All Souls, à Oxford, la version intégrale, dite «version-originale-à-conserver-secrète», des *Sept Piliers* est achevée et «le matamore mélodramatique» se donne deux mois, à partir du 1er août, pour remettre à Doubleday la version américaine avec cartes, dessins... Au bout de quelques chapitres, découragé et se refusant à publier ce texte dans son pays, il jette l'éponge et se remet à une nouvelle version, plus écrite, des *Sept Piliers*. Troisième version! Et à écrire la longue préface à *Arabia Deserta*, le texte de Doughty qui doit être prochainement réédité et pour lequel il demandera en unique forme de rétribution un exemplaire spécialement imprimé à son intention sur du papier de luxe.

C'est alors qu'Eric Kennington, qu'il connaît comme peintre, se propose de se rendre au Moyen-Orient et de produire une série de dessins de personnalités arabes et européennes qui pourraient servir pour le livre de Lawrence. Une bonne cinquantaine de portraits, sous la forme de pastels en couleurs. Kennington songera à d'autres illustrateurs qui pourront se joindre à lui pour faire de l'ouvrage un véritable livre d'art et d'artistes. Augustus John, John Singer Sargent, William Roberts… Quant à son nouvel ami Robert Graves, Lawrence le charge de vendre à des journaux américains des morceaux de la version abrégée de son livre. Un livre dont il attend trop et pas assez : « Mon cerveau est imprévisible et silencieux comme un chat sauvage, dont les pattes seraient entravées par la boue. Ma conscience (qui ne perd jamais de vue sa propre existence, ni sa timidité) rappelle à la bête qu'il est mal élevé de bondir et vulgaire de dévorer sa proie. Empêtré dans ses nerfs, indécis, l'animal n'a rien de redoutable. Et pourtant, il est bien réel, et ce livre n'est que sa peau miteuse, séchée, empaillée, dressée sur ses pattes – pour être regardée […]. La chair n'existe pas. »

Après la perte de la version précédente au buffet de la gare de Reading, Lawrence est devenu prudent. Il veut faire des copies de l'exemplaire qu'il a terminé. Plutôt qu'une seule dactylographie, il préfère confier à l'*Oxford Times* le soin d'imprimer huit jeux d'épreuves avec le texte composé sur deux colonnes. Il envoie ainsi, au début de l'année 1922, les premiers chapitres dans le désordre, sans numéros, afin d'être le seul à pouvoir relier l'ensemble du texte. Parallèlement, il songe déjà à son prochain livre : s'il sait qu'il est trop vieux pour voler, il pense que l'aviation pourrait lui fournir le sujet d'un bon livre. À Pâques, il a complètement terminé la correction de son texte – d'environ trois cent trente mille mots – et sa transcription pour l'imprimeur. À Pole Hill, il brûle, avec un fer à souder, le manuscrit de la deuxième version. Fin août 1922, les cinq premiers exemplaires sont reliés. Il reconnaît être épuisé, avoir failli «devenir fou à ahaner sur mon fichu livre». Gertrude Bell insiste pour que Lawrence se décide à publier une édition plus large de son livre. Des éditeurs de journaux, apprenant qu'Edward Garnett, pour le compte de Jonathan Cape, dispose d'une version du texte de Lawrence, proposent d'importants droits d'auteur : sept mille livres pour un feuilleton de quarante épisodes pris dans la matière de l'ouvrage... Pareillement, il refuse de quitter la Royal Air Force et la porcherie dont il a en charge l'entretien alors qu'Edward Garnett, son éditeur, lui propose, en septembre 1922, d'être rédacteur en chef des *Belles Lettres*, une nouvelle revue littéraire. Il fait l'enfant, une fois encore, pour reprendre l'apostrophe de Shaw : «Au diable, toi et ton livre : tu ne mérites pas plus qu'on te confie une plume qu'une torpille à un enfant.»

Dans sa correspondance avec Edward Garnett, éditeur à qui il envoie un exemplaire, il dévoile un peu son ambition littéraire en citant des livres «titanesques» qui touchent au «sublime» et qui se distinguent par leur élévation d'esprit : *Les Frères Karamazov*, *Ainsi parlait Zarathoustra* et *Moby Dick* : «Eh bien, mon ambition était d'en faire un quatrième en anglais. Vous remarquerez que la modestie apparaît plus dans l'exécution que dans l'objectif! Tout le temps, j'ai eu l'espoir que ce serait une grande chose, et j'ai écrit jusqu'à m'en rendre presque aveugle. Puis ce fut fini (*pro tem*), je l'envoyai à l'imprimeur, l'ouvrage revint sous une forme nouvelle et je vis qu'il n'était pas bon [...]. » Dans une lettre à E. M. Forster, en 1924, il fait une fois encore preuve d'un sens critique assez rare chez un écrivain : « Mon machin m'a été arraché, non comme un poème, mais comme un récit complet de ce qui se passa réellement durant la Révolte arabe [...]. Il fut donc compilé par effort de mémoire en pressant à deux mains le pauvre organe [...]. Cela me paraît inférieur à tous les livres, ou peu s'en faut, que j'ai eu la patience de lire [...], ce qui fait beaucoup. Si je ne peux pas faire mieux avec un porte-plume, alors mieux vaut pour moi balader un fusil ou une bêche [...]. » Ailleurs, il dira tout de même que son « livre est un peu meilleur que ceux qu'écrivent tant d'officiers supérieurs en retraite avec quelques passages hystériques ». Mais derrière ses mots de seconde classe, comme il les appelle affectueusement, son texte, il le sait, est chargé d'une émotion peu courante dans ces Mémoires de militaires auxquels Lawrence fait allusion. En dédiant son livre à Dahoum, comme c'est très probablement le cas, il transforme un récit d'aventures en une pavane pour un ami défunt... Mais la chose est si personnelle et cet amour affleure tellement dans le livre que George Bernard Shaw lui donne un ultime conseil : mettre *Les Sept Piliers* dans un coffre et le donner au British Museum avec l'interdiction de le sortir avant cent ans.

Dès l'automne 1922, il prend des notes pour le livre consacré à son expérience dans l'armée, *The Mint. La Matrice*. Pressé par plusieurs amis, mais refusant toujours de mettre son livre dans le commerce, il accepte, en décembre 1923, le principe d'une édition limitée des *Sept Piliers*, sur la base d'une souscription. Une centaine d'exemplaires, trente guinées pièce. Manning Pike, imprimeur de Londres, se chargera de la fabrication. Un banquier, Buxton, que Lawrence a connu dans le Hedjaz, a la mission de gérer les fonds. Achat du livre par souscription : la chance lui sourit. Charlotte et George Bernard Shaw donnent des conseils sur le texte, préconisent notamment l'introduction des « points-virgules ». Au début de l'année 1924, Lawrence revoit complètement l'ouvrage : quatrième et ultime version! Les premières épreuves sont prêtes en octobre, Shaw aide aux corrections. La facture étant beaucoup plus élevée que la souscription n'a rapporté, Thomas Edward doit mettre en gage son terrain de Pole Hill, prévu pour abriter la fameuse imprimerie. Le texte des *Sept Piliers* est mis en composition lentement, au fur et à mesure des corrections qu'y apporte Thomas Edward. Quatorze chapitres sont déjà imprimés. Il y travaille encore le jour de Noël 1925 et mettra un point final à son texte dans la nuit du 7 au 8 mars 1926. Il se promet de ne jamais révéler – avec la complicité de l'imprimeur – le nombre d'exemplaires tirés. Probablement autour de deux cent vingt. Afin de réserver les droits d'auteur américains, vingt-deux exemplaires sont également imprimés par Doran, aux États-Unis.

Quelques imprévus interviennent. Dix jours après avoir rendu son texte définitif, Lawrence se casse le poignet droit en voulant faire démarrer une voiture, à Cranwell, avec une manivelle. Et l'impression de son livre prend un peu de retard, tant les cartes sont longues à mettre au point, les photographies difficiles à reproduire au mieux... Une grève spontanée des ouvriers imprimeurs repousse encore le travail.

Pour résorber le déficit important de l'édition de son grand livre tel qu'il le prépare et permettre la reproduction en couleurs des œuvres de Kennington, Lawrence cède à la demande renouvelée de l'éditeur Cape et de David Garnett, le fils d'Edward, qui a déjà publié récemment avec succès une version condensée du grand livre de Doughty : *La Révolte dans le désert* fera moitié moins de mots, cent trente mille, que *Les Sept Piliers*. Colle et ciseaux. Lawrence se fait aider par des militaires. La recette est simple : « J'ai enlevé toute émotion. » Et l'aveu, sans ambages : « La peur de montrer mes sentiments est mon vrai moi. » Robert Graves obtient de Lawrence l'autorisation d'en éditer une version pour la jeunesse.

Lettre de Lawrence à Winston Churchill, à qui il adresse un exemplaire de l'édition de luxe des Sept Piliers de la sagesse.

Dès lors, Lawrence n'a plus qu'une obsession. Être absent, loin de l'Europe quand ses livres seront publiés. En attendant, il suit avec minutie la fabrication ultime des *Sept Piliers*, l'impression, la reproduction des dessins, les cartes, la reliure... Au dernier moment, il biffe son nom des épreuves. Il sait déjà que la souscription – trois mille livres sterling – ne couvrira même pas le prix des reproductions en couleurs. La facture totale sera de treize mille livres. Les premiers exemplaires du livre sortent, reliés, fin novembre et il les adresse immédiatement à ses correspondants. La spéculation sur cette édition limitée ne fait que commencer. Très vite, un exemplaire se met à valoir plus de vingt mille dollars... Churchill, qui a peloté le livre, jour et nuit, est lyrique : « Ouvrage d'imagination, le livre et son auteur resteront célèbres – pour reprendre une formule chère à Macaulay – aussi longtemps que la langue anglaise sera parlée sur un coin du globe [...]. *Les Sept Piliers* sont un livre inégalable. Il se classe parmi les plus grands ouvrages jamais écrits en langue anglaise. »

Lawrence reviendra souvent sur son ambition littéraire et l'échec qu'il veut y voir. À Storrs, il déclare, en 1926, qu'il « n'y a qu'une chose pour laquelle il vaille la peine de vivre sur terre, c'est d'être un artiste créateur. J'ai essayé de l'être et j'y ai échoué. Je sais que je peux écrire une bonne phrase, un bon paragraphe, même un bon chapitre. Mais je me suis prouvé à moi-même que j'étais incapable d'écrire un bon livre ». Quelques témoignages le confortent dans ce sentiment de ratage, comme l'article de H. G. Wells qui dit du livre qu'il est « un admirable document humain, rendu plus émouvant encore par l'absence de toute prétention artistique». Il finit par penser qu'il aurait dû détruire son manuscrit, que les livres sont juste faits pour être écrits, pas pour être lus. «Le pire est que je suis mortellement fatigué et la déception des *Sept Piliers* (si vous saviez quelle perle c'était dans ma conception première!) a littéralement corrodé mon caractère [...]. Ce livre est un sommaire de mes actes et de ma formation pendant les trente premières années de ma vie. À l'origine, il était cela et non une œuvre d'art; et quand le livre a été achevé et que je l'ai lu, le fait qu'il n'était pas une œuvre d'art m'a brusquement sauté aux yeux; cela m'a horrifié, parce que le métier d'artiste est de loin le plus fier.»

Alors qu'il est à Karachi, *La Révolte dans le désert* paraît quasi simultanément en Angleterre et aux États-Unis, en mars 1927. Après trente mille exemplaires vendus en Angleterre, Thomas Edward demande à son éditeur, Jonathan Cape, qu'on en arrête la commercialisation. Ses dettes sont couvertes. Aux États-Unis, plus de cent vingt mille exemplaires sont vendus par Doran. Un ouvrage qui rapporte dix-sept mille livres sterling, soit de quoi rembourser les dettes de l'édition pour souscripteurs du grand livre et verser le solde à une œuvre de charité. Pour l'éducation des orphelins des officiers de la RAF. C'est à cette œuvre que tous les droits ultérieurs de ses ouvrages iront désormais... Quant aux éditions françaises, il propose d'en donner les droits «aux victimes de la cruauté française en Syrie». Dont acte! Et les Américains commencent à faire des propositions mirifiques que Lawrence décline l'une après l'autre : ces cent mille dollars pour faire une série de conférences aux États-Unis, cinq mille livres sterling pour acheter les trois derniers exemplaires des *Sept Piliers*, un compte grand ouvert, celui de Ralph Isham, un banquier de New York, pour venir écrire ce qu'il lui plaît...

Depuis quelques années, Lawrence vit «en littérature» tout en servant dans l'armée. À All Souls, il a rencontré Ezra Pound, il connaît bien Siegfried Sassoon, Thomas Hardy et son épouse sont ses voisins, il prend chez eux une tasse de thé le troisième dimanche de chaque mois, il fait la connaissance d'E. M. Forster à Clouds Hill en mars 1924, Robert Graves lui lit ses poèmes et a confiance en son seul jugement, il découvre des auteurs contemporains, cherche à comprendre leur technique d'écriture... George Bernard et Charlotte Shaw sont des intimes. Toutes ses amitiés appartiennent désormais, sauf quelques exceptions, au monde de l'art et des lettres.

Pendant l'été 1927, Lawrence aide son ami Graves à rédiger, à compléter et à corriger la biographie que Cape et Doran lui ont commandée. Il commence à écrire son récit de la vie d'un soldat de la RAF, texte qu'il achèvera le 14 mars au camp de Miranshah, à la frontière afghane. Garnett et Shaw sont enthousiastes. *La Matrice* est une relation humble, un journal quotidien de la caserne et d'une base de la RAF, rompant en cela radicalement avec le style épique des *Sept Piliers*. Du dépôt d'Uxbridge à l'école des officiers de Cranwell, cette introspection égocentrique se déroule, fourmillant d'anecdotes, tournant inlassablement autour de la souffrance, qu'elle soit morale ou physique. De la peur. Mais également de la solidarité : « Dans la baraque, nous étions libres et égaux [...]. Nous nous aimions. » De l'amitié. De cette famille retrouvée. De son besoin d'anonymat, de dépouillement, de sa rédemption après le viol de Deraa : « C'est une affaire impossible à pardonner, une position impossible à reconquérir, et c'est ce qui m'a poussé à laisser là une vie acceptable et l'utilisation d'un esprit et de talents loin d'être méprisables. » Ou comment retourner à l'espèce humaine en s'enchaînant à ses semblables... Un long chemin de croix, fait d'ombres et de lumières, d'élans mystiques et de corvées à merde, d'odeurs de recrues dans les dortoirs et de parfums de chairs. Ce chant de la honte et de l'anonymat qui succède au chant de la gloire est fin prêt à être lu. Et édité. Mais Lawrence a assuré le chef d'état-major de l'Air, Hugh Trenchard, que *La Matrice* ne serait pas publiée avant 1950 !

L'œuvre littéraire de Thomas Edward est presque achevée. Quelques autres travaux plus modestes ponctuent les années vingt. Des traductions d'ouvrages français pour Jonathan Cape ou d'autres éditeurs : *Le Gigantesque* d'Adrien Le Corbeau, *Sturly* de Pierre Custot, une préface à des contes de Richard Garnett, à *Arabia Felix*, un ouvrage de Bertram Thomas. Mais c'est une traduction de *l'Odyssée* pour une édition de luxe qui va constituer le grand œuvre final. Commencée en juin 1928, cette traduction sera terminée le 15 août 1931. L'*Odyssée* paraîtra en novembre 1932. Un soulagement pour l'éditeur héroïque, Bruce Rogers, inquiet des retards et certain de ne jamais rentrer dans ses fonds. Une édition très luxueuse et

La couverture de la première édition américaine de La Révolte dans le désert, *une version abrégée et populaire des* Sept Piliers de la sagesse, *publiée à New York en 1927.*

limitée en Angleterre, une autre, populaire, en Amérique. Et le lot habituel d'universitaires grincheux qui se mettent à critiquer sa traduction, son interprétation! Voilà! Le monde est ainsi fait. Homère a été un compagnon merveilleux, toutes ces années, et c'est le plus important. Lawrence rêve maintenant de pouvoir traduire les quatre mille pages des *Mille et Une Nuits*...

Quelques mois plus tôt, Thomas Edward a assisté, à Mulvern, à une représentation de la pièce de Shaw *Too True to be Good*, dans laquelle il est représenté sous les traits d'un certain soldat Meek. Il acceptera également d'être fait membre associé de l'Irish Academy of Letters. Mais déclinera les doctorats en droit *honoris causa* des universités écossaises de Saint Andrews et de Glasgow, n'ayant pas été honoré de cette manière par Oxford et jugeant qu'il «serait donc malvenu de recevoir pareil honneur d'une université rivale». Sa biographie par Liddell Hart, à laquelle il a coopéré dès 1929, est publiée en 1934. Lawrence en sort transfiguré, lui qui, d'après l'auteur, «a mis hors de combat plus de cinquante mille soldats turcs, avec un contingent arabe qui ne réunit jamais plus de trois mille hommes à la fois». En 1935, une dernière proposition arrive à Lawrence, qui la refuse : écrire une vie de Mahomet... Il n'avait plus que quelques semaines à vivre.

Lawrence à l'aéorodrome de Miranshah, le 10 décembre 1928.

T.E. Shaw
ou la nostalgie
du monde

XIII • 1927-1935

Ici, j'ai été livré à mes propres forces et cela n'est pas allé tout seul : violentant presque au-delà de son endurance mon corps défaillant, afin de soutenir la concurrence de ma jeunesse. Aux yeux du souvenir, le Dépôt me paraîtra chaleureux; ma dernière épreuve, sans doute; j'y aurai du moins survécu, même si ce ne fut pas tout à fait à mon honneur. Encore que parfois j'ai ri très fort, quand je me plaignais le plus vivement dans mon carnet de notes. Et j'y aurai gagné qu'il ne m'arrivera plus jamais de craindre les hommes. Car ici, j'ai appris à en devenir solidaire. Non pas que nous soyons très semblables, ou le serons. Je me suis engagé dans la grande espérance de partager leurs goûts, leurs manières, leur vie : mais ma nature continue les choses au miroir qu'elle se tend, et non d'un œil direct. Je ne serai donc jamais pleinement heureux, du bonheur de ces types qui trouvent le nectar de leur vie dans la profonde agitation de quelques glandes séminales. Il me semble que c'est par procuration que je puis m'en approcher le plus, en usant de mon influence (si aiguisée par l'expérience et le succès à la guerre et comme diplomate) pour les aider à conserver leur naïf bonheur contre les chefs de troupe.

Ned, l'enfant ballotté des premières années d'errance, retrouve le chemin favori du voyage. Partir, bouger. Aller plus loin que jamais. Vers l'Orient, qui n'est cette fois ni proche, ni moyen, aller au-delà. Par-delà la péninsule, le monde arabe. En décembre 1926, Thomas Edward est envoyé en Inde et fait une détestable traversée sur le *Derbyshire*, un transport de troupes, à bord duquel les aviateurs sont traités comme du bétail. Voyage exténuant. Port-Saïd, Bassora. Puis Karachi. À dix kilomètres de la ville, une base, Drigh Road, un dépôt de l'aviation et un atelier de réparation. Bled désertique. Désert du Sind. Les ressemblances avec l'Arabie lui font mal. Il y est agent de transmission parfois, secrétaire souvent. Après l'accident qui lui a fracturé le poignet, il ne peut guère mettre les mains dans les moteurs. Frappe du courrier administratif et des circulaires. D'une efficacité et d'un rendement « hors de proportion avec son rang et son emploi... », disent ses supérieurs. Sans passion tout de même pour ce pays sans arbre, qui n'est fait que de sable, sans passion non plus pour les gens. Même moins violent, le goût de la mortification est en effet toujours vivant. Lawrence ne sort jamais de l'enceinte du camp, ne visitera jamais ni la ville ni le port de Karachi, craignant d'être traqué par des reporters. Il travaille peu, cinq heures par jour, répare, sur des registres, des moteurs d'avion, répond à quelques lettres parmi la vingtaine qu'il reçoit chaque semaine. Spleen de Karachi pondéré par un climat printanier délicieux toute l'année (un mélange dans une même journée, en réalité, de bourrasques glaciales et d'une écrasante chaleur...), une lumière un peu voilée. La raison d'espérer et de vivre encore se résume à un magnifique phonographe acheté sur place. Lawrence y écoute les disques qui lui parviennent chaque semaine par avion en même temps que des colis de livres. De Karachi, il suit enfin avec satisfaction les bonnes nouvelles concernant le succès de *La Révolte dans le désert* dans les librairies américaines comme britanniques. Il remet au propre ce qu'il estime être le grand livre de sa vie, *La Matrice*. À l'écriture si libre, faite d'obscénité et de scatologie. Il passe ses journées avec l'*Odyssée*, dont il traduit chaque jour de longs passages. Se met à apprendre à taper à la machine. Correspond avec Graves au sujet de la biographie qu'il prépare. Écrit un papier sur son homonyme D. H. Lawrence pour le *Spectator* sous un nouveau nom, Colin Dale, puis d'autres encore sous la signature C. D. ou Colin D. Construit un chauffe eau qui lui permet de prendre des bains chauds tous les jours. Reçoit de Charlotte Shaw des paniers garnis de Fortnum & Mason avec des gâteaux, des marrons glacés, des fondants aux amandes, des chocolats...

Lawrence portant l'uniforme de l'armée de l'air britannique, photographié en 1927.

Lawrence d'Arabie est bel et bien mort. «Ce voyage ou, plutôt, ce séjour en Orient est pour moi une tentation perpétuelle de me lancer de nouveau dans quelque entreprise de mon cru.» À son notaire, Edward Eliot, il s'adresse pour changer de nom. Ross? Shaw? Il aimerait s'appeler Chapman, la boucle serait ainsi bouclée, puisque Lawrence n'existe pas ou uniquement dans les bluettes de M. Lowell Thomas. «J'ai quelques doutes à propos de mon nom précédent, car je n'ai jamais vu mon acte de naissance [...]. Bien sûr, si Père m'a déclaré sous le nom de Chapman, cela me conviendra, et il n'y a pas besoin de passer par l'étape intermédiaire Shaw, entre Lawrence et Chapman. Car, en fin de compte, je suppose qu'il faudra que je m'appelle Chapman. Il y a pas mal de terres ici et là qui portent ce nom; et je ne veux pas les laisser passer, surtout que c'est Walter Raleigh, pour lequel j'ai une certaine admiration, qui les a données au premier ancêtre irlandais de mon père. J'ai le sentiment qu'il faut qu'elles restent dans la famille.» De Londres, nombreux sont les messages qui lui viennent pour lui dire que ses deux livres sont des succès, l'un purement littéraire auprès d'un petit groupe de souscripteurs ou d'initiés, l'autre public, avec de très nombreux lecteurs. Une mauvaise nouvelle l'atteint cependant, en ce mois de janvier 1928, la mort de son ami Thomas Hardy. Il est suffoqué. Quelques mois plus tôt, David George Hogarth était déjà mort, après Charles Doughty, début 1926, laissant Lawrence dans un sentiment de très grand désespoir, de dénuement et de solitude. «Son départ fait de moi un orphelin», dit Lawrence au sujet de Hogarth. Il rédige alors son testament.

Lawrence a, depuis la Révolte arabe, de nombreux ennemis dans l'administration britannique de l'Inde. Surtout quand il dit publiquement que «le seul bien que nous puissions faire à l'Inde est de la rendre capable de se passer de nous». Il a refusé, il y a quelques jours, un poste de secrétaire à l'ambassade britannique à Kaboul, auprès de l'attaché de l'Air... Et, faute de bien s'entendre avec le nouveau commandant de la base de Drigh Road, il demande, en avril 1928, sa mutation, au bout de dix-huit mois de séjour dans cette forteresse ensablée : il est alors affecté à un poste frontière, reste quelques jours à Peshawar, puis rejoint le fort isolé de Miranshah. Une quinzaine de kilomètres de la frontière afghane, un avant-poste du Waziristan, un endroit très isolé, impressionnant, avec des paysages rudes et grandioses. Des pics aigus comme des tessons de bouteille. La plus petite garnison britannique des Indes. Vingt-cinq Grands Bretons tout au plus et sept cents travailleurs indiens. Un fort, des miradors, des barbelés, des mitrailleuses, des projecteurs. Un terrain d'atterrissage, des hangars. On ne sort pas de l'enceinte. Couvre-feu généralisé. Une vue dominante à couper le souffle. Le concert des chacals tous les soirs à dix heures, leurs yeux qui brillent dans les faisceaux des projecteurs. Un sentiment de vacuité absolu. Ce vide parfait qui finit par remplir, occuper. L'endroit rêvé pour fêter, le 16 août 1928, son anniversaire. Quarante ans.

C'est à Charlotte, dans une lettre, qu'il délivre son bilan de santé. Se sent fatigué, une vue qui baisse, un estomac résistant, un foie fragile : «Ça me réconforte d'avoir fait plus de la moitié du chemin. Ces quarante années ont passé vite. J'espère qu'il m'en reste moins à vivre et que ce reste passera aussi vite. » À la poste, pour l'anniversaire, une bonne surprise l'attend : un magnifique tourne-disques, acheté spécialement pour lui par Charlotte Shaw, qui avait lu entre les lignes d'une dernière correspondance de Thomas Edward. Avec les disques qu'il a ramenés de Karachi, le cadeau fait merveille. Il écoute toute la nuit la fameuse *Deuxième Symphonie* d'Elgar. « À deux doigts de comprendre quelque chose de rare et de très grand. » Dans son fort, il crève de chaud, lit et continue de traduire l'*Odyssée*, refuse de parler l'urdu, langue qu'il trouve « infecte », marche quand même sous le cagnard sans jamais sortir des murailles. Il impose à tous les soldats et officiers britanniques de la forteresse de Miranshah de ne plus porter le casque colonial, attribut inutile et trop symbolique à ses yeux. Un ventilateur installé dans son bureau-radio, une table, recouverte d'une toile cirée blanche, et Homère finissent tout de même par l'attacher à ce lieu sauvage.

C'est alors que l'*Evening News* du 26 septembre 1928 donne des nouvelles invraisemblables de Lawrence aux Londoniens. La dépêche paraît sous le titre : « La mission secrète de Lawrence d'Arabie. Comment il combat les Rouges dans le Pendjab. Se faisant passer pour un saint, il éloigne le mauvais œil et guérit les maladies. » Le corps de l'article n'est pas moins éloquent : « Selon des indications en provenance de Lahore, affublé d'un déguisement, il sillonne le Pendjab pour surveiller les activités des agents bolcheviques, dont le quartier général se trouve, dit-on, à Amritsar [...]. » Et de raconter que Lawrence éloigne le mauvais œil, qu'il guérit les malades... Version reprise dans la presse américaine et dans le *Sunday Express* du 30 septembre, évoquant la mission secrète du colonel en Afghanistan, qui se «cache derrière un visage couleur café, et sous un turban et un burnous qu'il connaît déjà très bien». L'India Office, le Foreign Office évoquent la nécessité d'un démenti officiel.

À la mi-novembre 1928, les officiers britanniques et leurs hommes savent que, de l'autre côté de la frontière, une révolte se prépare. C'est une véritable rébellion qui est menée en fait en Afghanistan, contre la couronne d'Amanullah Khan, considéré par certains comme trop réformateur. Très vite, les journaux indiens et anglais, sachant la présence de Lawrence dans la région, lui imaginent un rôle dans ce soulèvement. Le *Times of India*, le *Daily News* se chargent de préparer le terrain à d'autres journaux étrangers, comme la *Pravda* : «L'apparition du colonel Lawrence dans n'importe quel pays musulman est toujours le signe d'une nouvelle intrigue ou provocation de l'impérialisme britannique.» La presse afghane reprend ces informations. Le gouvernement afghan décrète son arrestation et demande qu'on l'abatte, faute de pouvoir le prendre vivant. Les relations tendues entre le gouvernement afghan et l'Inde anglaise ne facilitent guère les développements ultérieurs. Des fonctionnaires de l'India Office rédigent des notes en préconisant le départ rapide de Lawrence. Un journal à sensation de Manchester, l'*Empire News*, donne la parole à un médecin qui assure avoir rencontré en Afghanistan «le proconsul suprême de la Grande-Bretagne en Orient». Le 8 janvier 1929, Trenchard décide du retour de Lawrence. Discrètement. Très rapidement. Un communiqué de presse est publié à Delhi, tandis que le roi Amanullah abdique. Thomas Edward préfère rentrer à Londres plutôt que d'accepter les postes – à Singapour, à Aden ou en Somalie – qui lui sont proposés. Un avion le conduit sur la côte. Lahore. Bombay. Lawrence prend un bateau pour l'Angleterre, le steamer *SS Rajputana*.

À Port-Saïd, la police égyptienne cherche à l'arrêter, le prenant pour un espion. Il finit le voyage, portant un costume civil, caché dans sa cabine, terminant sa traduction d'Homère. Afin de tromper les journalistes, l'armée de l'air prévoit un débarquement dans une pinasse de l'Amirauté avant d'atteindre le terminal de la ligne à Gravesend. L'arrivée à Plymouth est tourmentée. Des dizaines de petits bateaux tournent dans le port. Les photographes ont été prévenus. La descente par l'échelle de corde dans la pinasse est rocambolesque. Filmée sous tous les angles. Leur taxi est poursuivi par une cohorte de voitures. Ils sont assaillis dans le train qui mène à Londres. À la gare de Paddington, c'est l'émeute. Repéré par un journaliste qui lui demande son commentaire, Lawrence déclare s'appeler M. Smith. Il se réfugie dans sa mansarde, à Barton Street. À Londres, quelques militants communistes de la Ligue contre l'impérialisme et de la Société d'entraide aux prisonniers de la guerre internationale des classes s'attaquent à lui, brûlent son effigie devant Tower Hill. Le *Manchester Guardian* se moque de «ce rezzou bédouin» dont les chasseurs, journalistes et photographes ont « traqué et capturé leur gibier dans un appartement de Cromwell Road […] ». Des députés aux Communes, amis de la Russie, manifestent. Ernest Thurtle est à leur tête et veut comprendre ce que signifie la fausse identité de Shaw, soulever « le problème embrouillé du mariage de son père ». Thomas Edward se rend à la Chambre des députés pour convaincre Thurtle de sa bonne foi – il deviendra un ami – et regagner la confiance des quelques parlementaires hostiles. Mais, malgré tous ces tracas, Lawrence reste de bonne humeur. Un nouveau cadeau l'attend en effet : Charlotte et quelques amis lui ont acheté le dernier modèle de la Brough SS 100. Une fois encore, il accepte, mais en promettant de rembourser.

Le 10 mars, après avoir refusé une affectation en Écosse, il arrive sur sa motocyclette flambant neuve, *George VI*, dans son nouveau poste, Cattewater : une base d'hydravions où il retrouve avec plaisir le lieutenant-colonel Sydney Smith, qui l'a accueilli à sa descente à Plymouth et qu'il avait rencontré une première fois à la conférence du Caire. Même si cette base est proche de Plymouth, sa distance avec Londres – cinq heures de moto – l'éloigne quelque peu de ses amis. Il reprend sa traduction de l'*Odyssée*, mais se décourage de continuer, à la lecture de journaux populaires qui accusent la Royal Air Force de lui faire une vie en or pour qu'il puisse écrire ou traduire à son gré. La fameuse coupe Schneider est l'occasion d'une autre polémique. Cette compétition qui réunit les meilleurs pilotes du moment voit s'affronter le pays détenteur, la Grande-Bretagne, à l'Italie. Smith et Lawrence jouent un rôle majeur dans l'organisation de l'événement. Lawrence organise avec talent le service de sécurité de la plus grande compétition aérienne au monde. Un circuit, au-dessus de la mer, de deux cent soixante-dix-sept kilomètres part de l'île de Wight : les avions décollent toutes les cinq minutes et reviennent amerrir au large. Le ministre italien de l'Air, le maréchal Balbo, qui connaît Lawrence, lui adresse la parole pendant la journée. D'autres personnalités politiques britanniques, y compris de l'opposition, viennent le saluer amicalement. Thomas Edward juge bon de se présenter au nouveau ministre de l'Air, qui paraît quelque peu renfrogné. Un cadeau divin leur est fait, pour les remercier de leur efficacité : on lui offre, ainsi qu'à Smith, une vedette rapide de 100 chevaux, qu'ils nomment *Le Biscuit*. L'avenir paraît radieux, tout à ces projets d'exploration des côtes et du ciel...

Lawrence s'est remis à nager avec passion, sport qu'il a abandonné depuis 1919 sur les bords de l'Euphrate. À Cattewater, avec la RAF, il participe en effet également à un programme de recherches sur la construction de dirigeables. Avec l'un des modèles, il envisage de se mesurer à un défi. Mais le ministre de l'Air, lord Thompson – un ancien de l'armée de terre qui a les plus grandes préventions le concernant – et Trenchard lui refusent le droit de faire en dirigeable avec Sydney Smith la traversée de l'Arabie pour y tracer un relevé de la carte du Rouba el-Khali, terrain encore vierge. Et, plus grave encore, le 30 septembre, Trenchard lui fait savoir que lord Thompson n'a pas apprécié sa conduite lors de la coupe Schneider et qu'il songe sérieusement à le démettre de ses fonctions. Expulsé de l'aviation ! Une nouvelle fois ! Sauf s'il accepte finalement de ne pas quitter le territoire britannique, de ne plus avoir de relations avec Winston Churchill, Austen Chamberlain, sir Siegfried Sassoon, lady Astor… Pour la plupart, des membres de l'opposition. George Bernard Shaw reste, lui, fréquentable. Lawrence fait alors intervenir des connaissances, dont Liddell Hart, spécialiste des affaires militaires au *Daily Telegraph*, ainsi que le secrétaire particulier du Premier ministre.

À Plymouth, Lawrence a le sentiment de vivre et de travailler avec des «gens vrais» : «Je suis maintenant un ajusteur mécano, très sérieux et très habile au boulot sur les moteurs – mais ça n'a rien d'abstrait […]. Mes dix dernières années ont été les plus belles de ma vie, entre trente-cinq et quarante-cinq ans : je me les rappellerai comme mon âge d'or.» Il est bien mort, le TEL d'Oxford «qui se cherchait et se dévorait» tout comme le TES écrivain… Il ne sort que très rarement de la base dans laquelle il se sent bien. Ou uniquement pour passer des heures à visiter les criques de l'embouchure de la Sound avec son bateau à moteur. Le compteur de la moto ne marque que quelques kilomètres… Il va peu à Clouds Hill, qu'il vient pourtant d'acheter et qu'il pense sérieusement à aménager. Il renonce à quelques livres qui lui tiennent à cœur. Une biographie du héros irlandais Roger Casement, dont la vie est si romanesque et cruelle. Puis une profession de foi, annoncée mais même pas ébauchée. Les journaux le traquent toujours un peu. Le *Times* annonce, à l'été 1930, sa présence au Kurdistan, rapportée déjà par la presse allemande. Après les rébellions afghanes, ce sont les tribus kurdes que Lawrence armerait. Le roi, excédé, fait publier par le Foreign Office un communiqué dénonçant « l'influence pernicieuse de la légende de Lawrence sur les esprits européens ». En Union soviétique, la rumeur selon laquelle le colonel Lawrence est un espion, chargé de déstabiliser des régimes et des sociétés, se développe. Certains accusés des procès de Moscou le présentent comme espion. L'image de Lawrence n'est plus contrôlable, ni par lui ni par sa hiérarchie militaire. S'ajoutant à sa gloire de libérateur du Hedjaz, ses succès littéraires en font un sujet de choix pour les lecteurs de journaux à sensation. On prête désormais au colonel toutes sortes d'aventures : la France l'imagine à la tête de la plupart des mouvements anticoloniaux dans les pays musulmans, il est cité par les Soviétiques dans les procès de Moscou, la Turquie l'accuse de fomenter des complots islamistes. Un homme se fait passer pour le colonel Lawrence et emprunte de l'argent à un certain nombre de victimes. Il est arrêté : « Un petit minable à la figure ridée comme celle d'un chimpanzé », dit, déçu, Lawrence au moment de la confrontation.

Mais Lawrence a décidé d'être heureux quoi qu'il en soit. Ces années de Plymouth s'appelleront « Golden Reign ». Clare Sydney Smith lui ouvre son foyer et celui de son colonel de mari, il nomme leur maison « The Fisherman's Arms », s'y sent bien, vient y écouter de la musique classique, emprunter des livres.

En février 1931, il participe au sauvetage d'un hydravion devant la base de Mount Batten, nouveau nom de la base de Cranwell. Un journal turc le tient pour mort dans l'accident. Il intéresse le gouvernement et la Royal Air Force à la construction de vedettes rapides de secours et de bateaux ravitailleurs pour les hydravions. Il est volontaire pour participer aux essais d'une vedette rapide, la RAF 200, en construction. Rédigera même un manuel de quatre-vingts pages sur la manœuvre de ce ravitailleur d'hydravion. Il va passer des mois à Hythe, puis de nouveau à Mount Batten le nez dans les moteurs, ou sur l'eau, à tester le bateau. La presse s'intéresse de nouveau à lui, mais cette fois, croit-il avec satisfaction, c'est pour vanter ses qualités de technicien des vedettes de la RAF et non plus de hauts faits d'armes rocambolesques. En 1932, le *News Chronicle* et le *Sunday Chronicle*, journaux à grands tirages, relatent ses exploits... Mais continuent d'évoquer des rumeurs de déplacements à l'étranger. On l'aurait vu au Tibet! Après avoir été sacré souverain sans couronne, Lawrence est aujourd'hui le roi de la vitesse : « La vérité, c'est que son cerveau est l'ultime atelier d'essai dont dispose le gouvernement pour résoudre tous les problèmes qui touchent aux moteurs rapides équipant avions ou bateaux. » En avril 1933, les attaques de la presse et les méfiances du ministère ayant échaudé ses supérieurs, il sent bien qu'on ne lui confie plus de mission d'importance. Il trouve son travail aussi ingrat que routinier et demande à être libéré. Le 28 avril, on le transfère à Felixstowe pour une ultime période de service de vingt-deux mois et on le charge de surveiller les chantiers de constructions navales. Il pourra toujours suivre les perfectionnements des hors-bord, qui le passionnent.

Le numéro de novembre 1933 du *British Legion Journal* publie de manière sauvage les trois premiers chapitres de *La Matrice*, alors que Lawrence a donné à

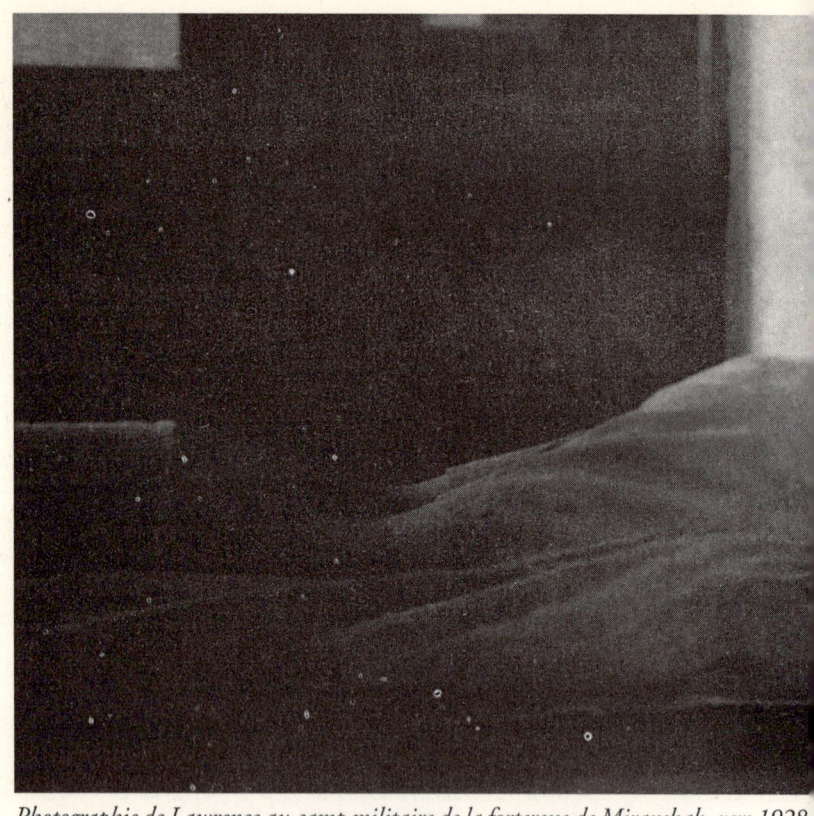

Photographie de Lawrence au camp militaire de la forteresse de Miranshah, vers 1928.

Trenchard sa parole de mettre son texte de côté pour des années. Un autre journal assure que Thomas Edward a servi à des bombardiers comme cible humaine dans des bateaux rapides. Le *Daily Express* du 5 mars 1934 pose, à la lecture de la biographie de Liddell Hart qui vient de sortir, la question de son nom. C'en est trop... Chaque minute de sa vie fait l'objet d'un commentaire, chaque

envoyée par l'écrivain à son amie Charlotte Shaw.

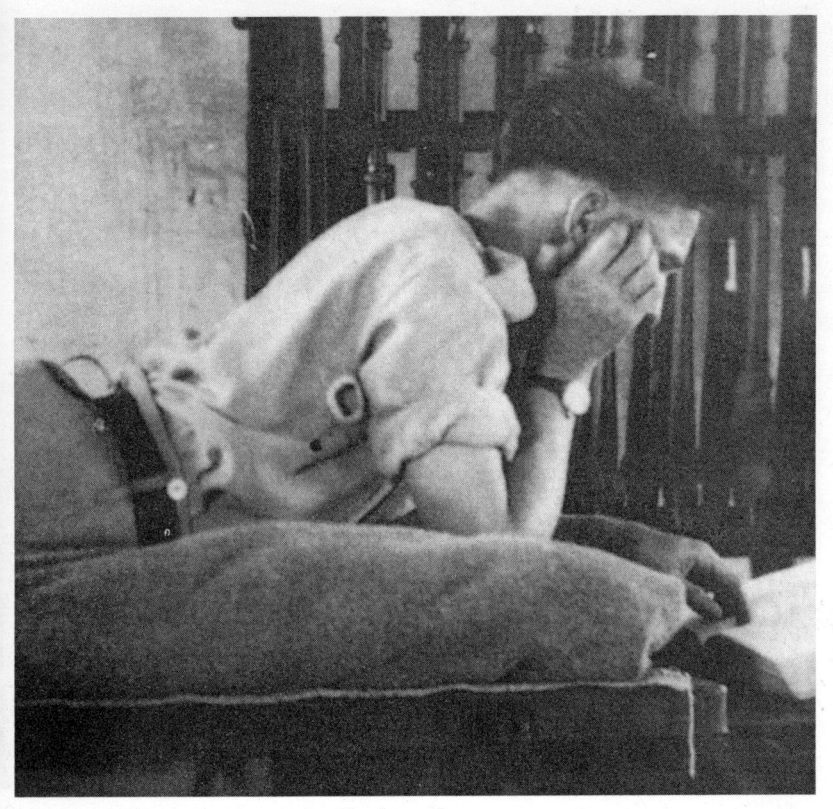

pas est décrit. L'idolâtrie qui s'attache à lui ne fait que croître. Tous se réclament de lui, il a des amis par milliers, et pourtant il se sait seul. S'il n'y avait l'amitié du couple Smith, la correspondance avec Charlotte Shaw, il se dirait bien isolé. Il décline ainsi les invitations d'Oswald Mosley, chef de la British Union of Fascists, qui cherche à attirer des vedettes dans son aventure politique. Puis le voilà affecté à Bridlington pour surveiller les révisions d'hiver d'une dizaine de vedettes rapides. Il vit désormais dans deux chambres à l'Ozone Hotel. Fin décembre 1934, il rencontre le cinéaste Alexander Korda, qui se propose de tourner *La Révolte dans le désert*. Lawrence l'en dissuade. Le 17 février 1935, le *Sunday Express* publie un long article et donne une information : « Lawrence d'Arabie quitte l'armée de l'air le 1ᵉʳ mars. » Le 25 février, c'est à bicyclette que Thomas Edward Shaw quitte, quelques jours plus tôt que prévu – afin de tromper les journalistes –, Bridlington, la RAF et la vie militaire. Il compte bien traîner en route. Il sait que, une fois encore, il est traqué… Toute la presse l'attend à Clouds Hill. Il se donne un bon mois pour y arriver, le temps que cela se calme. L'*Evening Standard* fait déjà ses titres avec « Lawrence d'Arabie part à vélo vers l'Inconnu » : « Quelque part entre Bridlington et les côtes du Dorset se trouve un cycliste, tête nue et portant un sac à dos, qui cherche la paix et la tranquillité dans de petits villages où il est inconnu. Ce cycliste, c'est le colonel Lawrence, qui, il y a encore quelques jours, était aussi le soldat Shaw […]. »

I don't care,
Clouds Hill, Dorset

XIV • 12 mai 1935

> *Personne ne m'est à charge, je n'ai aucun sens civique, ni de devoir envers mon voisin. J'aime vivre seul à 80 % de mon temps, que 80 % de mes semblables me laissent tranquille, ainsi que toutes les femmes de moins de soixante ans. Ma règle d'or : vivre en paix dans mon cottage.*

À Clouds Hill, en effet, c'est l'effervescence. Mais au lieu d'attendre un mois, Lawrence ne peut s'empêcher d'aller retrouver l'endroit qu'il aime le plus au monde. Ce 28 février 1935, il ne peut cependant entrer chez lui et doit prendre la fuite : des dizaines de journalistes et de photographes font le pied de grue devant le cottage. Armés d'impatience et de longues-vues.

Il repart à Londres à vélo, mais, ne disposant plus de la mansarde de Barton Street, il loue une chambre à Richmond sous le nom de «T.E. Smith». Se promène au hasard des routes dans le sud de l'Angleterre en attendant que cesse la curiosité sur sa personne. Il est transi, traqué, désœuvré. Pour cinq shillings, il devient membre de l'Association des auberges de jeunesse et part dans le Dorset.

T.E. Lawrence, vers 1935.

Tourne autour de chez lui, finit par y arriver. Clouds Hill est calme, il s'y installe, mais au bout de deux jours, les photographes reviennent, l'appellent, lui demandent de sortir, cognent à la porte. Il frappe l'un d'entre eux, lui met un œil au beurre noir, file en sautant la haie du fond du jardin, enfourche son vélo, va jusqu'à Romsey où il dort cette nuit-là, puis retourne à Londres.

De Londres, suppliant qu'on lui fiche la paix, il s'emploie à visiter les agences des photographes de presse, la Press Association. En désespoir de cause, il écrit à Churchill, lui explique qu'il ne peut plus continuer à déménager indéfiniment, que la vie est trop chère à Londres et lui demande s'il peut intervenir auprès du nouveau président de l'Association des propriétaires de journaux. À qui il finit par écrire, promettant de ne plus jamais mériter un paragraphe dans la presse : « Je suis retourné à la petite maison que je possède depuis de nombreuses années, avec l'intention de m'y installer et d'y jouir d'une retraite paisible. Malheureusement, pour ce qui est de la tranquillité, c'est un échec total. Des journalistes et photographes de presse se sont rendus en nombre à ma maison, très désireux de la photographier ainsi que moi-même, et de s'enquérir de mes intentions pour l'avenir. C'est un district très simple et leurs demandes de renseignements à mon sujet n'ont que trop fait parler mes voisins campagnards. Leur impatience à me trouver m'a fait fuir ; et après mon départ, en me cherchant, ils ont été amenés à casser des tuiles de mon toit, à fendre la porte et à piétiner tout mon lopin de terre. En mon absence, j'ai dû demander à la police locale de faire des rondes là-bas. » Lawrence espère enfin qu'on va le laisser libre de ses mouvements.

Il sait qu'à part Clouds Hill il ne peut rien espérer pour son salut. Nul autre domicile ou refuge, pas d'autre foyer, d'autre famille. Cette retraite – il n'a que quarante-sept ans –, il l'a rêvée pour cette maison ; plus de dix années à l'installer, à économiser pour la rendre confortable, du moins selon ses critères spartiates, la construire à sa mesure. « Finir ou plutôt aménager ma petite maison est la seule occupation qui m'intéresse en ce moment. Je lui suis reconnaissant du calme et de la solitude qu'elle m'apporte. »

Il a connu Clouds Hill pour la première fois au printemps 1923. « Cette petite maison se dresse sur une lande de fougères et de bruyères. Il y a deux pièces, pas de lit, pas de cuisine, et pas de canalisations sanitaires, mais une source dans le jardin et un sentiment de paix totale. » Il oublie alors de parler de l'essentiel : les rhododendrons. La mauvaise herbe locale, sublimement belle, qui pousse partout, envahit tout. Une forêt de rhododendrons, des rhododendrons sauvages. Oublier les chênes serait également faire injure à ce bel arbre, omniprésent. Enfin, Clouds Hill ne serait pas Clouds Hill sans ses fameux scarabées, brillant de tous leurs reflets colorés... L'achat correspond pourtant à la période la plus sinistre de son engagement dans l'armée : le Royal Tank Corps. Cette maison, par sa proximité, trois kilomètres en comptant large, l'a sauvé du suicide de la garnison. Tous les jours, pendant un ou deux ans, il est venu entre quatre heures l'après-midi et neuf heures le soir, sans jamais y dormir, pour y lire, y travailler, y écrire. Reprendre courage. Il peut donc sembler paradoxal de se retrouver aujourd'hui si près de Bovington Camp, voisin de cette épouvantable caserne, si près qu'il lui arrive parfois d'entendre le bruit des chars creusant leur chemin dans le sable et la lande de bruyère. Pat Knowles, un ancien du camp, est devenu son voisin le plus proche – de l'autre côté de la route –, avec sa femme et ses enfants. Mais il sait gré à cette maison d'avoir atténué ses douleurs d'alors.

Arnold venait de se marier en 1925. Il en fera son pied-à-terre, parce qu'il doit déposer son paquetage quelque part, étant archéologue et vivant essentiellement à l'étranger. Plus tard, à l'automne 1931, sa mère et son frère Bob, de retour de Chine, vivront même quelque temps à Clouds Hill! Dans l'une des deux pièces du premier étage qui servait le reste du temps de chambre froide... C'est Arnold qui a entamé les premières négociations avec les propriétaires pour l'achat de la maison. Grâce à ses droits d'auteur, Lawrence l'a achetée et aujourd'hui encore s'en félicite.

En ce printemps naissant de 1935, le temps du repos mérité est arrivé : « [...] Je veux tenter de jouir de l'oisiveté, c'est mon intention délibérée. D'après les normes modernes, ce n'est pas un but très moral. Ça m'est égal. Je pense que j'ai travaillé raisonnablement pendant une vie active assez longue, que j'ai donné tout ce que j'ai pu à toutes les causes auxquelles j'ai été attelé. J'ai gagné le repos. Mon "espérance de vie" est maintenant de moins de vingt ans. Les dernières années de cette vingtaine seront de moins en moins agréables, sous l'assaut grandissant des infirmités [...]. »

Du jour où Clouds Hill lui a appartenu, il a commencé à y faire des travaux. Incessants. Dernier aménagement en date : un hublot de bateau à l'étage. Mais avant, tant de vies. C'était une vieille ruine en briques blanchies à la chaux, quatre mètres sur six, un étage mansardé, un escalier de meunier en plein milieu du cube. Maintenant, le rez-de-chaussée est devenu bibliothèque, avec un grand divan, une petite table. À l'étage, on trouve une cheminée, un bureau, un divan, un phonographe à pavillon et les disques. Un garde-manger. Un lit-placard de vieux navire, équipé de tous ses tiroirs. Lawrence fait venir l'eau, des canalisations sanitaires et grâce à la traduction de l'*Odyssée*, il s'offre, en 1933, une chaudière, un brûleur et une baignoire. La vie est transformée. Les bains sont salutaires. Il lui reste à faire l'expérience de la parcimonie, à paresser au soleil quand il y en a, ou près de sa cheminée, le plus souvent.

Et, comme pour signer l'ouvrage de sa vie, il fait tailler une grande pierre au-dessus de la porte d'entrée. Un linteau. Il y grave lui-même, en grec : « *I don't care* » (*Peu importe. Je m'en fiche !*).

On en oublierait presque deux détails. Deux défauts pour certains, jamais pour lui. D'abord, la maison n'a, étrangement, aucune vue, enfermée comme elle l'est dans la végétation. L'horizon sur les landes du Dorset est pourtant magnifique... Le cottage dispose de très peu de fenêtres et l'intérieur en est nécessairement sombre. Lawrence aime ce sentiment de protection, voire d'enfermement. Clouds Hill, c'est le cocon de l'âge mûr. Et, enfin, la maison est minuscule : à sa taille. Une boîte de poupée, avec des cloisons en carton-pâte. Proportionnée pour un vraiment petit homme, un homme seul.

Il n'a que de bons souvenirs, ici. La vie y a toujours été heureuse en même temps que frugale. Lawrence y mange du pain, du fromage, du beurre, des confitures et des fruits. De temps en temps, un peu de viande froide. Des boîtes de conserve qui ont le mérite de fournir à la fois l'assiette et la nourriture. La musique joue un rôle essentiel entre ces quatre murs et le phonographe a du succès. Lawrence écoute ou fait écouter à ses visiteurs Beethoven, Bach, Mozart, Schumann, Schubert, Haydn, Haendel, Brahms, Wagner, Debussy, Ravel, Franck, Delius, Elgar... Il y a plein de disques, plus de deux cents – mais ce n'est rien, rapporté à ses deux mille livres –, et il lui arrive même d'en casser s'ils ne lui plaisent pas ou plus. Quand il n'avait pas l'électricité, c'était mieux encore. Écouter de la musique, à la lueur d'une bougie, d'une lampe à pétrole, fermer les yeux.

Dans cette tanière pour homme seul, il reçoit finalement pas mal. Depuis qu'il s'y est retiré, il envoie d'ailleurs ses courriers avec, au dos, la mention imprimée suivante : «Pour vous signaler qu'à l'avenir j'écrirai peu de lettres. TES.» Une manière de dire qu'il faut le laisser tranquille, passer le voir plutôt que solliciter de longues réponses manuscrites. Mais il y a les fidèles. Ceux qui connaissent Clouds Hill depuis toujours.

E. M. Forster est venu l'un des premiers. En mars 1924, charmé par cette lande perdue dans des rhododendrons sauvages, il travaille avec Lawrence sur le texte des *Sept Piliers*, tout en mangeant sur ses genoux du poulet froid et du jambon, de la compote de poires et de la crème, avec un feu dans la cheminée. Forster a trouvé cela à la fois très bon et très curieux, et Lawrence, qu'il aime bien, étrange et inquiétant. Ils se revoient souvent. Forster lui fait lire ses nouvelles homosexuelles, et lui confie une version inédite de *Maurice*. Florence et Thomas Hardy arrivent régulièrement en voisins. George Bernard Shaw et Charlotte viennent boire du thé, manger des toasts beurrés, des conserves de haricots. On ne sert jamais d'alcool à Clouds Hill. Des soldats passent souvent au cottage, des enfants également, Lawrence leur prête des livres, ils viennent écouter pendant des heures de la musique.

Il y a un autre visiteur dont Lawrence ne parle pas. John Bruce, un camarade des blindés, un Écossais de condition modeste, qu'il rencontre à Bovington en 1923. « Le plus beau diamant brut de notre chambrée. » John a dix-neuf ans. Après les chars blindés, ils se revoient régulièrement, vont même nager dans la mer glacée d'Écosse ensemble, s'entraînent à la boxe, font de l'équitation. Des sports violents, mais aussi des massages suédois, de l'électricité thérapeutique.

Arnold Lawrence a remarqué une mention dans la version dite Oxford 1922 des *Sept Piliers* « le supplice subi à Deraa eut un résultat : éveiller le désir de répéter l'existence ». Arnold précise ailleurs que « c'était cette horreur des intimités physiques qu'il n'avait jamais connues avec personne – nous avons là-dessus sa parole – qui inspirait ses habitudes d'abstinence». Le 17 mai 1935, quatre jours après l'accident de Ned, Arnold va recevoir un courrier étrange de John Bruce qui demande à entrer en relation avec l'oncle de Thomas Edward. «Jock», tel est son surnom, assure que Lawrence l'a chargé de le fouetter depuis des années. Par l'intermédiaire de son «oncle», le Vieux qui demande à son neveu d'expier une faute grave. Une importante dette d'argent apparemment. Dette morale également. L'oncle en question n'existe évidemment pas. Arnold comprend très vite que son frère écrit cette correspondance et en retrouve d'ailleurs un certain nombre de pièces, troublantes, étranges, signées R. et écrites de la main de Lawrence.

Jock viendra fouetter Lawrence plus d'une dizaine de fois à Clouds Hill entre 1923 et 1935. De l'oncle, *via* Lawrence, il reçoit un paiement pour services rendus. Le flagellant dispose d'un fouet, en métal, qu'il fait cingler sur les fesses. Lawrence retrouve certainement «la chaleur délicieuse» et probablement sexuelle qui l'avait envahi à Deraa. Flagellation expiatoire. Jock a l'habitude de venir le dimanche, quand Lawrence est seul, évidemment. Thomas Edward met un disque de Beethoven. À Charlotte Shaw, il décrit la suite : «Après quatre heures de Bruce, la pièce est comme un bloc de granit et moi, je suis comme un paillasson d'ossements fossiles écrasés entre deux couches de roches. Peut-être est-il bon de se sentir devenu un animal préhistorique disparu, mort et inutile?» Trente à soixante-quinze coups de fouet à chaque séance... Les échanges de lettres entre le vieil oncle, Jock le flagellant, et Lawrence sont impressionnants : c'est Thomas Edward qui écrit tout, pour salaire à verser à ses fantasmes de souffrance et d'humiliation.

La maison de Clouds Hill, photographiée en 1935.

Ce soir, ce n'est pourtant pas à Jock que Lawrence pense. Il voudrait bien goûter la douceur de son cottage. Mais il est soucieux. Il n'arrive pas à trouver le sommeil. Depuis plusieurs jours, un présage l'inquiète. Cet oiseau… Il croit l'entendre de nouveau, frappant à la fenêtre. Son voisin lui avait pourtant réglé son compte.

C'est à Charlotte que Lawrence pense ce soir du 12 mai 1935, la veille de son accident fatal. Cela fait trois mois, à peine, qu'il est revenu à la vie civile. Il songe à Charlotte Shaw, née Frances-Payne-Townshend. Irlandaise. Lawrence s'est lié avec le couple en 1922, mais George Bernard ne l'a jamais vraiment compris, même s'il s'est soucié de demander pour lui une bourse du gouvernement et qu'il a toujours veillé au bien-être matériel de son ami, en lui faisant des cadeaux, en intervenant auprès de certains hommes politiques. Mais c'est avec Charlotte qu'il a le plus d'intimité, le plus d'intimité au monde. C'est vrai pour elle également. Ils se disent tout. Elle qui trouve que la procréation est une fonction physiologique répugnante et s'est toujours refusée à consommer son mariage. Depuis qu'elle a épousé George Bernard Shaw, autre Irlandais protestant, en 1898, elle vit, comme André Gide et sa cousine Madeleine, un mariage blanc. Pour Lawrence, elle est également une sœur. Une mère. Elle pourrait. Elle est née en 1857 et lui en 1888. Elle a soixante-cinq ans quand elle le rencontre. Ils commencent une correspondance confessionnelle exceptionnelle, bouleversante. Plus de six cents lettres échangées. Des confidences, comme celle qu'elle lui fait en mai 1927 et qui va tant les rapprocher : « C'est à cause de ma propre vie familiale que j'avais fermement résolu de n'être jamais la mère d'un enfant qui pourrait être aussi malheureux que moi […]. » Ce soir, recroquevillé dans son lit, Thomas Edward pense à Charlotte Shaw. Elle n'est pas là. En voyage avec George Bernard quelque part en Afrique du Sud. Elle lui manque. Pas la peine de lui écrire, elle ne recevra jamais la lettre. Et pas de nouvelles d'elle non plus, depuis des jours. Cette nuit, Thomas Edward Lawrence aurait pourtant aimé pouvoir lui dire quelque chose. Cette histoire d'oiseau dont parlera plus tard Ronald Storrs : « Chaque jour, durant les trois dernières semaines de sa vie, un oiseau voleta devant sa fenêtre, frappant incessamment du bec contre la vitre. Lorsque Lawrence se déplaçait et s'approchait d'une autre fenêtre, l'oiseau le suivait et recommençait à frapper. Les Anciens n'auraient pas manqué d'y voir un présage. L'insistance étrange de l'oiseau l'agaçait si visiblement qu'un matin un de ses amis, profitant de ce qu'il était sorti, alla chercher une carabine et le tua. »

Les derniers jours de T.E. Shaw ou la disparition désirée

XV • 13-21 mai 1935

Il y a une part de moi qui veut aller de l'avant, une qui veut faire machine arrière. Ce n'est pas exactement cela. Normalement, le Puritain, la personne la plus forte en moi qui dit « non », est fermement aux commandes, et par crainte d'elle, l'autre pauvre petit gars vicieux n'ose pas placer un mot. Ma raison me répète tout le temps, essaie de me faire entrer dans la tête jour et nuit que ma vie et mon être sont en ruine, et que j'ai toujours tout fait désespérément de travers : car jamais je ne retournerai en arrière, et je le veux.

Toute cette affaire est bientôt terminée. Tandis que la nuit tombe sur l'hôpital militaire de Bovington, les deux inspecteurs sont de plus en plus sur les nerfs et lui, la tête toujours dans son paquet de ouate, se demande ce qu'il fait là. Dans cette caserne, ce baraquement des blindés qu'il a tant maudit ! La vie est décidément bien paradoxale. Il est, comme on dit, en état de mort cérébrale. Fracture du rocher. Le choc contre le sol, par-delà la moto, a été violent. Des chirurgiens du crâne affirment, à Londres, comme à

*L'éloge rendu à Lawrence d'Arabie par l'*Oxford Mail
et l'annonce de sa disparition, le 19 mai 1935.

Paris, comme à New York, que, s'il survit, il perdra nécessairement la mémoire, restera paralysé et sera incapable de parler. Le 19 mai 1935, à huit heures du matin, Thomas Edward Shaw, alias Lawrence d'Arabie, meurt de lésions cérébrales au Bovington Military Hospital.

Le coma a duré sept jours et six nuits. Le 13 mai, Lawrence était admis à l'hôpital. Le 19, il y décède. Entre-temps, la rumeur s'est répandue dans tout le pays, en France, en Europe, aux États-Unis, dans le monde entier. Lawrence d'Arabie se meurt! Les rotatives s'emballent. Les bulletins de santé font la une des journaux. On sort les vieilles lunes, de nouvelles histoires. Chacun y va de sa confidence, de son témoignage, de son souvenir. Photos, photos, plus de photos encore. Le suspense est à son comble. On fait des paris. Va-t-il survivre? Combien de temps? Dans quel état? Des dizaines de journalistes et de photographes se déplacent à Moreton, font le siège du camp militaire où il est relativement bien protégé, de l'hôpital, de la maison de Clouds Hill, interrogent voisins et infirmiers, cherchent vainement des parents. Le roi appelle en personne pour s'informer de l'état du plus célèbre accidenté du pays. Des médecins sont dépêchés à son chevet. Des estafettes font une liaison continue avec Londres. Des télégrammes, des dépêches pleuvent. Heure par heure, l'état de santé de Lawrence est distillé à la nation, qui retient son souffle, son émotion. On spécule, y compris sur les raisons de l'accident. Un suicide? Une tentative d'assassinat? Pour des raisons politiques? Pour protéger quel secret d'État? Une limousine noire aurait été vue sur la route de Lawrence, elle aurait foncé sur lui! Puis se serait évanouie dans la brume matinale. Le fait même que le ministère de l'Intérieur ait demandé dès l'admission de Lawrence à l'hôpital une protection permanente de deux hommes en civil, installés dans sa chambre, renforce les soupçons sur les conditions de l'accident. Les premières polémiques naissent alors que Thomas Edward est en plein coma.

Le 21 mai, l'enterrement et la cérémonie dans l'église de Moreton sont très fréquentés. De Londres, par train spécial, sont venus lady Astor, Winston Churchill et son épouse, Siegfried Sassoon et un très grand nombre de personnalités. Storrs, Newcombe, Kennington, un caporal, un simple soldat, un voisin, Pat Knowles, portent son cercueil. George V adresse un message à Arnold : « Le nom de votre frère vivra dans l'Histoire et le roi reconnaît avec gratitude l'importance de ses services à son pays, et ressent le tragique d'une telle fin pour une vie si pleine encore de promesses. »

La famille est restreinte. Arnold, revenu de Suisse, est le seul des frères présent. Bob est encore en Chine avec Madame Mère, missionnaires médicaux bénévoles en train d'expier leurs péchés originels, l'amour. Qu'ils restent donc sur le Yang-tseu-kiang. Ils sont hors d'atteinte. Pas en état de nuire au petit Lawrence une dernière fois.

Par-delà les fleuves et les montagnes, la mère abusive commet pourtant un ultime sacrilège, encouragé par le grand frère parfait sous tous les angles. Elle qui voulait, ces dernières années, que Lawrence quitte la RAF, qu'il se rapproche de sa mère au physique comme au moral et qu'il entame avec elle une nouvelle relation sous la forme d'une correspondance aussi intime que nourrie... va lui choisir une épitaphe aussi religieuse qu'inappropriée, à placer sur sa tombe, pour lui rappeler ce qu'il doit à son éducation presbytérienne. Lui dont le seul titre de gloire, sur cette stèle, est d'être « fellow de All Souls College » :

La stèle funéraire de Lawrence, et l'épitaphe choisie par sa mère.

« *The hour is coming and now is when the dead shall hear the voice of the Son of the God and they that hear shall live* » (*L'heure approche et arrive maintenant où les morts entendront la voix du Fils de Dieu et ceux qui l'entendront vivront*). À côté de la stèle, une petite plaque, en forme de livre ouvert : « *Dominus illuminatio mea* ».

Autres lieux, autres mœurs, autres mots. D'Alep, Cheik Hamoudi, le compagnon de Dahoum, apprendra quelques semaines plus tard la nouvelle et sera bouleversé. « Oh ! que n'est-il mort dans quelque bataille ! J'ai perdu mon fils, mais ma douleur en a été moins grande qu'elle ne l'est pour Lawrence […]. Je passe pour brave, pour le plus brave de toute ma tribu ; mon cœur est de fer, mais le sien était d'acier. Un homme dont la générosité était sans réserve […]. Dites-leur… Dites-leur, en Angleterre, ce que j'en dis. Viril entre les hommes, libre parmi les libres ; un esprit sans pareil ! Je ne vois nulle tache en lui. »

Des oscars d'Hollywood au pilonnage de Bagdad, la légende & la gloire

Aphasique, Lawrence, à la suite de la fracture du crâne ? Plutôt mourir tout de suite ! En perdant la parole et l'usage du monde, Lawrence sait d'ailleurs qu'il tombe dans le camp de ceux qui peuvent parler autrement. Et que rien n'oblige à vivre une vie biologique pour se faire entendre et même faire parler d'eux.

Il y a les hommages convenus, la postérité obligatoire. Taillée dans la pierre comme Eric Kennington sait le faire. Un premier buste de Lawrence, fait de son vivant, est posé, lors d'une cérémonie le 29 janvier 1935, à la cathédrale Saint-Paul. Une copie est installée dans la chapelle de Jesus College, à Oxford. Quatre ans plus tard, un gisant fait par Kennington est installé dans la petite église Saint Martin's de Wareham : habillé en Bédouin, entouré d'un vaste manteau arabe, Lawrence s'y trouve dans une position de croisé. Il repose, la nuque sur une selle de chameau, un voile de tête tenu par une petite corde, la main droite qui tend le pommeau de son poignard, le bras gauche tenant un fouet à chameau. Des sandales aux pieds sur un fragment de sculpture hittite. Derrière

L'affiche du célèbre film de David Lean, Lawrence d'Arabie, sorti en 1962 et couronné d'un oscar en 1963.

sa tête, trois livres gravés dans la pierre : une anthologie grecque, un choix de poèmes anglais et *Le Morte d'Arthur* de sir Thomas Malory.

Il y a les mots. Mots obligeants. En 1936 à Oxford, Churchill dit de Lawrence qu'il «volait mieux et plus vite dans l'ouragan : il n'était pas en complète harmonie avec le normal». Mots désobligeants, compromettants, ceux de «Jock» Bruce, le fameux flagellateur écossais qui menace de publier ou de vendre à des partenaires arabes le texte de son premier article : «I knew Lawrence». En mars 1968, le *Sunday Times* achète les quatre-vingt-trois pages du texte de Bruce. Le 23 juin 1968, en une, paraît : «How Lawrence of Arabia cracked up». D'autres mots blessants : avec Robert Aldington dans *Lawrence l'imposteur*. 1955. Aldington se moque des costumes de mardi gras. Dit que Thomas Edward s'invente trente-huit crevaisons, prétend avoir parcouru mille quatre cents miles pour une route qui, sur la carte, ne mesure que mille cinq cents kilomètres...

Il y a les mots de Lawrence, enfin. Si, de son vivant, les biographies de Lowell Thomas, Robert Graves et Liddell Hart avaient véhiculé bien des poncifs, voire des informations erronées, les écrits de Lawrence apportent un peu de lumière dans la confusion générale.

Le 29 juillet 1935, la première édition publique des *Sept Piliers de la sagesse* sort chez Jonathan Cape. Entre 1935 et 1939, sa correspondance avec ses biographes, les lettres rassemblées par David Garnett, les dépêches de guerre éclairent un peu plus l'œuvre et l'homme. *La Matrice* sort enfin, en 1955, en même temps qu'un certain nombre de lettres à sa famille.

La mère de Lawrence, Sarah, meurt en 1959, à l'âge de quatre-vingt-dix-huit ans, quarante ans après son mari. Robert, le frère aîné, missionnaire en Chine, disparaît en 1971. C'est un jour de dimanche de Pâques, en 1991, qu'Arnold Walter, dit Arnie, meurt ayant atteint quatre-vingt-dix ans. Né en 1900, il avait fait des études à la City Oxford School, à New College, de l'archéologie à Rome et à Athènes, et travaillé avec Leonard Woolley à Ur, dans le sud actuel de l'Irak. Professeur à Cambridge et à l'université du Ghana, directeur du Ghana National Museum, « Arnie » devient exécuteur littéraire et défend la réputation de Lawrence, y compris contre le film de David Lean. En 1939, c'est lui qui donne le cottage de Clouds Hill, avec ses meubles, au National Trust. Lowell Thomas devient, quant à lui, commentateur pour 20th Century Fox Movietone et NBC aux États-Unis. Il meurt en 1981, à New York, à l'âge de quatre-vingt-neuf ans, après avoir été le premier journaliste à filmer le dalaï-lama au Tibet. Peu à peu, les témoins s'effacent, tandis que d'autres éléments de légende se construisent.

Rarement le cinéma aura autant contribué à créer un mythe. Une seconde naissance en 1962. Le producteur Sam Spiegel et le réalisateur David Lean sortent d'un succès commun avec *Le Pont de la rivière Kwaï*. Ils songent d'abord à imaginer un film sur la vie de Gandhi, mais y renoncent, tant certains aspects de la personnalité du Mahatma, qui vient de mourir, ne peuvent être mis en avant dans le scénario. Spiegel achète alors les droits des *Sept Piliers* et part retrouver David Lean en Inde, à la recherche d'un nouvel acteur pour incarner Lawrence. Peter O'Toole, qui se trouve être, par ailleurs, un vague cousin de Lawrence, est une jeune star irlandaise du Royal Shakespeare Theatre à Stratford-upon-Avon. Le presque bel inconnu sera très bien entouré dans la distribution du film : Alec Guinness, qui a joué le rôle de Lawrence dans la pièce de Terence Rattigan, sera le prince Faysal, Anthony Quinn jouera Aouda… Omar Sharif fait sa première apparition dans le rôle du cheik Al Ibn el-Kharish. David Lean était entre-temps parti en Jordanie, avait découvert des carcasses de train, abandonnées quarante ans plus tôt par Lawrence, et s'était dit qu'il fallait tourner ici. Le jeune roi Hussein, petit-fils d'Abdallah, mort assassiné en 1951, qui régnera sur la Jordanie jusqu'à sa mort en 1999, soutient le projet. Les chameliers de la Desert Patrol sont les bienvenus. Lean et Spiegel tournent à Jebel Tubeiq, à quatre cents kilomètres à l'est de la frontière saoudienne. Lawrence est passé par là. Dunes de sable rouge. Les falaises de Wadi Rum. David Lean va également filmer Le Caire à Séville, de même que les attaques contre le chemin de fer du Hedjaz seront tournées en Espagne. Le Maroc est une autre source d'inspiration. Grâce au roi Hassan II, l'armée fournit des figurants, des chameliers, plus de mille chameaux, des fantassins. Maurice Jarre écrit la musique pour le London Philharmonic Orchestra. Le 10 décembre 1962, *Lawrence of Arabia* est présenté devant la reine Élisabeth et le duc d'Édimbourg. Le film, d'une durée de trois heures quarante minutes, est un extraordinaire succès dans le monde entier et remporte, cette année-là, sept oscars. En 1988, Martin Scorsese et Steven Spielberg, deux inconditionnels, procéderont à sa restauration pour lui donner une nouvelle vie.

Modernité, enfin, de Lawrence sur la carte du monde. Que serait-il devenu, d'abord, s'il avait vécu jusqu'à la Seconde Guerre mondiale ? Churchill pense que Lawrence aurait bien servi son pays dans la crise qui s'annonçait. « Avec le colonel Lawrence, nous avons perdu l'un des êtres les plus extraordinaires de notre temps. J'ai eu l'honneur d'être son ami. Je l'ai bien connu. J'espérais le voir quitter sa retraite et prendre une part active dans la défense contre les dangers qui menacent maintenant notre pays. Sa mort prématurée porte un coup terrible à l'Empire. »
Lui qui fut l'un des artisans de la conférence du Caire ne pourrait être insensible au sort de l'Irak moderne. Dans le *Sunday Times* du 20 août 1920, Lawrence écrit : «[…] Nous livrons des batailles du côté de Bagdad […]. Nous essayons d'ôter aux Mésopotamiens toute aptitude à l'autonomie, en écrasant tous ceux qui relèvent la tête […]. Avec des attaques par les gaz, on pourrait anéantir proprement toute la population des régions en faute et comme méthode de gouvernement, ce ne serait pas plus immoral que le système actuel […]. » Affirmation prémonitoire. Entre-temps, Faysal est mort, en 1933. Ghazi, son fils, né en 1911, lui succède à Bagdad jusqu'en 1939, date à laquelle il meurt. Fayçal, son petit-fils, né en 1935, règne jusqu'à sa mort, en 1958. Saddam Hussein arrive au pouvoir dans les années qui suivent. Lawrence semble,

dans ses textes, avoir tout deviné. Y compris la chute de Saddam. « J'ignore si les Arabes réussiront à faire de l'Irak un État moderne. Je pense qu'ils en ont le pouvoir. Nous nous devions à nous-mêmes de leur permettre d'essayer. Son succès poussera les peuples de Syrie à tenter la même expérience [...]. Il faut que le lent travail des générations se fasse. » Les troupes de coalition en Irak se sont ainsi mises à lire T.E. Lawrence depuis quelques années. *Les Sept Piliers de la sagesse* font partie des textes recommandés par les états-majors. Les vingt-sept articles rédigés en 1917 pour le *Bulletin arabe* ont été distribués dans plusieurs régiments américains et britanniques au moment de la guerre d'Irak : « Mieux vaut laisser les Arabes faire les choses de façon acceptable que les faire vous-même, à la perfection. C'est leur guerre, et vous êtes là pour leur venir en aide, pas pour la gagner à leur place. » Quatre-vingt-dix ans plus tard, rien n'a changé. Et c'est pour cela que Lawrence, prince d'Arabie, roi de nos rêves, est devenu un héros universel.

Crédits photographiques

Art Archive, Londres : 162 (Liddell Hart Center). / Bodleian Library, Oxford : 26 (George Brough), 41, 48, 59, 72, 76, 81, 94, 101, 107, 118, 119, 139, 204, 225, 242-243, 257, 266, 278, 302, 316-317, 320, 335. / British Film Institute, Londres : 338. / British Film Institute, Londres : 235. / British Museum, Londres : 90 (Dept. of Western Asiatic Antiquities). / Getty Images/Hulton Archives : 132, 185, 250, 328. / Imperial War Museum, Londres : 144, 150-151, 152, 154, 173, 194-195, 202, 214-215, 231, 263, 300. / Roger-Viollet/Harlingue : 228. / Rue des Archives : 10 (The Granger Collection, NYC), 22 (AGIP), 286, 305. / Seven Pillars of Wisdom Trust, Londres : 100, 295. / D.R. : 14 (Photograph Gwynedd Arcives), 28, 33, 34, 36, 55 (Malcom Brown), 69, 199, 272, 332.

Composition Nord Compo
Achevé d'imprimer en Italie
par Grafica Veneta
le 7 septembre 2009.
Dépôt légal avril 2009.
EAN 9782290017852

Éditions J'ai lu
87, quai Panhard-et-Levassor, 75013 Paris
Diffusion France et étranger : Flammarion